세상을 바꾼 놀라운 정책들

세상을 바꾼 놀라운 정책들

초판1쇄 발행 2010년 5월 11일
초판2쇄 발행 2011년 2월 20일
초판3쇄 발행 2019년 4월 10일

기획 열다섯의 공감
지은이 조성주 외 **펴낸이** 오경희

편집·디자인 오경희·조정화·오성현·신나래
　　　　　　김윤희·박선주·조윤주·최지혜
관리 박정대·최현수

펴낸곳 문예원　**임프린트** 유니스토리
창업 홍종화　**편집주간** 박호원
출판등록 제2007-000260호
주소 서울 마포구 토정로 25길 41(대흥동 337-25)
전화 02) 804-3320, 805-3320, 806-3320(代)
팩스 02) 802-3346
이메일 minsok1@chollian.net, minsokwon@naver.com
홈페이지 www.minsokwon.com

ISBN 978-89-963231-1-2　03330

ⓒ 조성주 외, 2010
ⓒ 문예원, 2019, Printed in Seoul, Korea

저작권법에 의해 한국 내에서 보호를 받는 저작물이므로
무단전재와 복제를 금합니다.
이 책 내용의 전부 또는 일부를 이용하려면
반드시 저작권자와 문예원의 서면동의를 받아야 합니다.
이 도서의 국립중앙도서관 출판시도서목록(CIP)은
서지정보유통지원시스템 홈페이지(http://seoji.nl.go.kr)와
국가자료공동목록시스템(http://www.nl.go.kr/kolisnet)에서 이용하실 수 있습니다.

책 값은 뒤표지에 있습니다.
잘못된 책은 바꾸어 드립니다.

세상을 바꾼 놀라운 정책들

기획 열다섯의 공감
조성주 송용한 양홍관 오세혁 이대원 이승환

문예원

머리말

최근 들어 정치인들과 선거전문가들은 국민들의 정책에 대한 민감도가 전에 없이 커졌다고 말한다. 과거에는 출신지역이나 후보에 대한 호불호로 투표했다면 이제는 특정 정책이 자신에게 이익이 되는지 여부가 중요한 판단기준이 되었다는 것이다. 이를테면 2008년 총선에서는 뉴타운정책이 이슈가 되었고, 최근에는 무상급식 문제가 쟁점으로 부상한 것이 대표적이다. 이처럼 정책에 대한 국민들의 관심과 반응은 전에 없이 뜨겁고 격렬하다.

한마디로 말해 그 모든 정책은 국민들의 참여 속에 검증되고, 호응을 얻어야만 비로소 생명력을 얻을 수 있다. 마찬가지로 그 모든 정치세력과 시민단체들 또한 구체적인 정책과 대안을 제시해야만 국민들의 지지를 이끌어 낼 수 있는 것이다.

이 책의 발간은 이런 시대적인 변화에 발맞추기 위한 노력의 일환이다. 이 책에서 소개하고 있는 세상을 변화시킨(또는 변화시키려 했던) 17개의 정책을 통해 필자들은 지금 한국사회에 왜 이러한 정책들이 소개되어야 하고, 어떤 교훈을 얻어야 하는지 살피고 있다. 이를 통해 우리 사회가 보다 열려있고, 보다 합리적이며, 보다 사람이 중시되는 인간미 넘치는 사회로 거듭나는데 작은 보탬이 되었으면 좋겠다.

머리말

　이 책은 많은 사람들의 도움이 있었기에 출간할 수 있었다. 무엇보다도 세상을 바꾸기 위해 아이디어를 내고 그 아이디어를 현실에서 구현하기 위해 고민했던 이름 모를 사람들에게 감사의 마음을 전한다. 의례적인 인사가 아니라 자기 자리를 묵묵히 지키면서 세상을 조금이라도 바꾸기 위해 치열한 고민과 노력을 아끼지 않은 이름 없는 사람들이야말로 세상을 바꾸고 역사를 진전시켜 나가는 창조자들이다. 결국 세상을 바꾼 것은 정책이 아니라, 그 정책을 만들고 추진해 나간 수많은 사람들의 땀과 열정과 노력의 결과이다.

　마지막으로 부족한 원고를 예쁘고 정갈한 책으로 만들어준 유니스토리 식구들과 열다섯의 공감의 기획위원들께도 고마움을 전한다. 또한 필자들이 다양한 책을 압박 없이 볼 수 있도록 빌려주고, 토론 장소까지 제공해준 고려대학교 애기능생활도서관의 관장, 운영진 여러분께도 감사의 인사를 전한다.

2010년 5월
필자들을 대표하여
조성주 씀

차례

머리말 _ 4

들어가기 9

1장. 세상을 놀라게 한 정책들: 대한민국을 놀라게 한 정책들
1. 싱가포르 '공공주택정책', 국민의 90%가 자기 집을 가지고 있는 나라 _ 15
2. 프랑스 '대학평준화정책', 일류대와 삼류대가 없는 나라 _ 27
3. '핀란드식 교육', 평등과 효율성의 두 마리 토끼를 잡은 세계최고의 교육 _ 39
4. 영국의 'NHS 무상의료정책', 국민건강보험을 넘어 전 국민에게 무상의료를 _ 51
5. 벨기에의 '로제타 플랜', 청년실업 100만 명 시대 해법은 없나? _ 63

2장. 가난한 세상을 바꾼 정책들: 가난하지만 행복한 세상을 위해
6. 방글라데시의 '그라민은행', 가난한자들의 은행 _ 77
7. 베네수엘라의 '엘 시스테마', 아이들에게 총 대신 음악을 _ 89
8. 쿠바의 '무상의료', 맨발의 환자를 향한 맨발의 의사들 _ 99

차례

3장. 투기자본의 세상을 바꾸는 정책들: 통제되지 않는 자본은 악惡이다.
9. '토빈세', 고삐 풀린 투기자본을 통제하라! _ 113
10. '외화가변예치금제도와 환율바스켓제도', 외환위기의 공포로부터 벗어나기 위해 _ 126

4장. 세상을 더 민주화하는 정책들: 더 많은 민주주의를, 더 많은 참여를
11. '독일연방제', 자치·분권·통합의 정치체계 _ 141
12. 브라질의 '참여예산제', 민주주의를 근본적으로 민주화하라! _ 157
13. 독일의 '노사공동결정제도', 노동현장에도 민주주의를! _ 167

5장. 세상을 바꿀 정책들: 기후변화의 시대에 미래사회를 준비하는 정책들
14. '탄소세', 기후변화시대, 녹색조세제도를 준비하자! _ 179
15. 미국의 'WAP', 기후변화시대의 주택정책 _ 196

6장. 세상을 바꿀 뻔한 정책들
: 글로벌 경제위기 시대에 되돌아보는 의미 있는 실패
16. 스웨덴의 '임노동자기금', 사회화에 대한 진지한 시도 _ 215
17. 영국의 '대안경제전략', 민주적인 국유화의 시도 _ 227

참고문헌 241

들어가며

  우리는 어쩔 수 없이 시간과 공간의 한계 속에서 살아간다. 그리고 그 시간과 공간의 한계라는 것은 수많은 가능성들을 만들어내기도 하고 사라지게도 한다. 시간이 지나면 다른 공간에서는 불가능이 가능이 되기도 하고 가능했던 것이 허황된 것이 되기도 하는 것이다.
  그래서 불가능한 정책이란 없다. 허황된 정책이란 것도 없고 늘 올바른 정책이란 것도 없다. 오직 변치 않는 것이 있다면 정책을 입안하고, 추진하고, 향유하는 좋은 정부, 좋은 정치, 그리고 좋은 시민들이 있을 뿐이다.
  정책이란 아이디어에서 출발한다. 아이디어는 결국 상상력이고 처음에는 어느 정도는 허황된 가능성에 불과하다. 문제는 이것을 가능하게 하는 해당 사회가 처한 조건과 사람들의 의지이다. 좋은 정책이 더 나은 세상을 만드는 것이 아니라 좋은 정책을 실현시킬 좋은 사람들이 많을 때 더 나은 세상이 가능하다는 믿음으로 이 책을 쓰게 되었다.
  기획안대로 '세상을 바꾼 놀라운 정책들'이라는 제목으로 글을 쓰면서 가장 큰 부담이 된 것은 책의 제목 자체였음을 고백한다. 세상을 바꾸었다는 거창한 제목에 걸맞은 정책이 과연 얼마나 될까라는 회의감이 종종 들었음도 고백한다.

　이 책에는 세상을 바꾼 정책들도 있고 바꿀 뻔한 정책들도 있다. 그리고 세상을 곧 바꿀지도 모르는 정책들도 있다.

　1장에서 다룬 정책들은 대한민국을 놀라게 한 정책들이다. 2010년 지금 대한민국은 갖가지 문제에 시달리고 있다. 부동산 투기문제와 사교육의 문제는 수십 년째 고질적인 사회문제로 제기되고 있다. 그런 측면에서 전 국민의 절대다수가 자기 집을 가지고 있는 싱가포르와 세계최고의 교육이라 평가 받는 핀란드식 교육, 그리고 프랑스의 대학 평준화정책은 분명 한국을 놀라게 한 정책들이며 이미 다수의 시민단체와 진보정당들이 적극적인 도입을 주장하고 있다. 영국의 전국민무상의료 정책인 NHS정책 역시 최근 몇 년간 폭등하는 의료비와 민간보험의 확대에 직면하고 있는 한국사회에 큰 울림을 주는 정책이다. 마지막으로 가장 심각한 사회문제 중 하나인 청년실업문제를 모범적으로 해결한 벨기에의 로제타 플랜은 이미 정치권에서도 활발한 논의가 되고 있는 청년실업 해결정책이다.

　2장에서는 대한민국보다 훨씬 가난한 나라들에서 오히려 빈곤층을 대상으로 시행한 획기적인 정책들을 다루었다. 방글라데시의 그라민은행은 이미 설명이 필요 없을 정도로 유명하며 세계적으로도 성공을 거두고 있다. 또한 쿠바의 무상의료정책은 한 국가차원을 넘어 전 세계에 의료가 무상으로 누구나 받아야 하는 기본권임을 설파하고 있는 정책이다. 최근 한국에서 주목받고 있는 베네수엘라의 엘 시스테마정책은 가난한 사람들도 문화예술에 대한 욕구가 있다는 너무나 당연한 사실을 한국사회가 잊어버리고 있었다는 사실을 상기하게 해준다.

　3장과 4장에서는 투기자본의 문제와 민주주의의 문제를 다루었다. 전 세계를 극심한 위기로 몰고 간 투기자본들은 이미 진보와 보수의 이념적 스펙트럼을 넘어 악의 근원으로 지목되고 있다. 이런 투기자본들을 구체적으로 통제하는 정책들을 다루었다. 토빈세의 경우는 아직 시행되고 있지는 않지만 이미 도입에 대한 상당한 국제적 공감대를 얻고 있는 정책이다. 또한 독일의 연방제나 브라질의 참여예산제의 경우는 한국의 후진적인 정치제도와 문화의 측면에서 본다면 적극적으로 고려해볼 필요가 있는 정책이라 할 수 있다. 더구나 독일의 노사공동결정제도는 민주주의의 문제가 여의도 정가만이 아니라 산업현장에서도 중요한 문제임을 상기하게 해준다.

5장에서는 앞으로 세상을 바꾸게 될 정책을 담고자 했다. 특히 기후변화 문제가 전 세계적으로 가장 중요한 문제로 등장한 상황에서 기후변화와 환경피해에 대응하는 탄소세와 내후화 지원프로그램은 실제 기후변화의 최대피해자인 서민들의 삶에 밀착된 정책으로 그 의의가 가장 큰 정책이 아닌가 한다.

마지막으로 6장에서는 2008년부터 시작된 글로벌 경제위기로 인해 전 세계 경제구도가 크게 전환하고 있는 현실을 고려한 정책을 다루었다. 사실 글로벌차원의 경제위기는 이번이 처음은 아니다. 20세기에만 몇 번에 걸친 위기가 있었다. 당면한 위기의 주범인 신자유주의라는 경제사조도 이전의 경제위기를 해결하기 위해 제출되었던 역설이 존재한다. 그런 측면에서 유럽의 진보정당들이 과거 경제구조의 전환기에 급진적으로 시도했던 임노동자기금과 대안경제전략은 불확실한 미래에 대한 시사점을 던져준다.

이처럼 이 책에서는 이미 시행하고 있는 정책에서부터 한때 시도되었다가 실패한 정책, 그리고 앞으로 도입해야 하는 정책까지 포괄적으로 다루었다.

한국사회는 이제 2~3년의 기간 동안 여러 번의 선거를 앞두고 있다. 그 선거 때마다 온갖 정책들이 난무할 것이다. 그러나 문제는 아무리 세련되고 멋있어 보이는 정책이라 하더라도 그것이 누구를 위한 정책이며 어떻게 실현할 것인가가 중요하다. 적어도 이 책에서 다룬 정책의 대상은 서민들과 힘없는 사람들이었음을 확신한다. 애초에 책을 기획하게 된 의도 또한 어떤 정책이 서민들을 위한 정책인가, 어떤 정책들이 실제 서민들의 생활과 삶을 행복하게 바꿀 수 있을 것인가에 있었다. 비록 많은 부분 부족하겠지만 이 책을 계기로 더 많은 사람들이 적극적인 토론과 논쟁을 통해 한국사회를 보다 희망적으로 바꾸어 나가기를 기대한다.

세상을 놀라게 한 정책들
: 대한민국을 놀라게 한 정책들

1 2 3
4 5 6

123
456

싱가포르 '공공주택정책',
국민의 90%가 자기 집을 가지고 있는 나라

―조성주

장면 1

나이 60이 돼서야 처음 자기 집을 갖게 된 강씨는 걸레로 마루를 닦고 또 닦았다. 서른이 다된 딸이 이제 그만 닦아도 된다고 핀잔을 주어도 강씨는 15층 아파트 베란다 창으로 들어오는 오후의 나른한 햇빛을 받아가며 마루를 닦고 또 닦는다. 그리고는 인생에서 이룰 수 있는 것은 이제 다 이루었다는 듯한 표정과 지난 세월 수십 번에 걸쳐 이삿짐을 쌀 때마다 느꼈던 서러움이 응축된 듯한 표정을 지은 채 아파트 거실 마루에 오래 동안 아무 말 없이 앉아 있다.

장면 2

박씨는 가족들과 함께 새벽에 짐을 챙겼다. 지난 몇 개월 동안 발버둥 쳤지만 결국 다시 이삿짐을 싸는 것 외에 선택지는 없다. 그동안 가족들을 그렇게도 멸시하고 괴롭혔던 철거용역들의 욕설과 폭력도, 지난 10여년을 살아왔던 동네어귀의 익숙함도 모두 낯설고 먼 일이다. 익숙한 것은 오히려 태어나서 수십 번이나 반복했던 이삿짐을 싸는 손길과 방식이다. 그렇게 박씨는 다시 새로운 거처를 찾아 차가운 새벽에 가족들의 손을 잡고 또 어딘가로 떠나가야 한다.

대한민국에서 집은 다른 무엇보다도 중요하다. 해방 이후, 아니 그보다 더 오래전부터 한국인들에게 자기 소유의 집 한 채란 인생의 목표이자 이 사회의 당당한 한 구성원이 되었다는 징표이기까지 했다. 부모세대의 삶의 목표는 자기소유의 집 한 채를 장만하는 것이었고 그 다음은 자녀들의 성공적인 결혼임을 우리는 잘 알고 있다. 그러나 언제부턴가 대한민국에서 집 한 채 장만하는 것이 인생의 소박한 목표가 아니게 되었다. 오히려 목표는 집을 장만하는 것이 아니라 비싼 집을 장만하는 것이 되었다. 집이란 것이 주거가 목적이 아니라 판매와 그를 통한 이윤획득이 목적이 된 것이다. 물론 여전히 중산층 이하의 대다수 국민들은 주거가 목적인 자기 소유의 집 한 채가 목표다. 그러나 일반적인 대한민국 국민들이 자기 소유의 집 한 채를 장만하겠다는 소박한 꿈을 품을 기회는 점점 사라져 가고 있다.

2010년 현재 대한민국의 주택보급률은 100%를 훌쩍 넘어섰다. 일반상식으로는 주택보급률이 100%가 넘었으니 국민 다수가 자기 집이 있겠구나라고 생각하지만 현실은 전혀 다르다. 한 사람이 여러 채의 집을 소유하는가 하면 그 집들은 사실상 상품과도 같아서 팔고 팔리는 가운데 수억 원의 프리미엄이 붙는다. 여전히 자기 집을 소유하지 못한 국민이 전체의 50%가 되는 것이 현실이다. 자기 집을 소유하지 못한 국민들은 전세나 소위 월세로 살고 있는데 이마저도 늘 불안에 시달리는 삶이다. 그 와중에 누군가는 강남의 아파트를 사서 1년 만에 몇 억을 벌었다느니 하는 전설들이 회자되기도 한다.

이러다보니 부동산 망국론이 나오기도 하며 부동산 불패신화라는 단어가 나와 사람들을 현혹시키기도 한다. 그러나 '부동산 망국론'이나 '부동산 불패신화'나 사실은 같은 의미다. 두 단어 모두 없는 사람들의 입장에서는 나와 우리 가족들이 살 곳이 대한민국에서 점점 없어져간다는 의미에 다름 아니다.

언제부터 이렇게 되었을까? 원래 한국의 주택정책의 목표는 급격한 산업화와 이촌향도, 도시화 과정에서 절대적인 주택보급의 부족을 메우는 것이었다. 그래서 한국의 주택보급률은 1980년대 60~70%의 수준에서 2000년대에는 100%를 넘게 되는 기염을 토하기도 했다. 그러나 언제부턴가 주택구입을 위해 첨단 금융기법들이 필요하게 되었고 허리우드 영화에서나 보았던 화려한 아파트나 주택들이 우리 주변에 지어지기 시작했다. 과연 누가 거기에 살고 누가 어떤 방법으로 그 집을 사는 것일까? 많은 국민들이 의심했고 또 그 거대한 투기판에 자의반 타의반으로 떠밀려 들어갔다. 결과는 참혹했다. 높아져가는 주택보급률을 비웃기라도 하듯이 자가 소유비율은 낮아졌다. 곳곳에서 전세대란이 일어나고 재개발 열풍에 집도 터전도 없이 쫓겨나는 사람들이 속출하기도 했다. 집값은 하늘 높은 줄 모르고 올라갔고 이제는 집값이라는 게 평범한 노동자, 회사원이 평생을 벌어도 장만할 수 없는 가격까지 올라갔다. 그래도 누군가는 그 집을 사고 팔고하고 있다는 현실이 믿겨지지 않을 뿐이었다.

이 모든 것의 원인에는 집이 주거와 휴식의 목적이 아닌 상품이 되어버린데 있다. 부동산정책의 실패, 집값 폭등의 원인은 다양하다. 그리고 지금 한국의 부동산 정책, 주택정책이 잘못되었다는 것에 대부분의 국민들과 정치인들은 동감한다. 그러나 마땅한 해결방법을 찾지 못하고 있다. 더욱 심각한 것은 지난 10여 년간 너무 올라버린 집값으로 인해 다음세대가 집을 전혀 갖지 못하는 사태가 발생하기 시작했다는 것이다. 부모세대가 부동산투기에 열중하는 바람에 자녀세대가 집에서 살 수 없게 된 어이없는 상황을 앞에 두고 새삼스레 이제는 집이 상품이 아니라 삶의 터전이라는 원초적인 진실을 되짚어볼 때가 되었다. 그런 면에서 전 국민의 90%가 자기 집을 소유하고 있고 평생 동안 집 걱정을 하지 않고 살 수 있는 나라가 같은 아시아에 있다는 사실에 우리는 새삼 놀란다. 바로 그 나라는 인구 440만의 도시국가, 싱가포르이다.

싱가포르의 주택정책

싱가포르의 주택정책을 볼 때 가장 놀라운 수치는 자가 점유율이다. 싱가포르 국민들은 2006년 기준으로 91%가 자기가 소유한 집에 살고 있다. 국민 10명 중 9명이 자기소유의 집에 살고 있다니! 놀라운 수치다. 한국은 2006년 기준으로 자가 점유율이 약 56%에 불과하다. 이마저도 농촌지역의 자가 점유율을 제외하면 도시지역에서는 40%에 불과하다. 나머지 국민들의 절대다수는 전세, 월세 등으로 주거하고 있으며 매년 보증금과 전세금의 추이를 불안하게 응시하는 현실이다. 싱가포르의 경우 자가 점유율 91%에 포함되지 않는 9%의 국민 가운데 4.5%는 정부가 제공하는 아주 저렴한 공공임대주택에 살고 있다. 따라서 싱가포르 국민 모두는 주거걱정이 없이 살고 있는 셈이 된다. 싱가포르의 주택보급률은 약 108%로 한국의 107%와 크게 차이가 나지 않는다. 그렇다면 인구의 99%가 주거걱정이 없는 싱가포르와 부동산 망국론에 국민 99%가 공감하는 대한민국의 차이는 어디서 기인한 것일까?

싱가포르 국민들의 82%는 주택개발청(HDB)에서 제공하는 공공주택에 거주하고 있다. 한국으로 따지면 주택공사가 제공하는 주택에 살고 있다는 말이다. 싱가포르의 주택정책의 가장 큰 특징은 바로 정부주도의 공공주택정책이다. 싱가포르의 공공주택정책은 1960년대에 시작해서 지금까지 흔들림 없이 진행되어 왔고 결국은 전 세계에서 가장 높은 평가를 받는 주거 걱정 없는 나라를 만들게 되었다.

싱가포르와 한국의 주택 현황 비교

주거현황	싱가포르	한국
주택보급률	108.7%	107.1%
자가점유율	91%	56%
공공주택 거주 가구비율	82%	16.8%

싱가포르는 인구 440만, 면적은 692제곱킬로미터(참고로 서울은 약 605제곱킬로미터)로 인구밀도 세계 2위의 도시국가이다. 또한 1인당 국민소득이 3만 달러를 훨씬 넘는 매우 부유한 나라이다. 많은 전문가들은 싱가포르가 국제무역과 금융의 거점으로 경제발전을 할 수 있었던 원동력으로 안정적인 주택정책을 꼽는데 주저하지 않는다. 싱가포르 정부 역시 1960년대 영국의 식민통치에서 벗어나면서 빈곤극복, 주택난 해결을 위해 강력한 공공주택정책을 실시해왔다. 주택은 상품이 아니라는 정부의 철학에 근거한 강력한 공공주택정책이 바로 싱가포르를 주거걱정 없는 나라로 만든 원동력이었다.

싱가포르의 주택정책에서 주목할 점은 높은 자가 점유율이다. 아시아의 대부분 나라들이 그렇듯이 가족단위의 주거, 그리고 집에 대한 강한 열망은 주택정책에서 중요한 고려지점이다. 싱가포르에서는 최대한 국민들이 직접 자기 집을 소유할 수 있도록 적극적인 지원정책을 펼쳤다는 점도 주목할만 하다.[1]

싱가포르의 공공주택은 우리나라 국민들이 일반적으로 생각하는 허름한 임대아파트와는 다르다. 전 국민의 82%가 공공주택에 살고 있는 만큼 공공주택 내에서도 다양한 형태의 주택들이 있다. 일단 1실형(33㎡ 약 10평), 2실형(45㎡ 약 13평)에 해당하는 공공임대주택들이 다수가 있다. 대부분 젊은이들이나 빈곤층에 제공되는 공공주택은 자가 소유

---

[1] 이런 면에서 '히딩크 보다 훌륭한 네덜란드 주택정책'이라 평가받는 네덜란드의 장기임대주택정책보다 싱가포르의 공공주택정책이 한국에 시사하는 바가 크다.

보다는 임대주택이 많다. 싱가포르 인구의 4.4%가 여기에서 살고 있으며 대부분이 저소득층을 위한 주택이다.

가장 많은 비율을 차지하는 것은 3실형(60㎡ 약 18평)과 4실형(90㎡ 약 27평)인데 전체 거주인구의 53%정도가 이 3~4실형에 거주하고 있다. 2000년대 들어서는 3실형은 공급하지 않고 있으며 모두 4실형 이상만 공급하고 있다. 이외에도 5실형(110㎡)과 고급형(125㎡)이 있으며 4실형 이상의 주택에 거주하는 비율이 75%를 넘는다. 거주가구의 75%가 약 27평 이상의 집에 살고 있다는 것인데 통계로 정리하고도 쉽게 믿겨지지 않는 수치다.

싱가포르의 공공주택은 신규공공주택과 재판매공공주택으로 나뉜다. 그리고 여기에 공공임대주택과 고급콘도가 따로 있다. 이렇게 네 가지 종류의 주택들이 정부가 공급하는 주택형태이다.

싱가포르 주택 현황

	주택유형	특징
싱가포르주택	공공주택 (82%) · 신규공공주택	5년 의무거주, 평생 2번만 구입할 수 있음, 4실형, 5실형은 월 소득 8,000싱가포르 달러 이하의 서민층만 거주가능
	재판매공공주택	2년 반 의무거주, 재판매를 통해 차익실현 가능
	공공임대주택	저소득층을 위해 임대형으로 제공
	민간주택 (18%) · 민간임대주택	주로 외국인이 거주
	민간주택	고급 콘도, 테라스형 주택들, 부유층 거주

먼저 신규공공주택은 정부가 저렴한 가격에 국민들에게 제공하는 신규주택이다. 구입자격은 21세 이상의 싱가포르 시민권 보유자이며 싱가포르 주택개발청이 정한 가족구성 조건을 충족해야 한다. 그리고 소득 기준과 의무거주기간 등의 제한이 있다. 일반적으로 신규공공주택의 경우는 최소 5년의 의무거주기간을 두고 있으며 월 소득

8,000 싱가포르 달러 미만의 중산층 이하 계층을 대상으로 한다. 이 역시 3실형은 월 3,000달러, 4~5실형은 8,000달러 미만으로 차등을 두고 있다. 또한 민간주택을 소유하지 않고 있어야만 하며 평생 동안 단 2번만 신규공공주택을 살 수 있는 기회를 준다.

싱가포르 주택정책의 기본방향은 중산층 이하의 주택보유를 중심에 놓고 고소득층의 주택보유를 위한 시장을 따로 마련하는데 있다. 따라서 주택정책의 핵심이 되는 신규공공주택의 경우 중산층 이하의 소득기준에 해당하는 사람들에게 제공되는 것을 기본으로 하고 있는 것이다.

싱가포르 주택정책에서 매우 특이한 부분이 바로 재판매공공주택이라는 것이다. 이것은 정부가 신규공공주택을 계속 공급함에 따라 도시중심부 등에 지을 땅이 부족하고 주로 도시외곽 등에 짓게 되고 주택 소비자들의 주거이동의 문제가 불거지자 70년대 중반부터 도입한 정책이다. 이로 인해 신규주택에서 5년의 의무거주기간을 채우면 입주조건이 더 좋은 곳에 있는 재판매주택을 구매하여 살 수 있게 된 것이다. 90년대 이후에는 오히려 신규공공주택보다 중고주택인 재판매주택의 가격이 훨씬 높게 오르게 되며 대부분의 공공주택 거주자가 신규주택의 5년 의무거주기간을 채우자마자 모은 돈으로 재판매주택을 구입하게 된다. 여기에는 어느 정도 투기의 목적이 있는데 재판매주택의 경우 이후 소비자가 판매 가능하기 때문에 이를 통한 어느 정도의 이익을 허용하고 있는 셈이다. 이로 인해 일반적으로 재판매 공공주택의 가격은 신규공공주택의 가격보다 2배정도 더 비싸게 형성되고 있다고 한다.

이외에도 앞에서 언급한 저소득층을 위한 공공임대주택이 존재한다. 앞에서 언급했듯이 약 10평에서 13평에 해당하는 공공임대주택은 월 소득 800싱가포르 달러에서 1,500싱가포르 달러 사이의 저소득층을 위한 임대주택으로 임대료는 총가구 수입소득에 따라 차등을 두고 있다. 한국에서 저소득층이 모여 사는 거주지에 재개발로 인한 철거문제 등이 불거질 때마다 철거민들은 영구임대주택 등을 요구하는 경우를 볼 수 있다. 싱가포르의 저소득층을 위한 임대주택이 여기에 해당한다고 볼 수 있다. 청년층을 비롯한 신혼부부, 젊은이들이 살 집이 없어서 문제가 되고 있는 한국에서 싱가포르의 소득에 따른 공공임대주택정책은 참고할만한 정책이다.

또한 2000년대 이후에는 노후한 공공주택들이나 도시개발에 따른 주거환경개선을 위해 다양한 재개발들이 진행되고 있기도 하다. 그러나 재개발 과정에서 재개발에 소요되는 비용의 대부분을 정부가 부담하고 있으며 거주자들의 재정착에 대한 걱정이 전혀 없도록 계속적으로 공공주택정책의 혜택을 받도록 하고 있다. 집이 사람을 내쫓는 재개발, 재건축에 저항하다가 사람들이 목숨을 잃는 한국과 비교되는 지점이 아닐 수 없다.

싱가포르에는 정부가 공급하는 저렴한 공공주택만 있는 것은 아니다. 아주 고가의 민간주택들도 존재한다. 이 민간주택들의 경우는 그 규모와 가격이 공공주택의 몇 배에서 몇 십 배에 해당할 정도로 차이가 난다. 이런 고급 민간주택은 전체 주택시장의 약 18%에 해당한다. 주로 소수의 고소득층과 외국인들이 거주하는 주택들이다. 이를 두고 일부에서는 싱가포르의 주택정책이 양극화를 조장하고 비판하기도 한다. 그러나 싱가포르의 일부 고급 민간주택이 비싼 가격이라고 해서 이것을 양극화라고 몰아붙이는 것은 과도하다. 왜냐면 일부 초고소득층이 비싼 주택에 사는 것보다 나름 중산층이라 자부하는 사람들조차 제대로 된 집을 장만할 수 없는 한국의 현실이 훨씬 극단적이기 때문이다. 싱가포르에서는 최소 18평 이상의 주택을 국민의 90%가 부담할 수 있는 가격으로 내집 마련의 기회를 제공하고 있다. 예컨대 싱가포르 공공주택들의 PIR(연소득대비 주택가격비율)은 한국과 비교할 수 없을 만치 낮다.

싱가포르의 주택가격 현황

주택유형		구분	연소득대비 주택가격비율(PIR)	평균주택규모(㎡)
공공주택	신규공공주택	고급형 아파트	6.1	125
		5실형 아파트	3.9	110
		4실형 아파트	2.3	90
	재판매공공주택	고급형 아파트	7.7	125
		5실형 아파트	6.2	110
		4실형 아파트	4.1	90
민간주택		단독주택	62.8	702
		다세대주택	29.1	361
		테라스 주택	20.6	185

이와 비교해서 한국의 PIR은 평균 10에 달한다. 집값이 자기 1년 소득의 10이 넘는다는 이야기이다. 과연 어느 쪽이 양극화된 주택정책이고 문제가 심각한 주택정책일까?

이와 같이 저렴한 가격에 그것도 국민의 90% 이상이 임대형식이 아닌 자기소유의 집을 장만하는 현실이 싱가포르에서는 어떻게 가능했을까? 이것이 단순히 정부가 주도해서 주택을 공급한다는 단순한 사실만으로 설명할 수 없다. 정리하면 싱가포르의 주택정책이 가능했던 핵심적인 요인은 세 가지다. 하나는 토지국유화이고 다른 하나는 우리나라의 국민연금에 해당하는 CPF(Central Provident Fund)를 통한 주택금융, 그리고 주택정책에 대한 정부의 철학이다.

현재 싱가포르는 국토의 90%에 달하는 땅이

> **PIR**
> Price Income Ratio의 약자로 '연소득대비 주택가격비율'이라고 한다. 대출을 받지 않고 자력으로 몇 년이면 주택을 구입할 수 있는지를 알려주는 지표이다. 한국의 경우 PIR이 10에 달하는데 대출을 받지 않고 집을 장만하기 위해서는 연소득을 꼬박 10년 치를 모아야 한다는 뜻이다.

정부의 소유다. 사실상 토지 국유화를 실시하고 있는 것이다. 이렇게 확보된 토지가 있기 때문에 싱가포르 주택개발청은 매우 저렴한 가격의 공공주택을 국민들에게 공급할 수 있는 것이다. 민간주택의 가격이 비싼 이유는 정부가 대지에 대한 권리까지 판매하기 때문이다. 그러나 한국의 경우 토지공개념의 논의가 오래 전부터 있어왔지만 각계의 반대에 부딪혀 좌절되고 말았다. 이로 인해 땅이란 한국에서 불로소득의 원천이 되어버렸으며 전 국민의 소수 몇 퍼센트가 전 국토의 드넓은 땅을 소유하고 있는 기가 막힌 현실에서 싱가포르와 한국은 극명하게 비교된다.

두 번째 요인은 싱가포르의 국민연금이라 할 수 있는 CPF를 통한 주택금융이다. CPF는 싱가포르의 사회보장시스템으로 싱가포르의 근로자라면 누구나 가입하도록 되어 있다. 연금의 액수는 경제 상황이나 소득, 연령대별로 다르게 책정되는데 일반적으로 피고용인은 월 소득의 20%, 고용인은 12% 수준이다. CPF는 싱가포르 국민의 80%가 가입되어 있는 엄청난 규모의 연기금이다. 그런데 싱가포르 정부는 1968년부터 CPF를 통해 주택자금이 부족할 경우 약 1%의 초저리에 융자할 수 있도록 하고 있다. 또한 CPF를 통해서도 자금이 부족하다면 다시 다른 금융기관을 통해서 융자를 받을 수도 있다.

우리로 따지자면 전 국민이 납부하는 국민연금을 담보로 주택자금 융자를 하고 이를 통해 집을 구매하도록 하는 것이다. 이를 통해 싱가포르 국민들은 적극적으로 공공주택을 장만하려 했고 이것이 주택 자가점유율 91%를 달성한 핵심 원동력이라 할 수 있다. 반면 200조원이 넘는 규모의 한국의 국민연금은 위험천만한 해외의 금융시장에 투자할 기회만 엿

> **CPF**
> 한국의 국민연금에 해당하는 싱가포르의 연기금이다. 10달러 이상 월급을 받는 모든 싱가포르 노동자들이 월급의 일정부분(통상 31%)을 의무적으로 저축하고 나머지 절반은 회사에서 적립하는 형태로 되어있는 연기금 제도다.

보고 있다는 점에서 씁쓸한 뒷맛을 남긴다.

세 번째 요인은 무엇보다도 정부의 철학에 있다. 1960년대 이래 국민행동당이 집권하고 있는 싱가포르의 주택정책 철학은 단순하다. 바로 '토지와 주택은 상품이 아니다'라는 것이다. 따라서 토지의 90%를 국유화하고 싱가포르 정부가 수십 년 동안 큰 손실을 보더라도 국민들에게 저렴한 가격의 주택을 공급하여 자가소유의 기회를 보장하고 있는 것이다.

지난 50년 간 싱가포르 정부가 국민들에게 저렴한 가격에 주택을 공급하기 위해 본 손실액은 약 10조원에 달한다. 그러나 지난 50년 간 정부가 부담한 10조원이라는 돈으로 인해 싱가포르 국민들의 절대다수는 적어도 주거걱정이 없이 살 수 있도록 되었다. 부동산만큼은 잡겠다고 저마다 외쳤다가 본전도 못 찾았던 한국의 역대 정권들의 실패 원인이 어디에 있었는지 다시금 생각해보게 하는 대목이다.

물론 싱가포르의 주택정책에 문제점이 전혀 없는 것은 아니다. 싱가포르 역시 재판매공공주택이 이윤획득을 위해 투기적 목적으로 거래되기도 하며 초고가의 민간주택들이 국민들의 열망이기도 하다. 또한 저렴하게 공공주택을 구매하게 보장해 주었던 CPF를 통한 주택자금 융자도 최근에는 노후불안을 초래한다는 등의 요인으로 인해 그 규모가 축소되고 있는 실정이다. 뿐만 아니라 한국의 주택보급률이 100%를 훌쩍 넘어버렸고 민간주택들이 압도적으로 많아진 상황에서 싱가포르의 사례가 적용 가능하냐는 비판 역시 성립이 가능하다.

그러나 2000년 인구주택 센서스의 조사에 따르면 한국의 약 3백3십 만 가구가 최저 주거기준에 미치지 못하는 상황에서 최소한 이들에게 만이라도 우선적으로 영구임대주택과 장기임대주택을 제공하는 정책은 도입되어야 한다. 또한 이미 미분양사태를 겪고 있는 민간건설업자들이 건설한 주택들을 정부가 주도해서 인수하고 이를 서민공공주택으로 저가에 공급하는 것도 고려해볼 수 있다.

　이 같은 정책들과 함께 한국 정부가 싱가포르의 주택정책으로부터 배워야 할 가장 중요한 가치는 주택에 대한 정부의 철학이다. '국민들이 부담하지 못하는 주택은 의미가 없다'라는 신조아래 국민들의 부담능력에 걸맞은 주택정책을 펼치고 저소득층과 중산층이 거주 가능한 주택을 공급하기 위해 최선을 다하는 싱가포르 정부의 자세는 우리에게 큰 울림을 준다. 과연 40평, 50평이 넘어가는 대형 아파트들만 건설되고 그마저도 상당수가 투기적 목적에 거래가 되는 한국의 현실에서 저소득층과 서민들이 안정적으로 거주할 수 있는 권리는 쉽게 보장되지 않는다. 싱가포르의 공공주택정책은 많은 사람들을 안정적인 주거생활이 가능하도록 한 정책이다. 그리고 무엇보다도 저소득층의 주거문제를 먼저 해결해나간다는 원칙을 잘 조화시킨 훌륭한 정책임에 틀림없다. 세상을 바꾼 정책들은 대부분 낮은 곳, 어려운 곳을 먼저 바꿔서 끝내 전체를 바꿔나간다.

프랑스 '대학평준화정책', 일류대와 삼류대가 없는 나라

―조성주

> 입시철마다 반복되는 청소년 비관자살이 올 해도 예외 없이 일어나 주위를 안타깝게 하고 있다. 특목고 입시 전형에서 떨어진 한 중학생이 아파트 16층에서 뛰어내려 숨졌다.
> 21일 오후 5시께 부산시 연제구 모 아파트 화단에 모 중학교 3학년생(15)이 쓰러져 있는 것을 어머니(42)가 발견해 경찰에 신고했다.
> 경찰은 이 학생이 지난달 특목고 입시에서 떨어진 뒤 고민해왔다는 유족의 진술을 토대로 정확한 사고경위를 조사 중이다.
> ―부산일보 2008.11.22일자 기사

대한민국에서 살아가고 있는 사람이라면 사실 이런 내용의 기사는 매우 익숙한 기사이다. 대한민국에서는 매년 수백 명의 청소년들이 성적을 비관하며 자살을 하고 있기 때문이다. 위 기사에서 사실 가장 섬뜩한 부분은 "올해도 예외 없이"라는 건조한 문구일 것이다. 그렇다. 올해도, 전년에도, 아니 내후년에도, 그 이후에도 매년 수백여 명의 학생들이 자살을 감행한다는 사실을 우리는 너무나 잘 알고 있다. 때로는 스스로를 무감각하다고 느낄 정도로….

최근에는 초등학교 4학년에 불과한 학생이 성적을 비관해 자살을 해서 무감각해진 국민들을 술렁이게 한 사건이 있었다. 실제 어느 연구기관의 조사에 따르면 초등학생의 28%가 자살충동을 느껴보았다고 하니 새삼 우리가 무서운 세상에 살고 있다는 것을 실감한다.

매년 자신의 목숨을 스스로 끊는 청소년들이 발생하는 이유 역시 우리는 잘 알고 있다. 바로 입시경쟁 때문이다. 그리고 그 입시경쟁에서 승리하기 위해 대다수의 부모들이 매년 수천만 원이 넘는 사교육비를 지출하고 이로 인해 국가의 교육체계가 근간부터 흔들린지 오래라는 것도 대한민국 국민이라면 누구나 알고 있는 사실이다.

뻔한 질문과 뻔한 답이지만 이 모든 일들이 무엇 때문에 벌어지는 것일까? 바로 대학 때문이다. 1등 대학부터 350등 대학까지 일렬로 줄지어 있는 대한민국에서 대다수의 부모들과 학생들은 좀 더 상위권에 위치한 대학을 가기 위해 수천만 원이 넘는 사교육비를 쏟아붓고 말 그대로 지옥을 방불케 하는 경쟁을 벌인다. 그 와중에 수백여 명의 청소년들이 자살을 감행하고 수천 명, 아니 수십만 명의 학생들이 평생 지울 수 없는 상처를 받고 살아간다.

말 그대로 입시지옥이라고 불리는 한국의 대학입시 경쟁은 놀라울 정도이다. 이미 60~70년대부터 한국의 대학 입시열풍은 수많은 외신들의 가십란을 장식했다. 서구의 선진국들에선 한국의 입시열풍을 보고 저런 나라가 세상에 존재하다니 하며 낄낄대거나 한심해 하겠지만 한국에서 더 상위권 대학을 간다는 의미는 선진국 국민들이 미개한 후진국의 문화라고 치부할 수 없는 깊은 상처와 이유를 간직하고 있다.

이미 선진국 클럽이라는 OECD에 가입하고 경제성장의 세계적인 성공사례로 꼽히는 한국의 경제성장이 입시지옥 속에서 단련된 수많은 인재들에 의해서 가능했음은 주지의 사실이다. 대학진학률이 80%가 넘고 문맹률이 선진국 어느 나라와 비교해도 낮으며 중등, 고등교육을 막론하고 전 세계에서 가장 높은 수준의 교육을 받은 인구가 많은 곳이 한국이다. 이 높은 교육열은 때로 선진국의 전문가들 조차 대한민국의 가장 큰 경쟁력이라고 손꼽을 정도다. 그러나 빛이 있다면 그림자가 있는 법. 대한민국의 높은 교육수준 뒤에는 매년 수백여 명의 학생들이 자살을 하고 수십만 명의 학생들이 심리적 트라우마를 갖게 되는 비정상적인 경쟁이 존재한다. 그리고 이 모든 사태의 배후에 바로 대학이라는 존재가 있다.

사실 대학에 진학하고자 하는 욕구를 나쁘다고만 할 수는 없다. 앞에서도 언급했듯이 이런 욕구가 높은 교육열을 만들어내고 수준 높은 인재들을 다량으로 배출한 것도 사실이기 때문이다. 또한 한국에서는 대학진학이 거의 유일한 신분상승의 통로가 되어왔다. 의외로 최근까지 통계를 살펴보면 한국은 신분 간의 이동이 꽤 잘되는 적어도 고등교육에 있어서는 평등한 나라였다. 대다수의 선진국들의 경우 역사와 전통을 자랑하는 귀족가문 출신들이 현재에 이르기까지 대대로 사회를 지배하면서 가난한 서민들을 철저하게 배제해 왔다. 반면 한국은 지난 수십여 년 간 상당수의 가난한 서민들이 대학이라는 곳을 통해 상류층으로 진입할 수 있었다.

한국개발연구원의 김희삼 연구원의 「세대 간 경제적 이동성의 현황과 전망」이라는 자료에 따르면 한국은 영국, 미국, 독일 등과 비교하더라도 경제적 지위가 세대 간에 대물림되는 비율이 낮고 상하층으로의 이동이 상당히 높은 편이라고 설명한다. 그리고 연구보고서는 과거에 이런 상황이 가능했던 이유로 교육열을 꼽는다. 이처럼 한국에서 교육열은 상하층 간의 신분이동을 가능케 한 중요한 요인이었다. 이 때문에 혹자는 한국의 대학입시를 '계급전쟁'이라고 부르기도 했다.

그러나 이런 이야기도 과거가 되어가고 있다. 경제규모가 부쩍 커지고 민주화가 진행되면서 이상한 상황이 벌어지게 된다. 바로 계급

전쟁에서 부자들만 연이어 승리하는 일이 벌어진 것이다. 최근 연구에 따르면 이미 한국의 대학은 부자들이 다니는 대학과 가난한 자들이 다니는 대학으로 양극화되고 있다. 또한 대학 간의 서열화도 더욱 심해졌다. 소위 일류대학, 이류대학, 삼류대학이라는 천박하기 짝이 없는 낙인을 통해 입시지옥을 통과해온 학생들을 옭아매고 있는 것이다. 이 낙인은 거의 평생토록 학생들을 쫓아다니며 취업은 물론 결혼에 이르기까지 적지 않은 영향을 미친다.

대학교 유형별 부모 소득수준 분포

(단위: %)

부모 소득수준	명문대	서울 4년제	지방 4년제	2~3년제
100만 원 이하	1.3	2.2	6.2	14.3
100만 원대	6.1	8.3	20.9	29.2
200만 원대	19.2	25.4	28.4	28.3
300만 원대	21.8	23.0	22.0	14.4
400만 원대	14.4	17.0	8.0	5.6
500만 원대	13.1	10.1	6.1	3.0
600만 원 이상	24.0	14.0	8.3	5.2

* 명문대: 서울대, 연대, 고대, 포항공대, 카이스트, 단과대 중 의대, 치대, 한의대
* 류방란·김성식, 「교육격차: 가정배경과 학교교육의 영향력 분석」, 2006.

역설적이게도 민주화 이후 심화된 신자유주의적 교육정책의 결과로 높아가는 사교육비와 대학서열화가 고착되는 상황이 초래된 것이다. 이제 대학입시라는 계급전쟁에서 가난한 사람들이 승리할 가능성은 극히 희박해지는 대신 경쟁은 더욱 치열해졌다. 달리 말하면 더 많은 학생들의 목숨을 위협하는 악순환이 고착된 것이다. 이런 이유에서 사실상 세습체제가 되어버린 현재의 대학입시제도와 대학 간 서열화를 두고 수백만의 부모들이 분통을 터뜨리는 것은 너무도 당연한 일이다.

대학입학시험이 없는 나라, 명문대와 삼류대가 없는 나라

한국에서는 매년 대학수학능력시험을 치른 다음 적지 않은 청소년들이 목숨을 끊는다. 그러나 프랑스의 경우에는 아예 대학입학시험이라는 것이 없다. 대신 고등학교 졸업자격 시험이라는 것이 있다. 프랑스의 교육부장관들이 전 세계를 대상으로 '프랑스의 걸작', '프랑스의 거국적인 의식'이라고 자랑하는 바칼로레아(baccalaureat)가 바로 그것이다. 고등학교 마지막 학년을 마치고 보는 이 시험을 통과하면 대학입학 자격이 부여된다. 이 바칼로레아 시험은 세계적으로 유명한데 특이한 것은 시험에서 철학을 필수과목으로 본다는 것이다. 또한 비평문 작성, 논술문 작성 등으로 한국과 같은 주입식 교육을 통해서는 통과할 수 없는 시험을 본다. 물론 이 시험을 모든 학생들이 통과하는 것은 아니다. 응시자의 4명 중 3명이 바칼로레아에 합격하고 나머지 4분의 1은 다시 시험을 응시해야만 대학입학 자격이 주어진다.

바칼로레아에 합격하면 프랑스에 있는 어느 대학이든 진학할 자격이 주어진다. 우리나라처럼 시험성적에 따라 1등부터 60만등까지 줄을 세우고 다시 대학들을 1등 대학에서 350등 대학까지, 그리고 각 학과를 줄 세워서 학생이 갈 수 있는 대학과 학과가 극명하게 갈리는 것이 아니다. 바칼로레아를 통과한 프랑스 학생들이라면 누구나 자신이 원하는 대학의 원하는 학과를 선택해서 지망한다. 물론 이 과정에서 특정 대학이나 학과에 사람이 너무 많이 몰려서 자리가 없을 경우를 대비해 다양한 학과들을 지망하게 된다. 그리고 대학에서 허가가 나면 자신이 지망하는 대학에 입학하는 방식이다. 우리로서는 매우 생소한 이런 방식이 어떻게 가능할까? 그것은 프

> **바칼로레아(Baccalauréat)**
> 프랑스의 대학입학자격시험을 말한다. 한국의 대학수학능력시험과 다른 점은 절대평가제로서 일정정도의 점수만 넘으면 모두에게 대학입학자격이 주어진다는 것이다. 19세기 초에 시작되어 지금까지 시행되고 있는 프랑스만의 독특한 시험제도로 철학, 문학, 과학 등 광범위한 영역에서 비판적 사고력을 요구하는 문제들을 제출하고 있다.

랑스의 대학들이 우리처럼 서열화되어 있는 것이 아니라 평준화되었기 때문이다.

혁명의 과정에서 탄생한 대학평준화

프랑스 대학들이 원래 서열이 없었던 것은 아니다. 프랑스의 대학들은 유럽에서도 오래된 전통을 갖고 있다. 18세기나 19세기 문헌들을 찾아보면 바칼로레아 시험을 위해 귀족들이 과외를 하는 등의 세태를 심심찮게 찾아볼 수 있을 정도로 명문고, 명문대를 가려는 입시경쟁이 치열했다. 대학들 또한 권위적이고 전통을 중시하는 분위기가 팽배했던 것이 과거의 프랑스 대학교육이었다.

이런 전통과 분위기가 깨지게 된 것은 1968년 프랑스에서 시작해 전 세계를 뒤흔들었던 68혁명 때문이었다. 한 대학 기숙사에서 남녀의 연애를 금지한 것에 저항해 시작된 68혁명을 계기로 프랑스 대학교육은 혁명적인 변화를 겪는다. 1968년 5월부터 고등교육의 개혁을 요구하는 대학생들과 심지어 고등학생, 중학생까지 가세한 시위는 프랑스 교육을 근본적으로 바꾸어 놓는다. 학생들의 거센 요구에 결국 프랑스 정부는 1968년 11월에 당시 문교부 장관이 주도한 대학개혁안을 제시하고 이를 통해 대학교육을 완전히 뒤바꾼다.

변화된 프랑스의 대학체제는 기존의 전통과 권위에 매여 있던 단과대학들을 모두 폐지하고 관련학과들을 모아서 일반종합대학교로 개편하는 것이었다. 이 때문에 프랑스의 고등교육기관들을 대부분 통폐합되어 다시 재구성 된다. 이로 인해

> **68혁명**
> 1968년 5월 프랑스에서 시작되어 전 유럽으로 확산된 사회변혁운동을 말한다. 미국의 베트남 침공에 항의하는 학생들의 시위에서 시작되어 사회 전반의 구제도와 관습의 철폐까지 요구하는데 이르렀으며 노동자들의 파업과 결부되어 전 유럽에 큰 영향을 미쳤다.

대학들은 단과대학에서 종합대학으로 바뀌게 되고 다양한 전공과 학문을 연마하고 연구하는 곳이라는 대학본연의 모습을 되찾는다. 1968년에 있었던 대학교육개혁으로 인해 프랑스에서는 일류대학, 삼류대학 따위의 천박한 구분이 없어지게 되었으며 대학의 이름도 파리 1대학, 파리 5대학 등과 같이 특별한 구분이 없는 형태를 취하게 되었다.

물론 프랑스의 각 대학들 사이에도 다른 캠퍼스와의 차이는 존재한다. 그러나 이것은 학벌이나 서열에 따른 것이 아니라 각 대학들이 집중하는 학문영역이 다른 것에 불과하다. 예를 들면 파리 1대학, 2대학은 법학에 권위가 있으며, 파리 8대학은 사회과학, 파리 9대학은 경제학이나 경영학에 권위가 있는 식이다. 파리 근교의 13개 캠퍼스 외에도 전국적으로 다양한 대학들이 존재하고 학생들은 본인들이 지망하는 대학과 학과에서 자유롭게 학문을 연구하고 공부한다.

또 하나 놀라운 사실은 대부분의 대학들이 국립대학이라는 것이다. 바칼로레아를 통과해서 진학하는 일반 대학교의 경우 93개에 이르는 대학이 모두 국립대학으로 등록금이 연간 200유로(약 30만원)가 채 되지 않는다. 수천만 원의 사교육비를 들여서 대학에 들어와 다시 연간 천만 원에 달하는 등록금을 내야 하는 한국의 대학생들과 비교하면 어마어마한 차이가 아닐 수 없다. 프랑스는 전체 고등교육의 70% 정도가 국공립이며 이외에 엔지니어 학교, 그랑제콜 등 사립학교들도 존재한다. 이런 사립학교들은 고액의 등록금을 자랑한다. 한국의 경우 거꾸로 고등교육에서 사립학교가 차지하는 비율이 85%에 달한다. 이러다보니 대다수의 대학생들이 사립학교에 진학할 수밖에 없으며 연간 천만 원이 넘는 엄청난 액수의 등록금으로 인해 학

> **그랑제콜**(Grandes écoles)
> 프랑스의 고등교육기관의 한 종류이다. 18세기 국가의 경제, 군사, 행정 분야의 엘리트 관료를 육성할 목적으로 만들어진 고급학교로 프랑스의 정계, 학계의 엘리트들을 양성한다. 유명한 그랑제콜로는 고등사범학교, 에콜 폴리테크닉, 국립행정학교 등이 있다.

생은 물론 가족전체가 고통을 받는다.

프랑스의 고등교육기관 유형별 학생수 및 학생수 비율

(단위: 명, %)

유형		학교수	학생수	학생수비율
	대학교	93	1,309,871	59.3
	공과계열 2년제 대학	112	115,062	5.2
전문직업 교육기관	고등기능사 과정	2,100	245,070	11.1
	그랑제콜 준비반	485	75,338	3.4
	교원대학	30	89,062	4.0
	각종 학교(그랑제콜 포함)	1,546	374,768	17.0
	합계	4,366	2,209,171	100.0

프랑스에도 명문학교가 없는 것이 아니다

대학입학시험도 없고 바칼로레아만 통과하면 누구나 원하는 대학, 학과에 갈 수 있다는 사실만으로 프랑스의 모든 대학이 평준화되었다고 이야기 할 수는 없다. 실제 프랑스에는 순수학문을 다루는 일반적인 대학교 93개 외에도 그랑제콜이라는 수백여 개의 소수정예의 전문고등교육기관들이 있다. 이것은 프랑스의 독특한 고등교육 시스템에서 비롯된 것이다. 그랑제콜은 프랑스의 엘리트들을 산출하는 역할을 하는데 나폴레옹시대 이전부터 프랑스의 핵심 엘리트들을 양성하는 역할을 해왔다.

그랑제콜은 앞에서 언급한 누구나 원하는 대학, 학과에 지망하는 방식이 아니라 학생선발이 매우 엄격하게 진행된다. 경쟁률도 보통 10대 1을 넘나든다. 그랑제콜은 바칼로레아를 통과한 학생들이 그랑제콜 준비학교라는 곳에서 2년 정도 필수적인 준비과정을 거친 후 치열한 경쟁을 통과해야만 입학이 가능하다. 그랑제콜은 프랑스 대혁명 시기부터 전문적인 관료나 엘리트들을 육성하기 위해 만들어졌기 때문에 일반 대학교들처럼 교육부 산하에 있는 것이 아니라 각 해당 부처 산하에 있거나 사립으로 존재하기도 한다. 예를 들면 군의 고급기술장교를 육성하는 에콜 폴리테크니크는 국방부 소속이고 리오넬 조스팽 총리, 자크 시라크 대통령 등을 배출한 국립행정학교(ENA)의 경우는 국무총리실 산하이며 경영계열의 그랑제콜인 상업고급연구원은 사립으로 존재한다. 가장 유명한 그랑제콜은 프랑스 대혁명 시기에 설립된 고등사범학교인 에콜노르말 쉬페리외르이다. 노벨상 수상자만 9명을 배출한 학교로 문학과 과학 분야를 가르치는데 사르트르, 베르그송, 미셸푸코 등이 이 학교 출신들이다.

프랑스는 거의 대부분의 학생들이 차별과 서열 없이 진학하고 배울 수 있는 93개의 국립 일반대학교 외에도 이처럼 그랑제콜이라는 엘리트 육성기관을 따로 두어 국가에 필요한 고급인재들을 육성하고 있다. 이를 두고 일부에서는 프랑스의 대학이 평준화되어 있는 것이 아니며 철저하게 엘리트 교육이라고 비판하기도 한다. 그러나 프랑스의 이러한 대학교육체제는 한국과 분명히 다르다. 그것은 한국의 대학서열화체제가 철저하게 학생들을 구분하고 학생들에게 일류대, 삼류대 따위의 낙인을 찍어 사회의 양극화를 부추기고 있는데 반해 프랑스의 경우는 국가를 운영할 고급인재들을 전략적으로 육성한다는 사회적 합의 하에 순수학문을 연구하는 일반 대학교와 그랑제콜을 따로 운영하고 있는 것이다. 그렇다고 프랑스의 이 같은 이원화된 체제가 어떤 사회적 위화감을 유발시키지는 않는다. 최근에는 소득 수준 등이 낮은 지역들을 고려하여 해당 지역을 교육 우대지역으로 선정하고 저소득층이 많은 지역의 학생들을 그랑제콜에 무시험으로 합격시켜 사회통합을 유도하는 정책을 펼치고 있다. 이런 정책을 보면 한국의 일류대학들이 시행하는 지역균형선발제도를 부유층에서 불공평한 제도라고 비난하고, 자칭 일류대학들은 강남의 부잣집 학생들만 선발하려는 한국의 현실과는 극명하게 대비된다.

물론 프랑스의 대학교육에도 다양한 문제점들이 있다. 바칼로레아가 지나치게 세분화되어 적성을 제대로 파악하지 못한 학생들의 경우 자신에게 맞는 바칼로레아를 준비하지 못하는 경우가 생기기도 한다. 대학들은 재정이 부족하여 교육환경이나 시설이 열악한 문제점들도 있다. 그러나 매년 입시지옥을 통과한 학생들이 다시 서열화된 대학체제 내에서 절망감을 느껴야 하는 한국의 대학교육과 같은 극단적인 문제점은 없다.

대한민국도 프랑스처럼! '국공립대 통합네트워크'

마냥 프랑스의 대학교육체제를 부러워할 것이 아니라 한국에서도 심각해질 대로 심각해진 대학서열화체제를 개혁하고 입시지옥으로 인해 무너진 공교육체제를 바로잡아야 한다는 주장이 제기되고 있다. '학벌없는 사회'와 같은 시민단체들이나 진보정당들이 제기하고 있는 '국공립대 통합네트워크'가 바로 그것이다.

국공립대 통합네트워크라는 정책은 한국의 대학서열화체제가 한국교육을 좀먹는 가장 큰 문제라는 인식 하에 프랑스의 국립대학체제와 같이 국공립대를 통합하여 운영하는 체제이다. 이 과정에서 대학체제를 개편하는 것과 더불어 대학입시체제까지 전방위적인 개혁을 요구한다.

국공립대 통합네트워크는 현재 한국의 서울대학교를 포함한 기존의 국립대학들을 하나의 통합 네트워크로 구성하고 지역의 국립대학들을 통합하여 몇 개의 캠퍼스로 운영하는 시스템이다. 예를 들면

서울대, 부산대, 전남대와 같은 이름은 없어지고 한국대학교라는 이름아래 한국대학교 ○○캠퍼스와 같은 식으로 재편되는 것이다. 마치 프랑스 파리의 대학들이 파리 1대학, 파리 2대학 등으로 구분된 형태이다.

특이한 것은 신입생을 각 대학별, 학과별로 모집하는 것이 아니라 전체 국립대학 차원으로 모집하여 계열별로 배치하도록 설계되어 있다는 점이다. 이를 통해 국립대학의 경쟁력을 한 차원 높이겠다는 의도이다. 또한 현행 대학수학능력시험을 폐지하고 프랑스의 바칼로레아처럼 대학입학자격시험을 통해 신입생을 선발하도록 하는 방안이다. 이렇게 되면 어느 대학 캠퍼스에서 졸업을 하더라도 학위는 국립대학 학위라는 공동학위를 받으며 국공립대 통합네트워크에 포함되어 있는 어떤 캠퍼스에서도 학점을 이수할 수 있다. 국립대만이 아니라 희망하는 사립대까지 여기에 점진적으로 포함시켜 나가면 한국의 대학교육체제를 근본부터 개혁될 수 있을 것이다.

이 같은 국공립대 통합네트워크를 비현실적인 주장처럼 여길 것이 아니다. 지금과 같은 대학서열화체제에서는 정당한 경쟁은 원천적으로 불가능하다. 왜냐면 이미 많은 사교육비를 투입할 수 있느냐 없느냐가 서열화 된 대학체제에서 상위권에 있는 대학에 가는 유일한 길이 되어버렸기 때문이다. 대학들 역시 대학교육의 질보다는 수능성적이 높은 학생들을 받는 것에만 주력하고 있다. 일류대라고 자처하는 대학들은 결국 대학교육의 질을 일류로 만들기보다 수능성적이 높은 부잣집 학생들을 각종 편법을 통해 선별해내는 데만 집중하고 있는 현실이다. 이것은 대학교육을 받기를 희망하는 학생과 학부모뿐만 아니라 고등교육을 통해 더 많은 인재들을 양성해내야 하는 국가차원에서도 손해이다. 결국 한국의 대학교육체제는 반드시 수술이 필요한 중증환자인 것이다.

프랑스 역시 유럽에서 가장 오래된 전통과 권위를 자랑하던 보수적인 대학교육체제를 가지고 있었다. 68혁명 이전 누가 지금과 같이 평등하고 자유로운 대학교육체제로 바뀔 것이라고 상상이나 했을까? 그러나 1968년 고등학생들과 대학생들이 거리로 뛰쳐나와 대학개혁을 부르짖자 정말 혁명과 같은 일이 벌어진 것이다.

한국도 마찬가지이다. 지금 우리 앞에 수십 년 동안 철옹성같이 버티고 있는 일류대, 삼류대 따위의 대학서열화체제와 낙후한 대학교육체제는 바뀔 가능성이 없는 것처럼 보인다. 그러나 이미 대다수의 학부모와 학생들, 교사들과 심지어는 교수들마저도 대학교육의 개혁을 바라고 있다. 열망이 커질수록 가능성도 더 커지는 법이다. 필요한 것은 이 열망에 불을 지필 도화선이다. 마치 1968년 5월 프랑스 어느 대학의 기숙사에서 연애를 금지하는 것에 저항한 몇몇 학생들의 농성과 같은 계기만 남아있는 것이다. 분명한 사실은 한국의 대학교육이 지금처럼 극단적으로 서열화 되어 계급 재생산의 도구로 사용되는 것을 막지 못한다면 대한민국의 미래가 없다는 사실이다.

'핀란드식 교육', 평등과 효율성의
두 마리 토끼를 잡은 세계최고의 교육

―조성주

"노는 시간이 많아야 창의적이 된다."

세계 최고의 교육성취도를 자랑하는 핀란드의 교육전문가가 한 이야기다. 지금 전 세계에서 열풍을 불러일으키고 있는 핀란드 교육과 미국을 능가하는 국가경쟁력을 자랑하는 핀란드의 특징을 잘 보여주는 말이다.

최근 필자가 아는 지인의 자녀가 학교를 자퇴를 했다. 지인의 자녀가 다니던 고등학교는 학원을 다니는 학생들을 제외하고 나머지 학생들을 수용소처럼 한반에 몰아넣고 늦게까지 앉아 있도록 했다. 자율학습이라는 이름이 붙어 있지만 공부를 잘하는 학생들은 사교육을 받도록 권장하고 못하는 학생들은 사고만 치지 말라는 식으로 밤 12시까지 학교에 붙잡아 놓은 것이라는 사실을 대한민국 사람이라면 누구나 알고 있다.

필자의 지인은 이런 식의 교육이라면 받을 필요가 없다며 자녀를 과감히 자퇴시켰다. 자퇴를 하는데 교사의 진지한 상담도 설득도 없었다는 이야기는 현재 한국교육의 실상을 적나라하게 보여준다. 학생이 자퇴하는 것은 큰일도 아니라는 것이다.

자퇴를 한 지인의 자녀는 이제 오전 10시부터 오후 2시까지 아버지와 공부를 하고 나머지 시간에는 주로 시사 다큐멘터리와 영화를 보고 분야를 넘나드는 독서를 하며 하루하루를 놀면서(?) 즐겁게 보내고 있다. 뜻하지 않게 필자의 지인은 자녀에게 핀란드식 교육을 가르치고 있는지도 모른다.

핀란드교육 열풍

지금 대한민국에서는 핀란드식 교육 열풍이 한창이다. 서점에는 핀란드식 교육을 소개하는 책들이 널려 있다. 언론들은 연일 문제가 많은 한국식 교육도 핀란드식 교육으로 나아가야 한다고 주장한다. 심지어 진보진영과 보수진영 모두 정치적 견해를 뛰어넘어 핀란드식 교육을 칭찬하고 있다. 물론 각자의 입맛에 맞게 주장하고 있기는 하지만…. 여하튼 이제 핀란드는 자일리톨껌이나 노키아와 같은 상품으로 대표되는 국가가 아니다. 핀란드 최고의 상품은 바로 '핀란드식 교육제도'가 된 것이다.

그렇다면 왜 핀란드식 교육이 대한민국에서 이토록 열광적인 호응을 받는 것일까? 그것은 우리가 발 딛고 있는 대한민국의 교육이 핀란드식 교육의 정반대편에 서 있기 때문이다. 대한민국의 부모들은 모두가 교육전문가이다. 한국의 교육제도는 학교와 학생들로만 돌아가지 않는다. 부모들이 학생에게 달라붙어 커리큘럼을 짜고 학교 교육의 세세한 부분까지 간섭하며 어떤 학원을 보낼지, 어떤 책을 읽혀야 하는 지까지 모두 연구(?)하고 철저한 계획을 수립한다. 그런데 이 대단한 한국의 부모들이 입을 모아 이야기한다. "대한민국의 교육은 썩었다!"고….

역설적이지만 대한민국 교육제도의 부실함과 과도한 경쟁교육, 날이 갈수록 커져가는 교육격차가 바로 대한민국 부모들을 모두 교육전문가로 만들어버렸다. 그리고 이제는 부모들과 학생들과 교사들이 입을 모아 핀란드식 교육이 한국교육이 나아가야 할 미래라고 이야기 한다. 그럼 왜 핀란드식 교육인가? 핀란드식 교육의 무엇이 대한민국을 들썩이게 하는 것인가?

세계최고의 교육과 국가경쟁력

핀란드의 교육이 세계에서 최고라고 평가받는 것은 OECD에서 3년에 한 번씩 실시하는 PISA(Programme for International student Assessment) 즉, '국제학업성취도평가사업'에서 연속적으로 1위를 차지했기 때문이다. 이 PISA 평가에서 핀란드는 2000년, 2003년, 2006년 모두 1위를 차지해서 전 세계를 놀라게 했다. 그런데 한국도 이 평가에서 성적이 나쁜 것은 아니다. 2006년 PISA 평가에서 한국은 2위를 차지해서 최근에는 미국의 오바마 대통령조차 한국의 교육을 본받아야 한다는 말을 할 정도이다. 그런데 왜 세계 2위의 성적을 자랑하는 한국의 부모들은 대한민국 교육이 썩었다고 이야기하고 핀란드식 교육으로 나아가야 한다고 입을 모으고 있는 것일까?

한국이 PISA 평가에서 핀란드에 이어 2위를 했을 때 이에 대해서 평가위원들이 했던 말이 단적으로 이 상황을 설명해준다.

> "한국은 공부는 잘하지만 부러운 나라는 아니다. 과도한 경쟁 시스템 때문에 공부에 대한 의욕이 낮고 무

> PISA
> (Program for International Student Assessment)
> 학업성취도를 국제적으로 비교하기 위한 국제학력평가를 말한다. OECD가 각국의 교육정책을 평가하기 위한 기초자료로 활용하며 만 15세의 학생들의 읽기, 과학, 수학 성적을 3년 단위로 평가한다.

엇보다 아이들이 행복해하지 않는다. 우리는 이런 시스템에는 관심이 없다."[1]

사실이다. 한국의 일부 학생들이 세계적인 수준의 성적을 받을지는 몰라도 대다수의 한국 학생들은 행복하지 않다. 앞서 언급했듯이 사실상 한국 교육제도에서 학생, 교사만큼이나 교육에 미치는 영향력이 큰 학부모들 역시 행복하지 않다. 매일매일 자기 자녀가 치열한 경쟁 속에서 시들어가는 것을 목도하는 한국의 부모들은 학생들이 자유롭게 놀면서도 자신의 적성에 맞는 공부를 하고 성적마저 세계 최고의 수준을 유지하는 핀란드 교육을 선망의 눈길로 바라보지 않을 수 없는 것이다.

핀란드 교육은 어떻게 이루어지는가?

핀란드 교육의 원칙은 거주지역, 재산, 모국어, 성별 등에 관계없이 모든 이들을 위한 교육을 한다는 것이다. 이러한 정책방향을 기본으로 누구에게나 동등한 기회를 제공하며 지역의 격차가 거의 없다. 또 하나의 특징은 유치원에서 대학원까지 모든 학비가 무상이라는 것이다.

핀란드의 교육은 기초교육, 고등학교 교육, 그리고 대학교육과 평생교육으로 이루어져 있다. 여기서 가장 주목받는 것이 바로 종합학교라는 시스템으로 이루어지는 기초교육이다. 핀란드의 종합학교는 9년제로 되어 있다. 핀란드의 종합학교는 서로 다른 능력과 특성을

---

[1] 오마이뉴스, 「오바마님, 한국의 교육이 정말 마음에 드십니까?」, 09.11.27.

가진 학생들을 함께 섞어서 가르친다. 심지어는 장애학생까지 함께 공부한다. 이런 교육제도는 사회의 통합력을 높이고 누구나 일정 수준 이상의 교육을 받을 수 있도록 하고 있다. 이 종합학교는 핀란드에서 의무교육에 해당하는데 만 7세부터 16세까지 다니도록 되어 있다. 학교는 집에서 가까운 곳에 배정되고 학교와 집이 일정거리(5Km)가 넘을 경우 통학비를 따로 제공한다. 종합학교에서 대부분의 학생들은 동일한 교과를 배운다. 그러나 수업 중에 20%는 선택과목으로 이 과목들은 학생들이 자유롭게 선택할 수 있다. 특이한 것은 이 교육과정은 지역 교육청과 학교가 자율적으로 편성하고 운영하도록 재량권을 상당히 많이 부여되어 있다는 것이다. 대부분의 학급은 20명 안쪽으로 편성되어 교사들이 학생 개개인에게 세심한 주의를 기울일 수 있는 여건이 마련되어 있다.

9년제의 의무교육인 종합학교가 끝나면 고등학교 교육이 이어진다. 고등학교 교육은 일반계 고등학교와 실업계 교육기관으로 나뉘진다. 고등학교 교육은 3년제로 되어 있다. 특별한 고등학교 선발시험은 존재하지 않고 종합학교를 졸업할 때 교사들이 학생의 내신성적을 기본으로 하여 고등학교 입학을 허가한다. 주목할 것은 종합학교 9년 동안은 국가차원의 시험이나 경쟁이 없지만 고등학교부터는 경쟁이 치열하고 국가차원의 시험도 실시된다. 그렇다고 해도 한국의 고등학교 교육과는 큰 차이가 있다. 핀란드의 고등학교 교육은 오전 8시부터 오후 3시까지 진행되고 졸업까지 총 75개에 달하는 과정을 이수해야 하는데 이 중에서 필수과정인 45개 과정을 제외하고 나머지는 학생 스스로가 자신의 적성과 미래설계에 맞게 선택해서 들을 수 있다.

핀란드의 대학교육은 90년대 고등교육 개혁으로 인해 29개의 전문대학(폴리테크닉)과 20여개의 대학교로 이루어진다. 모든 대학은 국립대학으로 무상교육이 이루어지고 있다. 핀란드는 가장 전통있는 헬싱키대학교에 대한 인기가 조금 더 높을 뿐 다른 여타 대학은 대부분 평준화되어 있다. 특히 대학생들은 사회보장제도에 의거해서 학업보조금(약 250유로), 주거보조금(약 185유로) 등을 지원받으며 학자금 융자제도를 이용하여 부모로부터 독립해서 생활하고 있는 점이 인상적이다.

핀란드가 자랑하는 핀란드식 교육은 종합학교로 대표되는 초등교육에만 해당되지는 않는다. 핀란드 전체인구 550만 명 중에 매년 약 100만 명이 참여하는 평생교육은 핀란드가 자랑하는 교육제도 가운데 하나이다. 1990년대를 거치면서 핀란드에는 약 1,000개 이상의 평생교육 기관이 설립되었다. 이 평생교육 기관들에서는 문화적 교양의 함양, 기술 및 기능의 연마, 예체능 및 취미생활 등 세 가지 방면에서 다양한 교육들을 진행하고 있다. 핀란드가 다양한 평생교육을 실시하는 이유는 평생교육을 통해 변화하는 시대를 주도할 수 있는 시민이자 직업인, 사회인을 육성하기 위해서이다. 핀란드의 높은 국가경쟁력이 평등한 초등교육만이 아니라 평생교육에도 기반이 있음을 확인할 수 있는 대목이다. 핀란드에서는 매년 평생교육에 참가하는 성인 남녀의 비율이 55%에 달한다. 이 수치는 전 세계에서 덴마크 다음으로 높은 수치이다. 한국의 경우는 17.2%로 OECD 평균 35%에도 미치지 못하고 있다.

Teacher! Teacher! and Teacher!

핀란드식 교육이 세계적인 이슈가 되자 핀란드식 교육을 배우기 위해 전 세계에서 많은 사람들이 핀란드를 탐방하고 연구했다. 그 연구자들은 하나같이 핀란드식 교육이 성공한 이유를 이렇게 말한다.

"Teacher! Teacher! and Teacher!"

　핀란드식 교육이 가능한 기반으로 대부분의 전문가들은 바로 질 높은 교사들을 꼽는 것을 주저하지 않는다. 그렇다. 핀란드식 교육의 핵심은 교사들에 있다. 핀란드식 교육의 핵심은 서로 이질적인 차이가 있는 다양한 학생들을 종합학교라는 동일한 시스템 내에서 교육하는 데에 있다. 이렇게 해야만 지역적 차이, 경제력의 차이 등에 의한 학생들 간의 격차를 방지할 수 있고 교과과정에서 뒤처지는 학생들을 적게 만들 수 있다는 것이다.
　이런 교육이 가능하기 위해서는 교사의 역량이 중요하다. 핀란드는 우수한 교사를 양성하기 위해서 유치원교사, 학급교사(초등교육), 과목교사, 특수교사, 상담교사, 가정기술교사, 음악교사 등 다양한 교사를 양성한다. 학급교사와 과목교사는 반드시 석사과정까지 이수해야만 교사가 될 수 있다.
　핀란드식 교육은 교사들에게 요구하는 것도 특이하다. 핀란드에서는 교사에게 가르치는 일뿐만 아니라 교육현장에 대한 전문적인 연구자가 될 것을 요구한다. 이를 통해 교육현장에 맞는 다양한 연구와 실험들이 이루어진다. 이 같은 연구와 실험들이 핀란드의 자율적이면서도 평등한 교육의 토대로 작용하였음은 물론이다.
　핀란드의 교사들은 많은 책임과 의무가 주어지는 만큼 사회적인 존경과 대우를 받는다. 핀란드에서 교사가 가장 인기 있고 존경받는 직업이며 경쟁률이 10대 1을 넘나드는 것은 어쩌면 당연한 일이다.
　많은 언론들이 소개했듯이 특수교사의 역할도 인상적이다. 특수교사는 일반적인 교육학 외에도 특수교육에 대한 전문적인 교육과 더 폭넓은 교육과정을 이수해야만 한다. 이들 특수교사들은 핀란드식 교육에서 중요한 역할을 하는데 유치원부터 고등학교까지 다양한 특수교육을 담당한다. 종합학교에서 대부분의 학생들이 함께 공부하면서도 학생별로 수준의 차이가 나거나 교과과정을 쫓아가지 못하는 학생들이 생길 경우 특수교사들이 함께 각 개인의 특성과 수준에 맞는 교육을 따로 진행한다. 현재 종합학교 학생들 중 약 6.2%가 전일제로 특수교사의 지원을 받고, 20% 정도는 부분적으로 특수교사의 지원을 받고 있다. 이렇게 '단 한명의 학생도 포기하지 않는다'는 철학에 기초한 특수교육은 핀란드를 전 세계에서 교육격차가 가장 적은 나라로 만들었다.

핀란드식 교육은 평등을 기반으로 시작했다

핀란드 국가경쟁력은 2002년부터 연속 1위를 기록하고 있다. 핀란드의 이러한 국가경쟁력은 세계 최고 수준의 핀란드식 교육에 기초하고 있다고 전문가들은 입을 모은다. 핀란드식 교육은 단순히 중등교육만이 아니라 고등교육까지 창의성 있는 인재들을 육성해내고 이것이 바탕이 되어 높은 국가경쟁력을 실현한다고 설명한다.

IMD 교육경쟁력 비교

항목	대학교육의 경쟁력		교육제도의 경쟁력		대학과 기업의 지식이전 정도		언어능력
순위	IMD2005	2004	2005	2004	2005	2004	IMD2005
1	핀란드	핀란드	핀란드	핀란드	핀란드	핀란드	아이슬란드
2	이스라엘	이스라엘	아일랜드	싱가포르	이스라엘	아이슬란드	스위스
3	아이슬란드	싱가포르	싱가포르	호주	미국	싱가포르	덴마크
4	미국	스위스	호주	아이슬란드	아이슬란드	미국	핀란드
	한국:54위	한국:59위	한국:43위	한국:52위	한국:21위	한국:42위	한국:38위

자료 : 강영혜, 핀란드 공교육 개혁과 종합학교 운영실제, 2007.3.8.

핀란드의 교육제도가 높은 국가경쟁력의 기반이라는 이야기는 한국의 정책결정자들, 지식인들을 혹하게 만든다. 국가경쟁력이라면 목숨을 거는 것이 한국 국민들이 아닌가? 이러다보니 핀란드 교육을 바라보는 시선은 묘하게 왜곡될 때가 있다.

대표적인 것은 핀란드 교육이 학생 개개인의 능력에 따라 차별적인 교육을 하고 있는 수월성 교육에 기반하고 있다는 보수진영의 주장이다. 이러한 주장은 한국의 획일화된 공교육이 문제이며 자립형 사립고, 특목고와 같은 특성화 교육을 더 강화해야 한다는 식의 주장으로 이어진다. 그래야만 핀란드와 같은 국가경쟁력을 갖출 수 있다는 것이다. 그러나 이런 주장은 핀란드가 지금과 같은 교육제도를 갖추기 위해 수십 년에 걸쳐 진행해온 교육개혁의 역사를 잘 모르고 하는 주장이다.

핀란드의 교육개혁의 역사

지금 전 세계에서 주목받는 핀란드식 교육은 하루아침에 만들어지지 않았다. 핀란드의 교육개혁은 1960년대까지 거슬러 올라간다. 1960년대에만 하더라도 핀란드의 교육은 철저하게 학생들을 분리해서 가르치는 교육이었다. 일반학생들이 다니는 학교는 공민학교와 상위권 학생들이 다니는 문법학교로 나누어져 있었다. 이런 식의 교육은 핀란드의 사회통합을 저해하고 학생들을 지나친 경쟁으로 내몬다는 문제점을 안고 있었다. 이에 대한 핀란드 국민들의 개혁요구가 60년대 중반부터 제기되었다. 정부는 결국 1970년대에 이르러 기존의 공민학교와 문법학교로 이분화된 학교체제를 폐지하고 종합학교라는 단일한 체제로 전환한다.

80년대에 이르러서는 다시 종합학교 내에서도 교육개혁이 이루어진다. 종합학교 내에 있던 능력별 반편성제도를 폐지하기에 이른다. 이를 통해 더 많은 학생들이 고등학교에 진학할 수 있게 되었고 종합학교 내에서의 교육도 상당한 변화가 이루어졌다.

90년대에는 70~80년대 정부가 중앙집권적으로 주도했던 교육개혁의 성과인 통합적 교육에 의거해 지방분권, 자율적 학교운영으로 개혁이 이루어졌다.

2000년대에 이르러서도 핀란드는 교육개혁의 속도를 늦추지 않고 있다. 2000년대에 이르러 핀란드 교육의 화두는 지역 간 교육격차를 없애는 것이다. 이처럼 핀란드의 교육개혁은 철저하게 교육에서의 불평등을 타파하고 어떻게 하면 더 많은 학생들이 평등한 교육을 받을 수 있는가를 중심으로 이루어졌다. 핀란드 교육의 핵심은 무엇보다도 평등에서 출발하는 철학에 있다고 할 수 있다. 이러한 핀란드 교육의 철학은 명문대, 삼류대 따위로 철저하게 고착된 한국의 대학 서열화체제에 큰 울림을 준다.

핀란드식 교육이 한국의 교육현실에 주는 시사점

핀란드의 교육은 무엇보다도 과감한 국가의 투자에서 나왔다. 유치원부터 대학원까지 모두 무상교육을 시행한다는 원칙은 90년대 핀란드가 국가부도의 위기에 처했을 때도 포기하지 않았다. 핀란드가 교육에 대한 투자와 무상교육이라는 원칙을 포기하지 않았던 것은 질 좋은 교육만이 부강하고 평등한 나라를 만들 수 있다는 철학에 기초했기 때문이다. 이에 따라 정부 공공지출 총액의 14%, GDP의 7.2%를 교육비로 지출하고 있다. 당연히 OECD 소속 국가 중 최고

수준에 이른다. 이로 인해 대학이나 전문대학 이상의 고학력자가 83%에 달하며 문맹률은 0%이다.

이렇게 높은 교육수준은 핀란드 사회 곳곳에 영향을 미친다. 핀란드 국민들은 전 세계에서 도서관을 가장 많이 이용하는 국민들로 꼽히며 신문을 가장 많이 읽는 국민들도 핀란드인이다. 평등한 교육은 핀란드에 슬럼가가 없고 부정부패가 없는 나라로 만들었다.[2] 또한 이런 높은 교육수준에 기초하여 핀란드는 시민사회가 발달한 나라로 꼽히기도 한다. 인구가 550만 명에 불과하지만 전국에 약 10만개에 이르는 시민단체가 존재하며 국민들의 80%가 시민단체에 소속되어 있다. 일각에서 핀란드를 단체공화국이라고 부를 만큼 핀란드에는 다양한 시민단체들이 있고 그만큼 국민들의 시민단체 참여율도 높다. 이렇게 발달한 시민사회는 핀란드의 큰 힘이자 경쟁력임은 두말할 나위가 없다.

이에 비해 한국은 어떠할까? 초등학교는 고사하고 유치원, 어린이집 때부터 매달 수십만 원에 달하는 사교육비가 지출이 된다. 초등학교, 중학교, 고등학교를 거치며 사교육비는 연간 수천만 원에 달해 서민가정들을 파탄으로 몰고 가고 있다. 더구나 극심한 경쟁을 초래하는 한국의 입시제도와 대학서열화체제는 매년 적지 않은 학생들을 죽음으로 몰아 가고 있다. 그런데도 국민들은 대한민국의 교육제도 문제가 있다고 이야기하면서도 선뜻 교육제도를 근본적으로 개혁할 의지를 내지 못하고 있다. 그것은 수십 년을 넘게 이어지면서 고착화된 한국의 교육제도가 기득권 세력과 일반 시민들을 가르는 가장 큰 벽이기 때문이다.

그러나 이제 어쩔 수 없이 한국은 교육개혁을 하지 않으면 안 되

---

[2] 핀란드는 국제투명성기구가 제시하는 부패지수가 가장 낮은 나라로 선정되고 있다.

는 상황에 직면해 있다. 지식기반 사회, 정보화 사회로 표현되는 국제적인 흐름은 더 이상 줄세우기식의 경쟁교육을 허용치 않기 때문이다. 시대의 추세는 다양성과 창의성을 더욱 중요시한다. 상황이 이런데도 한국의 교육은 다양성과 창의성과는 거리가 먼 교육제도이다. 특히 한국의 교육은 극심한 지역 간 격차를 초래하고 있다. 이미 부동산가격마저 교육에 의해 좌지우지 되는 상황에 도달해 있다. 또한 부의 대물림이 교육을 통해서 이루어지고 있다는 비판도 제기되고 있다. 소위 명문대학의 다수 학생들이 이미 강남, 특목고 출신 학생들이라는 사실은 한국의 사회통합을 저해하고 민주주의의 발전을 저해하는 가장 큰 요소이기도 하다.

　대학진학률이 82%에 달하고 문맹률이 역시 0%에 달하며 PISA 평가에서도 세계적인 수준의 평가를 받지만 누구도 한국교육을 좋은 교육, 바람직한 교육이라고 생각하지 않는다. 그 이유는 한국의 교육이 평등과 가장 거리가 먼 교육이기 때문이다. 더구나 최근 한국사회는 사회 모든 분야에서 극심한 양극화를 겪고 있다. 그 중에서 서민들이 피부로 느끼는 가장 큰 격차가 바로 교육에서의 차이이다.

　이런 상황에서 핀란드식 교육이 한국에서 주목을 받는 이유는 단순히 세계최고의 성적을 유지하는 교육이라서가 아니다. 핀란드식 교육을 그대로 한국에 적용할 수 있는 것도 아닐뿐더러 서로 다른 상황과 역사적 배경이 있는 사회에서 그대로 적용하는 것도 불가능하다. 그럼에도 우리가 핀란드식 교육에서 가장 먼저 배워야 할 것은 바로 교육 철학이다. 핀란드식 교육은 세계에서 가장 평등하고 창의적인 교육이다. 그리고 그런 교육이 바로 세계에서 가장 높은 성취도를 내고 있다. 이런 이유 때문에 핀란드식 교육이 한국사회에 시사하는 의미는 남다른 것이다.

영국의 'NHS 무상의료정책',
국민건강보험을 넘어 전 국민에게 무상의료를

―조성주

1976년 영국은 IMF 위기를 겪는다. 그리고 몇 년 뒤 마가렛 대처가 영국의 수상으로 취임한다. 영국 보수당은 사회복지정책을 중요시하던 노동당으로부터 정권을 탈환하자마자 강력한 신자유주의 구조조정에 들어간다. 바야흐로 전 세계에서 가장 먼저 신자유주의라는 시장만능주의 이데올로기가 국가차원에서 첫 시험대에 오른 것이다.

신자유주의 구조조정정책에 반대하는 세력들을 강력하게 탄압하여 '철의 여인'이라 불린 대처수상은 영국사회 전반에 걸쳐 민영화정책을 도입한다. 철도, 탄광 등 각종 국영기업들이 모두 민영화되고 사회복지는 산산이 해체되어 시장논리에 따라 좌지우지되게 만들었다. 그 과정에서 해당 산업의 노동조합과 노동당을 비롯한 반대세력들의 저항이 만만치 않았음에도 대처와 영국 보수당은 그들을 힘으로 제압하고 신자유주의 구조조정을 밀어붙인다.

그런 다음 대처는 사실상 영국에서 가장 큰 국가소유의 영역이자 서비스인 의료부분을 책임지고 있는 NHS(National Health Service) 즉, 국가보건서비스의 민영화를 시도한다. 그러나 무지막지한 힘으로 민영화를 단행하던 대처마저도 의료분야 만큼은 어찌지 못했다. 이유는 영국 국민들이 가장 소중하게 보존해야 할 것으로 '왕실'과 'NHS'를 꼽았기 때문이다.

베버리지 보고서와 NHS

NHS(National Health Service)는 우리말로 번역하면 국가보건서비스이다. 정확히는 병원과 의료분야를 모두 국가가 책임지고 국민들에게 의료서비스를 제공하는 시스템이다. 물론 국가가 전 국민에게 기본적으로 제공하는 의료서비스인 만큼 모두에게 무료로 제공된다. 즉, 전 국민 무상의료시스템이라고 할 수 있다.

영국에서 거주하는 사람이라면 누구나 무료로, 필요에 따라 의료서비스를 받을 수 있도록 하는 이 의료서비스 시스템은 가족 중 한 사람이 병에 걸리기만 하면 집안이 거덜나기 쉽상인 한국의 현실에 비춰볼 때 마치 꿈같은 이야기로 들린다. 그러나 영국은 이미 1948년부터 전 국민에게 무상의료를 제공하기 시작했으며 지금까지 그 원칙은 단 한번도 흔들린 적이 없다.

어떻게 이런 일을 가능하게 했을까? 그 시작은 영국을 비롯하여 유럽전역이 전쟁의 참화 속에 있었던 2차 세계대전까지 거슬러 올라간다. 1942년 2차 세계대전이 한창일 당시 처칠 내각은 막대한 피해를 입은 국민들과 병사들에게 애국심을 고취시키고 전 국민적 단결을 꾀할 방법을 담은 보고서가 제출된다. 바로 베버리지 보고서(Beveridge Report)였다. 이 보고서는 보편적 복지라는 기조 하에 모든 실업자를 비롯한 사회취약계층에게 기본적인 급여를 제공하고 빈부나 지역적 차이에 상관없이 전 국민이 사회복지서비스를 받

> **베버리지 보고서**
> 1941년 6월 영국 전시 내각이 창설한 '사회보험 및 관련 서비스에 관한 위원회'가 작성하여 1942년에 제출한 보고서로, 정식 명칭은 사회보험과 관련사업(Social Insurance and Allied Services)이다. 당시 위원장인 W. H. 베버리지의 이름을 따서 베버리지 보고서라고 부른다. 요람에서 무덤까지라는 복지국가의 기초를 만든 보고서라고 평가되고 있다.

을 수 있어야 한다는 영국의 미래 전망을 담고 있었다. 이 보고서는 노동당을 비롯한 야당들과 전 국민들에게 폭발적인 호응을 얻었다. 그러나 역설적이게도 당시 보수당은 이 보고서의 내용들을 도저히 집행할 수 없다며 거부했고 1945년 노동당이 선거에서 승리하고 나서야 베버리지 보고서의 내용은 하나 둘 현실화되기 시작한다. 영국 노동당은 집권한 이듬해인 1946년 국가보건서비스에 대한 법(National health service act)을 제정하고 1948년에 본격으로 NHS를 설립하여 전 국민에게 무상으로 의료서비스를 제공하기 시작했다.

NHS를 간단하게 요약하자면 국가재원에 의해서 의료비가 조달되고 이에 의해 모든 국민들이 언제 어디서나 무상으로 의료서비스를 제공받도록 설계되어 있다. 이 의료서비스를 제공하는 의료기관은 모두 국가가 관리하는 국영의료기관들이다. 또한 의료서비스의 범위가 제한적이지 않고 포괄적이기 때문에 한국처럼 특정 의료서비스는 의료보험 혜택에서 제외되어 비싸다던가하는 일이 없이 모든 의료서비스를 무상으로 받을 수 있다.(실제로는 치과의료, 시력검사 등은 제외되어 있으나 이 마저도 80% 이상의 의료비를 국가에서 부담한다.)

한국에서도 전 국민에게 국민건강보험 가입을 의무화하고 있다. 그런데 이 건강보험은 실제 병원에서 보험이 되는 항목과 되지 않는 항목이 분리되어 있고 실제 많은 국민들이 의료비 부담을 느끼는 부분이 바로 건강보험이 적용되지 않는 분야의 의료비이다. 그러나 영국은 "모든 합리적인 요구를 충족시키는데 필요한 것으로 사려되는 정도까지" 의료서비스를 제공한다는 기조 하에 차별 없는 의료서비스를 제공하고 있다.[1] 너무 포괄적이어서 애매하다는 느낌이 들 정도지만 오히려 국가의 기능이 가능한 최대한도까지 국민들에게 의료

---

[1] 국민건강보험공단, 「2008년도 외국의 보건의료체계와 의료보장제도 연구」, 국민건강보험공단, 2008, 211쪽.

를 책임진다는 것을 명확히 하고 있는 것이다.

NHS의 구성

NHS는 크게 세 개의 영역으로 나누어진다. 먼저 가장 큰 특징인 전 국민에게 주치의가 제공되는 형태인 1차 의료가 있고 국영병원으로 운영되어 입원이나 수술을 담당하는 병원진료 분야가 있다. 그리고 이외에 지역사회서비스와 장기요양간호 분야가 있다. 이 세 가지 분야의 의료서비스가 합쳐져서 통칭 NHS를 구성한다.

먼저 1차 의료는 전 국민에게 주치의가 제공되는 제도이다. 일명 GP라고 불리는 이 1차 의료기관들은 대부분의 국민들에게 주치의 형태로 의료서비스를 제공한다. 영국 전역에 약 29,000개의 1차 의료기관이 있다. 영국의 모든 국민은 누구든지 24시간 내내 자신의 주치의를 만날 수 있으며 각종 상담과 진료를 받을 수 있다. 특히 이 1차 의료기관의 주치의들의 일반적인 진료는 모두 1차 의료기관에서 소화하고 전문적인 진료가 필요할 경우만 국영병원인 2차 의료기관으로 이송한다. 일명 문지기 역할을 하는 것인데 이로 인해 오히려 의료 분야의 낭비를 줄이고 상시적으로 국민들의 건강을 모니터링하고 책임지는 시스템이다.

한국의 의료분야에서도 가장 취약한 부분이 바로 1차 의료기관인데 최근 대형병원들의 독점화로 인해 동네병원, 의원들이 문을 닫는 사태가 속출해 1차 의료기관의 공동화가 문제가 되고 있다. 이로 인해 오히려 일상적이고 상시적인 국민건강관리가 되지 않는 점이 문제가 되어 한국도 영국과 같은 국민주치의 제도를 도입해야 한다는 주장이 제기되고 있다.

영국의 경우 국민 건강증진을 위한 의료분야의 대부분의 예산이 바로 이 1차 의료기관에 투입된다. 실제 NHS 예산의 약 75%가 이 1차 의료기관들에 투입된다고 한다. 이 1차 의료기관의 주치의들은 2차 의료기관에 속하는 병원의 의사나 간호사들처럼 국가에 소속된 공무원은 아니며 개인 자영업의 형태로 국가의 NHS시스템과 계약을 통해 운영되고 있다.

2차 의료기관에 해당하는 국영병원들은 국가공무원의 신분인 의사와 간호사들이 대부분을 차지하고 있다. 1차 의료기관에 해당하는 주치의들이 환자의 상태에 적절한 2차 의료기관과 전문의를 지정하고 환자를 이송하면 이송되어온 환자에 필요한 진료와 처방, 그리고 수술 등을 담당한다.

3차 의료기관에 해당하는 지역사회서비스는 간호요양소, 노인재택의료, 지역보건의료 시스템 등으로 의료서비스를 보완한다. 이 2, 3차 의료기관에 소속되어 있는 의료분야 종사자들을 일반적으로 NHS에 소속된 인력으로 분류하는데 약 130만 명에 달하는 어마어마한 규모이다. 사실상 영국에서 가장 큰 국영기관이라 할 수 있을 정도로 영국경제에서 큰 부분을 차지한다. 사실 국민들에게 미치는 영향과 고용의 규모 등이 이렇게 크다보니 NHS를 잘 운영하고 개혁하는 것이 영국 국민들의 최대관심사가 될 수밖에 없으며 실제 선거에서 가장 큰 쟁점이 되기도 한다. 영국의 선거에서 NHS의 운영과 개혁이 선거의 쟁점이 되는 것은 아주 오래된 전통이며 일부 선거당선자들은 당선축하연설로 "이것은 NHS의 승리다!"라고 외치는 경우도 흔하다고 한다.[2]

이외에도 공중장소에 설치된 임시응급진료소를 통해 언제 어디서

---

2 전창배, 「영국의 NHS, 어떻게 볼 것인가?」, 건강보험포럼, 2004년 겨울호, 69쪽.

나 간단한 진료를 받을 수 있으며 최근에는 NHS Direct로 불리는 전화, 인터넷 의료상담 서비스와 NHS 상설진료소 등을 지역사회에 건설하여 의료서비스의 질과 양을 동시에 추구하고 있다.

또한 영국의 NHS는 의약분업에도 철저하다. 특기할 것은 처방약에 대해서는 본인 부담을 2008년 4월부터 일률적으로 조제약 한 묶음에 7파운드(한화로 약 1만2천원)로 정액제로 운영하고 있다는 점이다. 그러나 사회보장급여 수급자, 노인, 어린이, 학생, 임산부, 생후 1년 미만 자녀를 둔 여성, 장애인, 특정질환자, NHS 입원환자 등은 처방 약값도 면제되어 실제 처방건의 약 85% 정도는 본인 부담이 없는 것으로 알려진다. 이렇게 되니 약값이 거의 들지 않는 것이다.

이외에 치과진료는 본인이 약 80%를 부담하도록 되어 있다. 특히 독자들의 입장에서는 최근 한국에서도 오복五福에 하나인 치과진료에 대한 국민들의 부담이 커지면서 건강보험 혜택을 요구하는 목소리가 커지고 있다. 영국의 경우도 치과 치료는 개인부담이다. 하지만 18세 미만, 임산부, 저소득층, NHS 병원에서 진료 받는 경우(물론 이 경우에는 오랜 기간 기다려야 하는 불편함이 있지만)는 치과진료 또한 무료이다.

NHS에 대한 오해와 평가

앞에서 살펴본 것만 보면 영국의 전 국민 무상의료서비스인 NHS는 너무나 훌륭한 정책이다. 특히 이명박 정부가 출범하고 나서 의료민영화에 대한 이야기가 솔솔 흘러나오고 있는 상황에서 영국의 NHS는 한국에 시사하는바 크다. 그러나 한국에서 영국의 무상의료 정책인 NHS라고 하면 비효율, 관료적, 의료질의 하향평준화, 수술을 받기 위해서 몇 달을 기다려야 한다는 식의 안 좋은 인상이 없지 않다. 이러다 보니 의료서비스는 질이 중요하니 만큼 비효율적인 국가보다는 시장에서 거대병원들이 알아서 하는 것이 더 낫다는 식의 주장이 제기된다.

과연 그럴까? 영국의 NHS가 그렇게 형편없는 정책이라면 어떻게 60년 넘게 이 정책이 유지될 수 있었을까? 또한 영국인들이 왕실만큼이나 자랑스러워하는 정책으로 이야기하는 것이 어떻게 가능할까? 이 같은 편견은 한국에 영국의 NHS가 상당히 왜곡되어 소개되었기 때문이다. NHS에 대한 대표적인 한국인들의 편견들을 알아보자.

먼저 NHS는 비효율적이라는 편견이다. 일부에서는 영국의 NHS가 의사들을 국가공무원화했기 때문에 환자들을 적극적으로 치료할 유인 요소가 부족하다고 말한다. 앞에서 언급했다시피 영국에서는 의사와 간호사들 모두 공무원으로 봉급을 받는 샐러리맨과 같다.

이와는 달리 한국에서는 의사들 대부분이 자영업자이다. 병원의 경우도 의사들이 환자들에게 행하는 진료와 치료별로 돈이 부가된다. 행위별 수가제라고 하는 것으로 엑스레이 검사에 얼마, 주사에 얼마, 혈액검사에 얼마 하는 식이다. 이런 행위들이 모여서 총 의료비가 청구되고 그에 따라 의사가 버는 돈도 정해진다. 이러다보니 의사들이 더 잘 진료하고 세심하게 하게 된다는 주장이다. 그러나 역으로 이런 행위별 수가제는 문제점도 크다. 대표적인 것이 굳이 처방하지 않아도 되는 진료를 하게 되고 오히려 건강보험이 적용되지 않는 분야의 의료치료를 과하게 남발하는 결과가 초래된다.

이에 비해 영국은 1차 의료기관에서 일상적이고 일반적인 진료를 담당하고 꼭 필요한 경우만 2차 의료기관에서 전문의들이 치료하기 때문에 오히려 의료낭비가 적다. 과연 어느 쪽이 효율적인 것인지 곰곰이 생각해볼 일이다.

또한 한국의 경우 의사가 되는 이유가 대부분 돈을 많이 벌기 위해서이며 그렇기 때문에 의료행위가 이윤추구에만 몰입될 수밖에 없다. 이러다보면 환자는 결국 돈을 벌기 위한 수단으로 전락되는 경우가 많다. 그러나 영국처럼 환자가 이윤창출의 대상이 아닌 말 그대로 돌보아야 할 대상이 된다면 의사들은 진실된 마음으로 환자를 돌볼 수 있다는 장점도 있다.

두 번째로 제기되는 문제점은 영국의 NHS가 너무 관료적이며 치료를 받기 위해 몇 달을 기다려야 한다는 비판이다. 그러나 이는 사실이 아니다. 오히려 WHO(세계보건기구)는 영국의 NHS를 가장 효율적인 의료시스템이라고 평가한바 있다. 또한 미국의 경우 전체의료비 중 관리운영비가 약 25%를 차지한다. 그러나 영국의 관리운영비는 단 2%에 지나지 않는다. 이런 통계는 오히려 민간보험과 의료시스템을 기본으로 하는 미국보다 영국이 훨씬 효율적이라는 것을 반증한다.

또한 영국에서 수술을 받기 위해 대기하는 환자가 많다는 것도 대부분 과장된 이야기들이다. 대기 환자의 문제는 영국만이 아니라 요람에서 무덤까지 세계 최고의 복지를 제공한다는 북유럽 국가들도 안고 있는 문제이다. 북유럽 국가들은 급하지 않은 수술의 경우 최대 6개월 간 대기하도록 하고 있다. 영국의 경우도 마찬가지로 대기기간을 두고 있다. 이렇게 몇 개월을 대기해야 하는 이유는 국가차원에서 가장 급하고 중요한 환자들에게 먼저 의료서비스를 제공하고 급하지 않은 경우는 뒤로 미루기 때문이다. 오히려 부의 많고 적음이나 지역적 차이를 없애고 전략적이고 효율적으로 의료서비스를 국민들에게 제공하기 위해서 이러한 제도를 사용하는 것이다. 사실 한국에서도 유명한 병원이나 의사에게 치료받기 위해서는 몇 달이 아니라 몇 년을 기다려야 하는 경우도 있다. 실제로 영국의 경우 수술이 아닌 일반진료는 2일 이내에 의사의 진료가 보장되고 있으며 응급수술은 무조건 2시간 내에 시술되고 있다.

NHS에 대한 평가

영국의 전 국민 무상의료서비스인 NHS는 효율성과 형평성에서 모두 아주 높은 성과를 거두어왔다. 특히 영국이 전 국민에게 수준 높은 의료를 제공함에 따라 영국의 총의료비는 GDP 대비 약 7%로 미국의 15%에 비해 절반 이하의 수준이다. OECD 국가 평균이 8.2%라는 것을 고려하면 영국의 의료비는 효율적으로 지출되고 있다. 또한 의사들의 항생제 남용과 같은 과잉처방의 폐해가 적은 것도 장점이라 할 수 있다.

영국의 NHS가 무엇보다 훌륭하다고 평가받는 것은 부의 많고 적음이나 지역적 차이 등을 초월하여 전 국민에게 언제 어디서나 필요한 만큼의 의료를 제공한다는 것이다. NHS의 재원은 일반세 형태의 세금으로 조성된다. 이러다보니 자연스레 소득 재분배의 효과를 갖는다. 최근에는 의료 형평성과 의료서비스 질의 향상을 위해 더 다양한 시도들을 하고 있다. 의료의 형평성을 제고하기 위해 건강관리사(Health Trainer)제도를 도입하여 국민들의 건강을 일상적으로 돌보고 빈부격차에 따른 건강격차를 줄이려는 노력을 새로이 하고 있다. NHS의 발전을 위해 NICE(National Institute for Clinical Excellence)라는 조직을 새로 두고 의료의 질을 일반적으로 관리하고 진료의 가이드라인과 새로운 의료기술 등을 개발하여 평가하고 있다.

한국의 의료현실은 어떠한가

이처럼 영국의 NHS는 전 국민에게 무상의료를 실현하고 있으면서도 상당히 높은 수준의 의료질과 형평성을 담보하고 있다. 한국의 의료계 일각에서 이야기하는 것처럼 관료주의와 비효율에 찌든 의료체계가 아닌 것이다. 오히려 최근 한국의 의료 현실을 냉정하게 짚어볼 필요가 있다. 최근 한국사회는 국민 의료비가 급격하게 증가하고 있다. 이는 고령화 사회로 진입하면서 의료에 대한 수요가 커진 측면과 경제발전에 따른 보건의료에 대한 요구가 높아진 결과이다.[3]

현재 한국의 국민건강보험의 경우 국민들의 의료비에서 공공보건 의료비가 54%에 불과하다. OECD 국가 평균은 70% 정도로 한국과는 큰 차이가 난다. 한국 국민들의 의료비에서 공공보건 의료비가 54%에 불과하다는 것은 나머지는 개인부담으로 채워지고 있다는 것을 의미한다. 이로 인해 국민들의 의료비가 급증하면서 개인들의 부담은 더욱 커지고 있는 것이 현실이다. 여기에는 현재의 국민건강보험이 국민들이 원하는 수준의 포괄적인 의료를 제공하지 않기 때문에 민간의료보험에 과도하게 의지하면서 생기는 부담도 포함되어 있다. 집집마다 온갖 보험에 들지 않은 집이 없으며 저소득층의 경우 민간보험에 들지 못해서 제대로 된 의료보장을 받지 못하는 의료 양극화가 발생하기도 한다. 전 국민이 국민건강보험이라는 단일보험에 가입되어 있음에도 의료 양극화를 걱정해야 하는 역설적인 상황은 현재 한국의 의료체계에 문제가 있음을 단적으로 보여준다.

---

[3] 이미 WHO는 2010년 3월 정기회보를 통해 한국이 고령화 사회로 진입하면서 의료비가 급증하고 있는 문제를 지적한바 있다. 또한 OECD 국가들 중 건강보험의 개인부담률이 가장 높은 부분도 문제라고 지적한바 있다. 매일경제, 2010년 3월 9일자 참조.

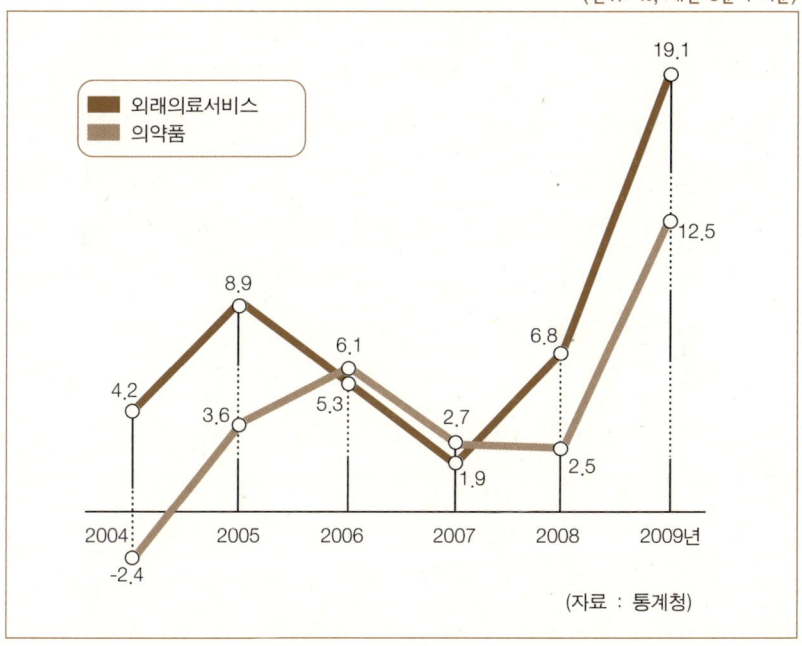

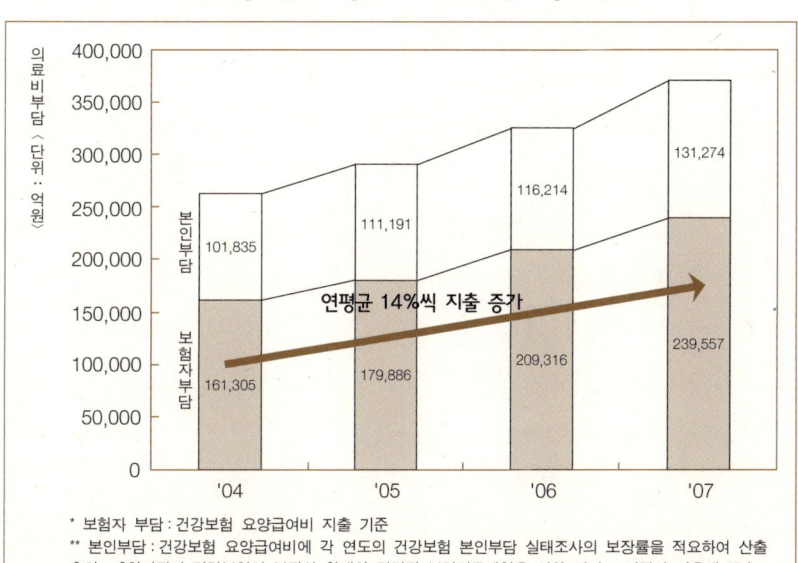

1장 세상을 놀라게 한 정책들 61

이외에도 한국사회의 의료양극화는 대형병원들이 극단적인 이윤추구를 함으로써 가난한 환자들이 정당한 진료를 받지 못하는 지경까지 이르렀다. 이런 와중에 이명박 정부는 의료민영화를 꾸준히 추진하고 있다. 최근에는 제주도에 영리병원이 허용되었으며 비영리 의료기관들도 채권을 발행할 수 있도록 하여 사실상 영리병원화를 도모하도록 법제도를 바꾸고 있다. 이렇게 될 경우 가뜩이나 부실한 한국의 1차 의료기관인 동네의원이나 병원들은 도산위험에 처하게 되며 대형병원들은 환자전체에게 보편적인 의료를 제공하기 보다는 부유층을 대상으로 한 특정진료와 치료에만 몰두할 가능성이 커진다. 의료 양극화가 더욱 심해지는 상황에 직면한 것이다.

NHS에서 한국이 배워야 할 것

한국은 더 이상 국민건강보험 하나로만 국민들의 건강과 의료에 대한 국가의 책임을 다했다고 말하기 힘든 상황에 처해있다. 이는 곧 보편적 복지라는 측면에서 무상의료에 대한 논의를 본격적으로 해야 할 상황에 와있다는 말이기도 하다.

영국은 60년 전 2차 세계대전의 와중에 베버리지 보고서를 통해 보편적인 복지에 대한 국민들의 요구가 광범위하게 형성되었고 이것은 영국인들이 가장 자랑하는 전 국민 무상의료시스템인 NHS의 설립까지 이어졌다. 특히 영국이 NHS를 통해 의료의 효율성과 형평성이라는 두 마리 토끼를 수십 년 간 잡아왔다는 사실은 우리사회가 깊이 고민하고 배워야 할 지점이다. 늦었지만 한국사회도 보편적 복지라는 차원에서 국민건강보험을 넘어서는 전 국민 무상의료를 고민해야 할 시점에 와있는 것이다.

> 벨기에의 '로제타 플랜',
> 청년실업 100만 명 시대 해법은 없나?
>
> ―조성주

5

내 이름은 로제타, 너의 이름은 로제타
나는 직장을 구할거야, 너는 직장을 구할거야
나는 평범한 삶을 살 수 있다. 너는 평범한 삶을 살 수 있다.
― 영화 '로제타' 중

1999년 세계적인 영화제인 칸영화제의 황금종려상을 수상한 벨기에의 다르덴 형제가 감독한 영화 로제타에서 주인공 로제타가 독백하는 장면의 대사다.

1999년 칸영화제 황금종려상에 빛나는 영화 로제타지만 이 영화가 벨기에의 청년실업 정책에 연관되어 있다는 사실은 그다지 알려져 있지 않다. 영화 로제타의 줄거리는

1장 세상을 놀라게 한 정책들 63

이렇다. 홀어머니와 트레일러에서 가난하고 고된 삶을 살고 있는 로제타는 무엇보다도 평범한 일자리가 필요한 청년이다. 그러나 그녀에게 평범한 삶을 영위할 일자리는 너무나도 먼 이야기다. 로제타는 누구보다도 열심히 일하지만 번번이 직장에서 해고되며 그녀의 삶은 조금도 나아지지 않는다. 정부의 고용보험정책과 실업정책은 본인에게는 해당되지 않는 이상한 정책에 불과하다. 심지어 로제타는 일자리를 빼앗기 위해 친구의 목숨이 위태로운 순간을 외면할까 고민을 하다가 친구를 배신하고 그의 일자리를 빼앗는다. 영화는 마지막까지 일말의 동정도 없이 청년실업자로 힘들게 살아가는 로제타의 모습을 조용히 응시한다.

한 청년실업자의 힘겨운 삶을 생생하고도 감동적으로 다룬 이 영화로 일약 세계적인 감독의 반열에 오른 벨기에의 다르덴 형제 감독은 말한다. "실직한 노동자는 하층계급이 아닌 '계급을 떠난 사람(declasse)'이라고…."

> **다르덴 형제**
> 벨기에의 명감독인 장 피에르 다르덴(Jean-Pierre Dardenne, 1951-)과 뤽 다르덴(Luc Dardenne, 1954-) 감독을 말한다. 1999년 벨기에의 청년실업자의 삶을 다룬 영화 '로제타'로 칸영화제 황금종려상을 수상하고 이후에 2005년에도 '더 차일드'로 다시 한 번 황금종려상을 수상했다.

마찬가지로 청년실업 100만 명 시대를 통과하고 있는 2010년 대한민국의 청년들은 그 어느 계급과 계층에서도 떠나 있는 사람들인 듯 하다.

로제타 플랜

청년실업은 비단 한국만의 문제는 아니다. 전 세계가 공통적으로 겪고 있는 문제이다. 한국에서 청년실업문제는 심각한 사회문제가 된지 오래이다. 통계청의 청년실업률은 늘 7~8%를 오가지만 때로는 숫자가 진실을 제대로 보여주지 못하는 경우가 많다는 것을 우리는 알고 있다. 대부분의 멋진 정책들이 실패할 경우란 현장의 진실성 보다는 숫자놀음에 빠졌을 때 아니던가? 전 세계에 유래 없이 50만 명을 넘어버린 취업준비생이란 이름의 청년실업자들과 구직단념자, 백수까지 포함하면 한국의 실질 청년실업률은 20%를 육박한다. OECD 국가 평균 청년실업률이 12~13% 수준임을 감안하면 한국의 청년실업문제는 심각한 수준에 도달해 있다.

청년고용 동향
(단위: 천명, %)

구 분	2000	2001	2002	2003	2004	2005	2006	2007	2008
생산가능 인구	11,243	10,953	10,651	10,368	10,141	9,920	9,843	9,855	9,827
취업자	4,879	4,815	4,799	4,606	4,578	4,450	4,270	4,202	4,129
경제활동인구	5,308	5,227	5,161	5,007	4,990	4,836	4,634	4,530	4,456
통계상실업자	430	413	362	401	412	387	364	328	326
실업률	8.1	7.9	7.0	8.0	8.3	8.0	7.9	7.2	7.3
구직단념자	41	30	17	31	30	32	33	30	33
취업준비자				268	297	351	413	417	475
쉬었음				225	258	278	258	245	245
실질청년실업자				905	978	1,025	1,043	996	1,051

자료 : 통계청, 「경제활동인구조사」
* 실질 청년실업자 = 실업자+구직단념자+취업준비자+쉬었음

한국의 청년실업문제가 유난히 심각한 양상을 띠는 것은 한국이 청년층을 대상으로 하는 취업정책과 각종 사회보장정책이 거의 전무한 상태이기 때문이다. 여기에 더해 세계에서 유래가 없는 고액의 대학등록금 문제가 겹쳐지면서 한국의 청년실업 문제는 심각성을 더하고 있다. 이미 1997년 IMF 이후 수많은 대기업들이 일자리를 줄였으며 중소기업들 또한 일자리를 비정규직으로 전환했다.

주요 기업들의 채용추이

(단위: 천명, %)

비 고	1996	1997	1998	1999	2000	2001	2002	2003	2004
전체근로자수(A)	1,542	1,581	1,469	1,338	1,320	1,264	1,246	1,272	1,310
청년근로자수(B)	638	643	562	467	445	399	372	369	406
비중(B/A)	41.4	40.6	38.2	34.9	33.7	31.6	29.9	29.0	31.0
신규채용자수(C)	181	166	146	231	257	156	157	147	72
청년 신규 채용자수(D)	141	125	93	157	183	107	106	105	49
비중(D/C)	77.9	75.5	63.6	67.9	71.0	81.0	79.5	70.7	79.0
경력자 채용비중	39.6	43.1	61.9	75.9	77.0	81.0	79.5	70.7	79.0

자료 : 고용보험전산망
* 주요기업은 30대 대기업 집단, 공기업, 금융업에 속한 기업

이로 인해 가장 큰 피해를 본 계층이 청년들이다. 대기업 취업문은 좁아지고 중소기업에는 갈만한 일자리가 없게 되자 청년들은 취업을 유예하고 취업준비에만 매달리게 되는 상황에 직면한 것이다. 그렇다고 이들 청년들에게 따로 생계대책이 있거나 취업을 촉진시키는 정책이 있는 것도 아니다. 한국에서는 취업이란 대부분 개인의 준비와 역량으로 해결하는 것이란 생각이 팽배하며 최근에는 대통령까지 나서서 '청년들아 야망을 가져라!'든지 '눈높이를 낮춰라!'는 식의 훈계를 해서 가뜩이나 풀죽은 청년들의 기를 짓누른다.

약 100만 명에 달하는 청년들이 일자리를 구하지 못해 실업상태에 놓여 있은 지도 벌써 몇 년의 시간이 흘렀으며 청년실업에 관한 각종 정부대책도 하루가 멀다고 쏟아져 나온다. 그러나 상황은 좀처럼 나아지지 않으며 일각에서는 청년실업은 대책이 없다는 식의 자포자기성 발언이 나오기도 한다.[1]

바로 이 지점에서 우리는 묻는다. 과연 청년실업의 대책은 없는가라고!

---

[1] 실제 2009년 국회 대정부질의에서 민주노동당 홍희덕 의원의 질의에 이영희 전 노동부장관은 현재로서는 청년실업의 대책은 없다라고 과감한 발언을 해서 문제가 되기도 했다.

벨기에 청년실업 대책 '로제타 플랜'

90년대 말 벨기에 역시 많은 유럽의 나라들처럼 심각한 청년실업 문제를 안고 있었다. 대부분의 유럽 국가들은 90년대에 청년실업 문제를 겪게 되는데 이는 1980년대부터 유럽사회를 휩쓴 신자유주의 정책의 결과이기도 했다. 대규모 구조조정을 동반한 노동유연화정책과 금융산업 등을 중심으로 한 경제발전전략은 결국 고용 없는 성장을 가져왔고 이는 그대로 청년실업자의 양산으로 이어졌다. 90년대 말 벨기에의 25세 미만 청년층의 실업률은 약 22.6%로 당시 유럽전체의 청년실업률보다 4~5% 정도 높았다. 더구나 벨기에의 경우 유럽 국가들보다 더 심각했던 것은 6개월 이상 실업상태에 있는 장기 청년실업자의 비율이 유난히 높은 것이었다. 1998년도에는 졸업 후 6개월 이내의 인원 13만3천 명 중에서 절반이 넘는 7만2천명이 실업 상태였을 정도였다.

청년실업 문제가 심각해지자 벨기에 정부는 나름대로의 대책을 내놓기 시작했다. 청년들에게 사회보장제도의 혜택을 받는 대가로 학교로 돌아가서 새로운 기술을 배우거나 직업훈련에 의무적으로 참가하도록 강제하는 정책들이었다. 그러나 이런 정책들은 대부분 실패로 끝났다. 실패로 끝난 이유는 직업훈련이라는 것이 청년들이 원하는 일자리와는 대부분 동떨어져 있었으며 오히려 훈련을 받지 않는 청년들의 사회보장 혜택을 줄이는 내용이었기 때문이다. 정작 청년들이 원했던 것은 직업훈련이 아니라 일자리였던 것이다.

기존의 청년실업정책이 실패하자 1999년 9월 벨기에의 고용부장관 온켈린스는 독자적으로 일정정도 규모 이상의 기업들에게 의무적으로 청년들을 고용하도록 하는 계획을 수립했다. 그리고 2000년이 되자 이 계획을 본격적으로 시행한다. 이 새로운 청년실업정책의 이름이 바로 1999년 칸영화제 황금종려상을 수상한 벨기에 영화인 로제타(Rosetta)에 착안한 로제타 플랜(Rosetta Plan)이다.

로제타 플랜은 크게 두 가지 정책으로 구성되어 있다. 하나는 실행프로그램이라고 부르는 것으로 주로 실업상태에 있는 청년들에게 직업상담, 훈련 등을 제공하고 실업장지 캠페인 등을 대대적으로 하는 일반적인 정책이다. 다른 하나가 중요한데 이것이 로제타 플랜의 핵심을 구성하고 있는 최초고용계약(First Job Agreement)이다. 이 정책은 2000년부터 벨기에에서 시행되었는데 50인 이상의 노동자가 일하는 기업들에게 매년 전체 정규직 노동자의 3%에 해당하는 수만큼 청년실업자들을 추가로 채용하도록 의무화 한 것이다. 또한 전체 청년들의 고용인원이 해당기업 전체 노동자의 4% 이상 유지할 것을 의무화했다.

이로 인해 벨기에에서는 50인 이상 규모의 기업들에서 청년실업자들을 일정규모로 의무적으로 채용하도록 강제되었고 이를 지키지 않을 경우 1일 약 3,000 벨기에 프랑의 벌금을 부과하였다. 그리고 이 벌금은 정부가 모아서 다시 청년실업자들을 추가로 채용한 기업들에 대한 고용지원금으로 지원하는 방식을 취했다. 단순히 기업들에게 위반 시 벌금만 있는 것이 아니라 청년실업자들을 추가적으로 고용한 기업들은 사회보장부담금(한국으로 따지면 기업이 내는 각종 고용보험료와 법인세 등이 되겠다)을 경감해주고 3% 의무 채용을 초과하는 만큼 또 기업들이 내는 세금을 경감해주는 유인책도 함께 사용한 것이다.

또한 청년들을 채용함으로서 기존의 장년층 노동자들을 해고하는 기업들의 편법을 방지하기 위해 청년들을 추가로 채용하더라도 기존의 인력은 해고하지 못하도록 규정했다. 그리고 주목해야 할 것은 기존 청년실업정책들의 실패를 반복하지 않기 위해 청년들에게 제공되는 일자리는 모두 풀타임 일자리 또는 직업훈련과 연계될 경우 하프타임 일자리로만 제공하도록 함으로써 청년들이 좀 더 적극적으로 참여하도록 유인하는 정책을 펴기도 했다.

청년들에게 의무도 부과되었는데 특별한 이유 없이 이 제도로 인해 제공되는 일자리를 2회 이상 거절할 경우 기존의 실업급여와 같은 사회보장제도에서 불이익을 받도록 하였다. 그러나 로제타 플랜으로 인해 제공되었던 일자리의 98%가 1년 이상 지속되는 풀타임의 일자리거나 적어도 하프타임 이상의 일자리였던 관계로 청년들의 호응이 예상보다 높았다고 한다.

로제타 플랜을 시행한 첫해 벨기에에서는 약 5만개의 계약이 체결되었으며 기존 청년실업자 중 미숙련 청년으로 남아있던 청년들의 약 40%가 고용되는 효과를 거두었다. 여기에 투여된 벨기에 정부의 예산은 우리나라 돈으로 약 1,350억 원의 수준으로 큰 효과를 보았다고 할 수 있다.

이전에도 비슷한 문제를 겪고 있던 유럽의 많은 국가들이 나름의 청년실업대책을 시도했지만 실패한 사례가 많았다. 그럼에도 불구하고 로제타 플랜이 성공할 수 있었던 이유는 어디에 있었을까?

첫 번째는 로제타 플랜이 벨기에 청년들의 요구를 정확하게 이해하고 있었다는 데에 있다. 벨기에 청년들이 로제타 플랜을 긍정적으로 느끼고 참여했던 이유는 무엇보다도 이 정책에서 제공한 일자리들이 대부분 노동시장에서 중상위에 해당하는 좋은 일자리였다는 것이다. 또한 제공되는 임금과 복지수준도 정규직과 동등했다는 점이다. 이런 면에서 한국의 경우 자꾸 청년들에게 비정규직이나 질 낮은 일자리라도 취업하라고 내모는 것과는 큰 차이를 느낄 수 있다.

두 번째는 정책의 대상자를 명확하게 했다는 점이다. 기존 벨기에의 청년실업 대책은 6개월 이상의 장기실업자를 대상으로 했다. 그러나 정작 가장 빨리 취업하고 일자리가 필요한 대상은 실업한지 6

개월이 지나지 않은 청년들이었다는 점이다. 이는 앞에서 언급한 영화 로제타에서도 잘 드러난다. 영화에서 로제타는 당장에 일자리와 사회보장제도가 필요한데 실업한지 6개월이 지나지 않아서 혜택을 볼 수 없는 장면이 나온다. 마찬가지로 로제타 플랜은 실직한지 6개월이 지나지 않은 25세 미만의 청년실업자들에게 먼저 혜택을 주고 그 다음에 그보다 나이가 많은 30세 미만의 청년실업자들에게 혜택을 주는 단계적인 접근을 고려했다. 또한 로제타 플랜에 의한 고용은 실업기간으로 간주할 수 있도록 해서 실직되더라도 사회보장제도의 혜택을 받을 수 있도록 배려했다. 이를 통해 벨기에 정부는 청년들이 절대 빈곤의 나락으로 떨어지지 않도록 안전장치를 마련했다. 이는 청년실업자들이 실업수당과 같은 사회보장제도의 혜택을 전혀 받을 수 없는 한국의 현실과 극명하게 대비되는 부분이다.

로제타 플랜에서 우리가 가장 중요하게 보아야 할 지점은 '가장 효과적인 직업훈련과 사회보장제도는 바로 일자리다!'라는 정책기조이다. 현실성이 떨어지는 일방적이고 경직된 직업훈련과 질 낮은 단기 일자리보다 현장에서 직접 청년들이 보람을 느낄 수 있는 좋은 일자리에서 일하도록 하는 것이 가장 효과적인 청년실업 대책이라는 것이다.

또한 기업에게 사회의 일원으로서 명확한 의무를 부여해서 사회전체의 통합과 갈등해소를 추구했다는 것도 중요한 정책적 시사점이다. 1997년 IMF 이후 오로지 구조조정을 통한 일자리 죽이기와 비정규직의 확대를 통한 인건비 축소에만 골몰했던 한국의 대기업들에게도 이제 사회적 의무를 부여할 때가 된 것이다.

그렇다면 벨기에의 로제타 플랜을 한국에 적용하는 것은 어떨까? 실제 민주노동당을 비롯한 한국의 진보정당과 일부 노동계에서는 로제타 플랜을 한국도 도입하자고 주장하고 있다. 한국비정규노동센터

김성희 소장의 연구에 따르면 한국의 경우 종사자 100명 이상 규모의 기업들에게 5%의 청년층 의무고용을 적용할 경우 약 14만1천명의 청년실업자들을 추가로 고용할 수 있다고 한다.

청년실업자 5% 의무고용 적용 시 신규 고용 인원

	사업체수	총 종사자수	상용종사자	평균 상용 종사자 수	평균 종사자 수	5% 의무고용 할당 인원
전 규모	1,389,138	11,616,685	8,181,602			
1~4인	887,992	2,383,564	1,037,951	1.18	2.68	
5~9인	293,761	1,854,791	1,212,137	4.13	6.31	
10~29인	153,076	2,387,261	1,813,514	11.8	15.6	
30~49인	27,411	1,025,229	758,809	27.6	37.4	
50~99인	16,667	1,135,178	905,933	54.4	68.1	
100~199인	6,454	878,859	742,745	115.1	136.2	43,943
200~299인	1,885	452,574	378,442	200.8	240.1	22,629
300~499인	1,004	380,342	314,517	313.3	378.8	19,017
500~999인	5,88	403,003	353,970	602.0	685.4	20,150
1000인 이상	300	715,884	663,584	2212.0	2386.3	35,794
100이상 기준	10,231	2,830,662	2,453,258			141,533

출처: 김성희, 「청년실업 바로알기와 3가지 해결방안」.

14만 명의 숫자는 현재 공식적인 청년실업자 35만 명의 절반에 조금 못 미치는 숫자로 적지 않은 규모이다. 이 정도의 청년들이 100명 이상 규모의 정규직 일자리에 취업이 가능하다면 나머지 청년들의 취업난과 취업경쟁도 일부 해소될 수 있을 것이다. 특히 벨기에처럼 청년의무고용률을 위반한 사업체들에게 부담금을 거둬 어떤 사회보장제도의 혜택도 받지 못하는 청년들에게 실업수당 등을 지급하는 것이 가능하게 됨으로써 청년들이 등록금 빚으로 인해 신용불량자가 되거나 빈곤층으로 전락하는 것을 막을 수도 있다. 마찬가지로 청년들을 고용하는 기업들에게 사회보험료를 일정정도 면제하는 등의 유인책을 시행하는 것도 고려할 수 있다.

이미 한국에서는 지난 2004년 '청년실업 해소를 위한 특별법'이 제정되어 정부가 주도하는 공공기관들의 경우 전체 정원의 3%를 청년들로 추가 고용하도록 권고하고 있다. 그러나 현실은 상당수의 공공기관들이 청년들을 추가 고용하도록 규정한 권고사항을 제대로 지키지 않고 있다. 또한 벨기에처럼 실제 고용효과가 가장 큰 민간기업들은 청년들의 고용의무를 확대하는 것에 대해 거부감이 상당한 것으로 알려져 있다.

그러나 이제 우리나라에서도 기업이 단순히 이윤만을 위해 존재하는 것이 아니라 사회의 한 구성원으로서 사회적 책무가 주어져야 한다는 인식을 확실히 할 필요가 있다. 기업이 아무리 이익을 많이 내고 성장한다고 하더라도 이것이 국민 대다수의 이익으로 환원되지 않고, 더구나 기업의 대표적인 사회적 책무인 일자리 창출로 이어지지 않는다면 사회적으로 기업이 존재해야 하는 이유는 불분명해진다. 특히 재벌총수를 위해 수백, 수천억 원의 비자금을 조성하고 무리하게 재벌 2, 3세들에게 경영권을 승계하려다가 사회적 물의를 빚는 한국의 기업들은 사회적 책무를 다하기 보다는 사적 이익에만 몰두하고 있는 것이 현실이다. 그러나 이제 한국의 기업들도 그 지위에 걸맞은 사회적 책무를 다해야 할 때가 되었다.

벨기에의 로제타 플랜을 한국에 그대로 적용한다하여 성공하리란 보장은 없다. 로제타 플랜을 도입하더라도 한국과 벨기에의 사회적, 문화적 차이와 조건들을 고려해야 할 것이다. 실제 벨기에의 로제타 플랜은 상당부분 학교 중퇴자를 우선적으로 고려한 정책이라는 측면에서 대학진학률이 82%에 달하는 고학력 사회인 한국과의 차이도 존재한다. 또한 이미 한국에서는 청년층만이 아니라 중장년층의 비

> **청년실업 해소를 위한 특별법**
> 2004년에 제정되었고 2009년에 '청년고용촉진법'으로 명칭과 내용이 개정되었다. 2004년 청년실업이 심각한 상황에 이르자 정부가 청년실업 해소를 위해 다양한 지원 사업을 할 수 있도록 근거를 만들고 공공기관들에 매년 전체정원의 3%를 청년들로 채용하도록 권고하는 것을 내용으로 하고 있다.

정규직 일자리 문제가 심각한 수준에 달해서 청년층만을 고려한 정책이 시행될 경우 형평성의 문제도 제기될 가능성이 크다.

그러나 2008년 글로벌 금융위기 이후 한국의 이명박 정부는 대졸 초임삭감, 비정규직 단기일자리인 청년인턴제의 대대적인 시행 등 오히려 청년층을 볼모로 경제회복을 꾀하려는 이상한 정책을 펴고 있다. 이런 정부 정책은 오히려 청년들과 기존 세대들 간의 갈등을 더 부추길 가능성이 크며 청년들을 비정규직, 단기일자리에 고정시키고 임금수준마저 떨어뜨려 빈곤층으로 전락시킬 가능성이 크다. 오히려 이런 때일수록 청년들에 대한 투자가 장기적으로 기업과 국민경제 전체에 이익이 된다는 관점으로 더욱 적극적인 청년실업정책을 구사해야 한다. 최근에는 경제성장이 일자리를 창출하는 것이 아니라 일자리 창출이 성장을 촉진시킨다는 연구결과가 나오고 있다. 그런 면에서 소극적인 정책들을 지양하고 정부와 기업, 그리고 국민들의 사회적 합의 속에서 적극적인 고용정책으로 청년실업 문제를 해결한 벨기에의 로제타 플랜은 한국에서 충분히 검토해 볼만한 가치가 있는 정책이다.

영화 로제타에서 주인공 로제타가 끊임없이 이야기 한다. "내가 원하는 것은 당신들처럼 평범한 삶을 사는 것"이라고…. 로제타의 이 대사는 지금 대한민국 청년들이 바라는 것 또한 지극히 '평범한 삶'이라는 바람과 겹쳐진다. 이미 대한민국의 청년실업 문제는 그 기간의 장기화로 인해 청년층의 빈곤화와 비정규직화라는 평범하지 않은 심각한 문제를 양산해 내고 있다. 상당수의 청년들이 취업난으로 인해 심각한 스트레스와 자살충동까지 느낀다는 상황을 생각한다면 벨기에의 로제타 플랜은 언젠가 대한민국이 추구해야할 정책이 아니라 지금 당장 도입해야 할 시급한 정책이다.

가난한 세상을 바꾼 정책들
: 가난하지만 행복한 세상을 위해

123
456

방글라데시의 '그라민은행', 가난한 자들의 은행

―조성주

6

　조그만 가게를 운영하고 있는 박씨는 결국 은행을 더 돌아다니는 것을 포기했다. 10여 년 간 저축했던 돈을 딸아이 1년치 등록금으로 내고 나니 수중에 남아 있는 돈은 없었다. 계속되는 불경기에 가게를 운영할 자금마저 쪼들리기 시작한지 이미 1년이 넘었고 이제는 생활비마저 없어서 신용카드로 돌려막기를 하고 있는 형국이다. 박씨가 대단히 많은 빚을 지고 있는 것은 아니다. 가게 운영자금을 위해 신용카드를 이용해 빌렸던 이백여만 원과 딸아이 자취방 보증금, 생활비 등을 합쳐 오백여만 원이 전부다. 그러나 특별한 담보도 없고 자신도 모르게 매겨져 있는 신용등급은 박씨가 은행을 돌아다니며 대출을 요청하는 것을 포기하게 만들었다. 상황이 이렇다보니 지난 겨울 딸아이에게 신용카드로 사주었던 20여만 원짜리 겨울코트가 아까워지기까지 했다. 그동안은 핸드폰 문자로 날라 오는 사채광고가 스팸문자에 지나지 않았으나 대형은행의 대출창구들이 박씨를 외면하는 순간 핸드폰의 사채광고 문자들은 스팸이 아니라 붙여잡아야 할 마지막 지푸라기가 되었다. 그렇게 박씨는 연이율 수백 퍼센트의 사채에 손을 댈 수밖에 없었다.
　현대 자본주의 사회는 은행 없이 돌아가지 않는다. 더구나 현대를 살아가는 대부분의 사람들은 하루하루의 삶은 은행과 긴밀하게 연결되어있다. 대부분의 서민들은 몇 개의 은행과 거래를 하며 월급날이 되면 월급 통장과 핸드폰비와 같은 각종 요금이 자동 이체되는 통장, 그리고 신용카드 대급이 결제되는 통장, 이외에도 주택청약금 통장 등 적게는 몇 개, 많게는 십여 개의 통장을 사용한다. 또한 자동차와 같은 물건도 이제는 현금을 가지고 사지 않는다. 대부분이 은행이나 금융회사들이 제공하는 각종 할부상품의 형태로 구입하고 집도 마찬가지로 저축해둔 돈으로 사는 것이 아니라 은행을 통해 대출을 받고 이를 갚아가며 살아가는 상품이 되어버린 지 오래다. 은행을 이용하지 않고서는 의식주 모두가 해결되지 않는 상황이 된 것이다. 은행이 현대인들의 생존이 필수적인 조건이 되어버린 사회, 이것이 바로 사회과학자들이 이야기한 금융자본주의의 현실이다.

 그런데 은행을 이용하지 못하는 사람들은 어떻게 되는 것일까? 현대 자본주의 사회를 살아가며 은행을 이용하는 것이 생존의 필수조건이 되었는데 은행을 이용하지 못하는 사람들은 어떻게 되는 것인가? 생존의 필수조건을 사용하지 못하는 사람들은 그대로 빈곤층으로 전락하고 사회에서 도태되어 버린다. 또한 은행들과 금융회사들은 평소에는 '천만 인의 고객'을 외치고 '고객이 곧 왕이다'라는 식으로 대접하지만 역시 복잡한 수식으로 계산된 신용등급과 각종 담보들을 제공하지 못하는 금융 소외자들은 그들의 고객리스트에서 간단히 제외되어 버린다. 결국 이들 금융 소외자들은 자본주의 사회에서의 생존을 위해 합법적인 은행들이 아닌 지하세계의 은행들을 찾아갈 수밖에 없다. 지상세계의 은행이든 지하세계의 은행이든 현대 자본주의 사회를 생존해 나가기 위해서는 은행은 필수적이니까. 바로 이 틈을 비집고 서민들을 노리는 것이 소위 사채라고 불리는 사금융들이다.

한국에서 금융 소외자들의 문제, 그리고 이들을 노리는 사금융들의 문제가 불거지기 시작한 것은 2002년 말 소위 신용카드 남발에 따른 카드대란이 일어나고 신용불량자가 400여만 명이 생겨나면서부터이다. 이전에도 사채시장은 존재했고 나름 다양한 사금융들이 존재했으나 서민들의 삶 구석구석까지 파고들 정도는 아니었다. 그러나 2003년부터 상황은 완전히 달라졌다. 이렇게 된 이유는 여러가지였다. 각종 금융상품들이 발달하면서 은행과 서민들의 관계가 밀접해졌기 때문이기도 하지만 무엇보다도 1997년 IMF 이후 은행들의 대출형태가 바뀌었기 때문이다. 1997년 IMF 때 회사들에 부실대출을 해주었다가 크게 낭패를 본 은행들은 이제 일반 국민들을 대상으로 대출을 확대하기 시작했다. 특히 은행들이 집중했던 대출은 부동산가격의 폭등을 이용한 주택담보대출이었다. 이로 인해 은행들의 가계대출은 급격히 증가했지만 정작 서민들의 생활비나 급전을 위해 존재했던 서민금융은 급격히 축소되었다. 1997년까지 일반은행의 대출 대비 서민금융기관(상호저축은행, 새마을금고 등)의 대출액 비중은 53% 정도였다. 그러나 부동산시장이 들썩이고 주택담보대출이 늘어나자 2004년 말에 이르러 서민금융기관의 대출액 비중은 24%로 급락하게 된다. 이마저도 대부분의 은행과 금융기관들이 1997년 IMF의 트라우마를 잊지 못하고 소위 신용등급에 따른 평가를 기초로 대출을 하기 시작하면서 서민들은 아예 은행문도 들어서지 못하는 상황이 되어 버렸다. 대형 은행들의 이러한 행태는 상호저축은행이나 신용협동조합과 같은 서민금융기관들의 대출에도 영향을 미쳤다. 이로 인해 신용등급이 낮고 특별한 담보도 없는 서민들은 결국 지하세계의 은행, 사금융을 이용할 수밖에 없었다.

서민금융시장 구성

(2001년 말)

	상호저축은행	신용협동조합	새마을금고	카드론	사금융	계
대출규모	15,963	10,599	16,669	37,309	80,000	160,540
구성비	9.9	6.7	10.4	23.2	49.8	100

출처 : 조복현, 「서민금융의 실태와 새로운 대응책의 모색」, 2002.

    표에서 볼 수 있듯이 2001년이 되면 사금융시장이 서민금융시장의 절반에 달하게 된다. 대부분이 사채업으로 구성된 이들 사금융권의 대출이자는 2005년 금융감독원의 조사에 따르면 연평균 223%에 달한다고 한다. 믿기지 않는 수치다. 그런데 사금융을 이용하는 사람들은 부도 등의 사업실패(28%), 교육비와 생활비 등 급전 필요(22%), 실직(16%) 등으로 대부분 극한 상황에 몰린 사람들이었다. 더 당황스러운 것은 이들이 연이율 223%에 달하는 사금융을 이용하면서 필요했던 액수는 2004년 응답자의 80%가 1,000만원 이하였으며 1인당 790만원에 불과했다.[1]

    수백여만 원의 돈을 당장 대출할 수가 없어서 연이율이 수백 퍼센트에 달하는 사금융을 이용하게 되고 다시 이것이 극단적인 빈곤의 악순환을 초래하는 끔찍한 상황이 2000년대 중반 한국사회를 휩쓸었다. 정부 당국이 사채업 단속에 나서고 무리한 이자가 지적되면서 사채업의 횡포가 조금을 줄어든 것처럼 보인다. 그러나 문제는 여전히 서민들을 외면하는 대형 은행들과 금융기관들의 행태는 변하지 않고 있다. 이런 상황이라면 서민들은 다시 울며 겨자 먹기식으로 사금융에 매달릴 수밖에 없게 될 것이다.

    은행에 쉽게 접근하지 못하는 서민들을 위해 소액을 담보도 없이

---

1 2005년 금융감독원 설문조사.

대출해주는 은행은 없을까? 이런 소액대출을 전담하는 서민은행이 있다면 더 많은 서민들이 빈곤의 악순환에서 벗어날 수 있지 않을까? 그러나 가난한 사람들에게 돈을 대출해주면 그들이 돈을 갚지 않아서 은행이 큰 손해를 볼 것이고 이로 인해 다른 은행이용자들도 불이익을 당하지 않을까? 바로 이 대목에서 790만 명에 이르는 빈곤층에게 수십 년 동안 79억 달러가 넘는 돈을 대출해주고 약 99%의 상환율을 보이고 있는 방글라데시의 그라민은행은 한국사회에 진지하게 고민해봐야 할 경험과 아이디어를 제공하고 있다.

가난한 자들의 은행, 그라민은행

　방글라데시는 2001년 기준으로 국민총생산이 약 467억 달러에 불과하고 1인당 GDP가 400여 달러밖에 안 되는 매우 가난한 나라다. 문맹률도 70%에 육박하고 인구의 상당수가 절대적 빈곤 상황에 놓여있는 나라다. 전체 인구의 단 5%에 불과한 사람들이 부의 95%를 독점하고 있는 빈부격차가 극심한 나라이기도 하다. 이런 나라에서 극빈층을 위한 은행인 그라민은행(Grameen Bank)이 설립된 것은 시사 하는바 크다.
　그라민은행은 2004년 기준으로 1,358개의 지점을 두고 총 직원수가 13,523명에 달한다. 방글라데시 전체 마을의 약 75%에 이르는 4만8천여 개의 마을에서 영업을 하고 있으며 최근에는 방글라데시를 넘어서 미국 등에서도 빈곤층에 대한 대출을 시행하고 있다. 그라민은행의 성공에 힘 입어 전통적인 금융기관으로부터 대출 등의 금융서비스를 받지 못하는 금융 소외층들을 대상으로 소액대출을 주로 하는 다양한 금융기관들이 만들어졌는데 이를 통칭하여 마이크로크레디트 Microcredit 라 부른다.

무하마드 유누스
(Muhammad Yunus, 1940-)
그라민은행의 설립자이자 마이크로 크레디트의 선구자이기도 하다. 1940년 방글라데시의 부유한 집에서 태어나 미국에서 경제학 박사를 받았다. 1972년 방글라데시가 파키스탄으로부터 독립하자 조국으로 돌아와 학생들을 가르치다가 빈민들을 위한 프로젝트로 그라민 프로젝트를 시작한 것이 그라민은행의 시초가 되었다.

그라민은행은 미국에서 경제학을 배우고 돌아온 무하마드 유누스 박사가 극심한 빈곤에 시달리는 방글라데시의 빈곤층들이 아주 소액의 돈만 대출이 가능하더라도 빈곤에서 벗어날 수 있다는 사실을 깨닫고 1976년 조브라라는 조그만 마을에서 소액대출을 시작한 것에서 출발했다. 그라민은행의 'Gram'은 마을을 뜻하는 방글라데시의 단어다. 이렇게 시작된 그라민은행은 1983년에 이르러 정식으로 법인을 구성했고 계속해서 빈곤층을 위한 소액대출을 확대하고 다양한 대출상품을 만들어 지금은 세계에서 가장 거대한 서민금융기관으로 자리잡게 되었다. 그라민은행으로부터 대출을 받은 700여만 명의 빈곤층 중 약 58%가 빈곤에서 벗어난 것으로 집계되고 있다. 덕분에 빈곤퇴치에 대한 공헌으로 2006년 그라민은행과 설립자인 무하마드 유누스 박사가 공동으로 노벨평화상을 수상하기도 했다.

그라민은행의 지분구성

(천주, %)

	주식수	비중
방글라데시정부	120	3.78
소날리은행	30	0.94
방글라데시 크리쉬은행	30	0.94
회원차입자	3,000	94.34
계	3,180	100.00

출처 : 한국은행 금융안정국 금융시스템 리뷰, 2006.1

그라민은행은 빈곤층을 위해 다양한 금융서비스를 제공하기도 하지만 정작 은행 자체가 빈곤층, 서민들의 소유로 되어 있다는 점이 특이하다. 그라민은행의 주식 중 94%는 은행에서 돈을 빌린 회원들이 소유하고 있으며 단 6%만이 정부와 은행이 소유하고 있다. 주식

가격은 약 2달러 미만인데 그라민은행에서 돈을 빌렸다고 해서 주식을 소유할 의무 같은 것은 없다.

그라민은행은 설립초기부터 몇 가지 목표를 명확하게 설정하고 있었다. 그 내용은 다음과 같다. ① 가난한 사람들에게 금융서비스를 확대한다. ② 가난한 사람들이 고리대금업자에게 착취 당하는 것을 막는다. ③ 절대 다수의 농촌지역 실업자들에게 자영업의 기회를 제공한다. ④ 불이익을 당하는 계층, 특히 여성의 지위를 향상한다. ⑤ 빈곤의 악순환을 선순환으로 전환한다는 것이다. 이 중에서 ④에 해당하는 여성의 지위를 향상한다는 것이 눈에 띄는데 실제 그라민은행으로부터 대출을 받은 사람의 95%가 여성들이다. 이는 무하마드 유누스 박사의 철학과 빈곤층의 현실과 밀접한 관련이 있다. 실제 빈곤층에서 여성들이 빈곤을 탈출하고자 하는 의지가 훨씬 강하다고 한다. 은행을 통해 대출받은 돈을 오로지 소득창출에만 사용하며 상환에 대한 의지도 강하다. 또한 여성들이 자녀교육을 포함한 가정에서 벌어지는 일들에 대한 책임감이 강하다. 이런 이유 때문에 현재 그라민은행에서 대출을 받은 회원들의 자녀는 거의 모두가 학교에 다니게 되었다고 한다. 문맹률이 70%에 이르는 나라에서 은행의 금융서비스가 문맹을 퇴치하고 있는 것이다.

그라민은행에서 대출을 받기 위해서는 다음과 같은 선정기준에 해당해야 한다. 선정기준은 대출의 대상자들이 대부분 농촌지역에 사는 빈곤층임을 감안하여 간단하게 되어 있다.

여기서 인상적인 것은 그라민은행의 대출 계약이 문맹률이 높은 농촌지역의 빈곤층을 대상으로 하는 경우가 많기 때문에 구두로 이루어진다는 것이다. 때문에 영수증을 비롯한 최소한의 서류 작성을 위해 그라민은행은 문맹자들에게 자신의 이름을 쓸 정도의 교육을 시행한다고 한다.

그라민은행의 대상자 선정기준

기준	내용
자산	- 현재 경작할 땅이 0.5에이커 이하인 경우 - 가족 전체의 자산가치가 대상자가 거주하는 지역의 중간 정도에 해당하는 땅 1에이커의 시장가치보다 낮을 경우
담보 및 보증인	담보는 없으며 경제적 사회적 배경이 비슷한 사람들끼리 그룹을 만들어 상호 연대보증

그라민은행의 대출과정에서 가장 특이한 부분은 5명이 소그룹을 만들어 서로 연대 보증을 하는 제도이다. 이는 빈곤층에 초점을 맞추어서 대상자들을 사회적, 경제적 배경이 비슷한 사람들끼리 그룹을 짓고 이들에게 공동의 책임과 의무를 지우는 것이다. 이를 통해 이들의 자활의지를 북돋는다고 한다. 대출을 받기 위한 그룹은 다음과 같은 형태로 진행된다. 먼저 다섯 명의 예상 차입자가 한 그룹을 형성하고 은행은 그룹 내의 두 명에게 먼저 자금을 지원한다. 그리고 5명의 그룹은 서로 그라민은행이 제공하는 규정에 대한 준수 여부를 감시한다. 6주가 지나서 먼저 차입 받은 두 명이 원리금을 정상적으로 납부하면 나머지 2명과 1명이 차례대로 자금을 대출받게 되는 것이다. 그리고 연대보증을 하고 있으나 다른 구성원의 도산에 대해서는 연대책임을 지지는 않는다.

이렇게 대출되는 과정에서 어떠한 담보도 요구되지 않으며 1년간 매주 분할해서 상환하도록 되어 있다. 또한 1년 이후 대출을 정상적으로 갚아나갔다면 추가로 대출할 수 있는 권한이 주어진다. 그리고 이 과정에서 5명으로 이루어진 그룹과 은행직원은 각종 상담과 대화를 통해 대출을 받은 빈곤층이 스스로 독립할 수 있도록 지원한다. 그라민은행의 대출은 대출 종류별로 금리가 차등으로 적용되고 있다. 가장 많은 빈곤층이 이용하는 일반적인 소득창출대출의 경우 금리가 약 20%로 방글라데시의 시중 은행금리가 11%인 것에 비하면 매우 높은 수준이다. 그러나 이것은 일반은행과 단순 비교하기 힘들다. 이유는 첫째 담보가 전혀 없다는 점, 대출대상자들 대부분이 일반은행을 이용할 수 없는 빈곤층이라는 점, 상환조건과 원금상황을 대출에 반영하는지의 여부 등에서 큰 차이가 있기 때문에 단순히 금리가 높다고 비판할 수는 없다. 오히려 그라민은행의 대출상환율이 99%에 달한다는 점은 이 정도의 금리가 빈곤층의 자활에 장애가 되지 않는다는 것을 증명한다.

그라민은행은 이외에도 주택자금대출, 학자금대출도 취급하고 있다. 그라민은행이 시행하고 있는 주택담보대출은 약 62만 가구에게 매주 2달러 정도의 돈을 상환하며 5년 동안 집값을 갚도록 하고 있다. 아주 특이하게는 걸인대출도 시행하고 있다. 이것은 최근에 시행하고 있는 제도로 길거리에서 구걸을 하는 걸인들에게 구걸을 하면서도 물건을 판매하도록 지원하거나 조언을 해주는 대출이다.

그라민은행의 대출종류와 금리 및 산정방식

대출 종류	금리	금리산정방식
소득창출대출	20%	원금상환 반영
주택자금대출	8%	미반영
학자금대출	5%	미반영
걸인(begger)대출	0%	미반영

출처 : 한국은행 금융안정국 금융시스템 리뷰 2006.1

그라민은행이 이처럼 크게 성공한데는 여러 가지 이유가 있다. 무엇보다 방글라데시의 현실을 정확하게 보고 농촌 빈곤층을 대상으로 한 대출방식을 창안한 무하마드 유누스 박사의 열정도 큰 몫을 했다. 그러나 그라민은행이 여타의 은행과 차별성을 가지는 부분은 단순히 빈곤층에게 돈을 대출해주는 것이 아니라 빈곤층이 빈곤에서 벗어날 수 있도록 지원하는 치밀하고 다양한 시스템을 가지고 있다는 것이다.

그라민은행과 기존은행의 차이점

	그라민은행	기존은행
목표	빈곤탈출 지원	수익 극대화
주요고객	실업자, 빈곤계층(여성위주)	기업, 직장인, 자산가
담보유무	담보 없음	담보 또는 신용양호
	미래의 채무상환능력	현재의 채무상환능력
	그룹대출 (대출자 외에 연대책임 없으며 부채는 상속될 수 없음)	개인별 대출 (보증 등의 경우 연대책임을 지며 부채가 상속될 수도 있음)
서비스 범위	지원은 소액 다수	소액 이상
	금융외 통합서비스	금융관련 서비스 위주
	이용자 중심 서비스 (은행직원의 방문)	은행 중심 서비스
	교육, 주거, 위생 등의 변화 모니터링	
주 영업지역	농촌지역	대도시지역
연체시	연체이자는 원금 범위 내 (연체기간과 무관)	연체이자의 원금초과 가능
	차입자의 회생에 초점	손실 최소화에 초점
	상환 스케줄 재조정	대부분 재조정 불가
	원금 축소조정 없음	원칙적으로 조정 없음
	재거래 가능 (대출초기 한도로 축소조정)	실질적인 재거래 어려움

출처 : 한국은행 금융안정국 금융시스템 리뷰 2006.1

그라민은행은 단순히 자금을 지원하는 것이 아니라 자금의 지원 이전과 이후에 철저한 관리 서비스를 제공하고 있다. 이를 통해 빈곤층이 스스로 자활하도록 하여 대출금의 상환을 가능케 하는 것이다. 먼저 대출이 진행되기 전에 5명의 소그룹을 구성해서 이들이 서로 신뢰감을 형성하고 사업에 임하는 자세, 기술, 규칙, 철학 등에 대한 교육을 진행한다. 때로는 이들이 필요로 하는 실제적인 기술도 가르치며 지속적으로 은행직원들이 이들에 대한 컨설팅을 진행하고 있다. 또한 그라민은행은 애초에 대출을 할 지역을 선정함에 있어서도 해당 지역의 인구 및 경제상황, 자영업 실태 등에 대한 치밀한 지역사회 연구를 진행한다. 그리고 해당 지역의 교사, 공무원, 종교인들과 밀접한 네트워크를 구성해서 이들이 향후 대출자들을 지원할 수 있도록 한다. 이를 위해 그라민은행의 직원들은 모두 기본 소양교육, 대상자 발굴훈련, 융자관련 업무 등을 철저하게 훈련받은 후 현장에 배치된다고 한다. 이와 같은 방식은 단순히 돈을 대출해주고 이것을 제 때에 갚는지만 신경 쓰는 한국의 은행들과 큰 차이를 보인다고 하겠다.

물론 방글라데시와 한국의 상황은 매우 다르다. 일단 한국은 방글라데시와 비교할 수 없을 만큼 잘사는 나라이다. 그에 따라 금융서비스도 훨씬 발달해 있으며 방글라데시의 농촌지역의 빈곤층이 영세자영업으로 자활한 것과 대조적으로 한국의 영세자영업은 대형마트와 프랜차이즈 편의점들에 밀려 파산이 속출하고 있다. 그러나 한국도 이미 신용불량자가 300만 명을 넘으며 금융소외자 역시 800만 명에 달한다. 이런 상황을 타개하기 위해 정부도 미소금융 등의 서민은행 설립을 추진하고 있지만 실적은 미미하다. 실제 2010년 초부터 시행된 한국판 서민은행인 미소금융은 약 1만3400명이 찾았으나 이 중 5,000명은 상담조차 받지 못하고 발길을 돌렸고 나머지 중에서도 대출이 가능한 사람은 2,400명에 불과했다. 이 중에서 실제 대출을 받은 사람은 고작 28명이라는 현실은 한국의 서민금융이 얼마나 이용자들의 현실과 동떨어져 있는지를 잘 보여준다.

그라민은행과 같은 서민은행, 마이크로크레디트가 성공한데는 무엇보다도 철학적 차이가 있다. 은행은 필연코 고객들에 대한 평가를 진행할

> **마이크로크레디트**(Micro credit)
> 일반적으로 서민들에게 제공되는 소액대출, 서민금융을 말한다. 대출 수익보다는 금융기관의 이익을 사회에 환원하는 성격이 강하기 때문에 금리 등 각종 대출조건이 채무자에게 유리하게 설정된다. 그라민은행을 시작으로 전 세계에 다양한 마이크로 크레디트기관이 설립되어 활동하고 있다.

수밖에 없다. 은행을 찾아오는 고객이 어느 만큼의 재산을 가지고 있는지 직업은 무엇인지, 한 달에 돈을 얼마나 버는지, 건강은 어떤지 등의 정보를 바탕으로 은행은 한 인간의 가치를 평가한다. 그리고 은행들이 평가한 인간의 가치에 따라 대출되는 돈의 액수도 달라진다. 그라민은행 역시 은행이다 보니 인간에 대한 평가를 하는 것은 다르지 않다. 다만 기존의 은행들이 한 인간의 현재를 기준으로 평가를 한다면 그라민은행은 인간의 미래가치를 보고 평가한다. 바로 이 지점이 기존 은행들과 그라민은행의 차이점이며 그라민은행이 왜 빈곤층의 자활사업에 성공할 수밖에 없었는가의 핵심적인 이유이기도 하다.

  2008년 시작된 세계적인 경제위기는 서브프라임 모기지라는 주택담보대출에서 시작되었다. 그런데 원래 서브프라임 모기지라는 것은 은행들에서 대출을 받기 힘든 서민층들을 대상으로 한 금융상품이었다. 부자나라들의 서민층을 대상으로 한 위험하고 무차별적인 파생금융상품들이 전 세계를 휘저으면서 생긴 것이 바로 2008년 세계금융위기였던 것이다. 한쪽에서는 가난한 나라들의 빈곤층들이 금융서비스에서 철저하게 소외되어 빈곤의 늪을 탈출하지 못하고 있다. 그런데 다른 한쪽에서는 부자나라들의 서민층이 금융자본주의의 최신 금융상품의 실험양이 되어 자신도 모르는 사이에 전 세계적인 금융위기의 주범으로 지목되는 기이한 일들이 벌어지고 있다. 은행들의 탐욕이 저지른 금융위기의 여파가 전 세계를 불안에 떨게 하고 있는 지금 가난한 자들을 위한 은행을 표방한 그라민은행의 성공은 유난히 빛나 보인다.

베네수엘라의 '엘 시스테마', 아이들에게 총 대신 음악을

— 오세혁

베네수엘라의 수도 카라카스의 언덕. 그 언덕에 다닥다닥 붙어 있는 집들. 영화 '알제리 전투'에 나오는 빈민가 카스바가 떠오르기도 하고 영화 '시티 오브 갓'에 나오는 브라질의 빈민가를 떠올리게도 한다. 이곳에 사는 아이들은 대부분 꿈이 없다. 아름다운 꿈을 꾸기 전에 가난한 현실을 걱정해야 하기 때문이다. 꿈이라는 것도 현실이 어느 정도 뒷받침될 때 가능한 것. 가난에 시달리는 아이들에게 꿈이란 머나먼 나라의 단어로 들릴지도 모른다.

"열다섯이 되는 애들이 마약에 취해 총을 들고 돌아다녀요. 석 달 후엔 살아남는 애들이 없어요."

— 로데릭 알바라도(학생)

하루가 멀다 하고 총소리가 들려오는 곳. 그곳에서 알바라도는 오케스트라 연주의 볼륨을 크게 틀어놓는다. 밖에서 들려오는 총소리를 이겨내겠다는 듯, 가난한 현실을 아름다운 꿈으로 바꾸어 놓겠다는 듯, 조용하지만 강하게 카라카스의 언덕에 아름다운 음악소리가 울려 퍼진다. 그 음악이 카라카스의 미래를 바꾸어 놓을 수 있을까?

총소리를 듣고 자란 아이들과 음악을 듣고 자란 아이들의 삶은 어떻게 될까. 엘 시스테마는 바로 총소리의 정서를 음악소리의 정서로 바꾸겠다는 숭고하고 아름다운 정책이다.

엘 시스테마

"우리는 음악의 기치아래 라틴 아메리카의 새 세대들을 한데 묶으려는 노력으로 예술을 전투처럼 생각하지요. 옛날 우리의 해방자 시몬볼리바르가 꿈꾸던 대륙 사람들이 희망하는 세상을 만들기 위해 나아가는 것이 우리의 목표입니다."

― 호세 안토니오 아브레우 박사(엘 시스테마의 창시자)

국립 청년 및 유소년 오케스트라 시스템 육성재단(Fundación del Estado para el Sistema Nacional de las Orquestas Juveniles e Infantiles de Venezuela, FESNOJIV), 줄여서 엘 시스테마(El Sistema)라고 부른다. 한마디로 말해 국가의 지원을 받는 음악교육 프로그램이다. 가난하고 불우한 청소년들에게 음악을 가르쳐 오케스트라를 만들겠다는 괴짜 박사에 의해 시작된 이 요상한(?) 프로그램은 폭발적으로 성장하여 지금은 매년 3,000만 달러의 지원을 받으며 30만 명 이상의 청소년들이 참여하는 국가 전체의 대표적인 프로그램으로 자리 잡았다. 나랏돈을 들여 토익도 아니고 음악을 가르치다니, 그것도 무상 급식도 아니고 무상 음악교육을 국민 소득이 3,500달러에 불과한 상황에서 대체 왜 베네수엘라는 3,000만 달러라는 엄청난 거금을 들여서까지 아이들에게 음악을 가르치려는 것일까?

엘 시스테마 탄생의 배경에 호세 안토니오 아

> **호세 안토니오 아브레우 박사**
> (Jose Antonio Abreu, 1939–)
> 엘 시스테마를 탄생시킨 주역. 베네수엘라의 경제학자이자 오르간 연주자이며 국가 문화원장을 지냈다. 1975년 마약과 총의 위협에 노출되어 있는 11명의 아이들에게 악기를 쥐어주기 시작한 것을 계기로 혁명적인 '청소년 무료 음악교육 시스템'인 엘 시스테마(El Sistema)를 만들어냈다.

브레우라는 괴짜박사가 있다.

호세 안토니오 아브레우

　베네수엘라는 세계 5위의 석유 수출국이다. 엄청난 자원을 보유한 부자나라지만 나라가 부자였을 뿐, 국민들은 가난했다. 대부분의 산유국들이 그렇듯 미국 석유회사와 미국 석유회사에게 이권을 넘긴 소수의 지배층만 부자였을 뿐이었다. 가난한 사람들은 다닥다닥 붙어 있는 빈민가에 모여 살며 닥치는 대로 일을 하며 살았지만 가난을 면하기는 힘들었다. 가난은 계속 세습되었고 아이들은 꿈을 잃어갔다. 꿈을 잃은 아이들의 손에 쥐어진 것은 총이었다. 아이들은 학교에 들어가기 전에 총 쏘는 법부터 배웠다. 한 동네에서 자란 아이들이 패거리로 갈라져 서로에게 총질을 해댔다. 농부가 쟁기를 들고 다니듯 아이들은 늘 총을 들고 다녔다. 그곳에 한 괴짜신사가 나타났다. 그 신사는 총을 든 아이들 앞에 스스럼없이 다가와 무언가를 내밀었다. 그것은 악기였다.

　"너희들 손에 총 대신 악기를 들어보지 않겠니?"

　아이들은 그 신사가 농담을 한다고 생각했다. 그러나 신사는 진지했다.

　"이 악기를 가져가렴. 돌려주지 않아도 좋아. 나랑 같이 악기를 배우는 거다. 단 조건이 있어. 이 악기를 들고 있는 동안에는 그 총을 들면 안 된다."

전과 5범의 소년이 망설이다 클라리넷을 집었다. 다른 열 명의 아이들도 쭈뼛쭈뼛 악기들을 들었다. 허름한 창고에 모인 아이들은 괴짜 신사의 지도 아래 조금씩 악기를 익혀나갔다. 열한 명의 불량청소년들이 처음으로 만져본 악기들. 악기를 연주하는 건 총을 쏘는 것보다 어려웠다. 그러나 아이들은 차츰 알게 되었다. 방아쇠를 당기는 것보다 바이올린을 켜는 게 훨씬 재미있다는 것을, 상대의 가슴에 총을 겨누는 것보다 상대의 귀에 클라리넷을 불어주는 것이 훨씬 행복하다는 것을 말이다. 빈민가의 골목길은 열한 명의 아이들이 연주하는 서툰 음악소리로 가득 차게 되었다. 괴짜 신사는 계속해서 악기연주를 가르쳐 주었다. 음악소리에 이끌린 아이들이 하나둘 찾아왔다. 악기를 연주하는 아이들은 점점 늘어나기 시작했다. 물론 손에서 총을 내려놓은 상태였다. 아이들에게 총 대신 악기를 쥐어준 괴짜 신사가 바로 경제학 박사이자 오르간 연주자였던 호세 안토니오 아브레우 박사였다.

엘리트 음악교육이 아닙니다

엘 시스테마의 계획은 1975년부터 시작되었다. 어떻게 하면 빈민가의 아이들을 범죄와 마약으로부터 구할까 고민하던 아브레우 박사는 총을 든 아이들의 대부분이 꿈이 없다는 것을 발견했다. 아이들에게 필요한 건 현실을 이겨낼 꿈이었고 빈민가의 삭막한 정서를 이겨낼 감성이었다. 궁리 끝에 박사는 아이들에게 음악을 가르쳐 보기로 결심한다. 갱들의 총소리와 부모의 한숨소리로 가득 차 있던 아이들의 가슴은 아름다운 클래식 선율로 가득 차게 되었고 아이들은 점차 미래에 대한 꿈을 품기 시작했다. 그날 이후 아브레우 박사는 사재를 털어 청소년을 위한 음악교육 사업을 펼치게 되었다. 박사의 뜻에 동참하는 수많은 사람들이 박사를 후원했다. 이 프로그램에 참여한 아이들이 훌륭한 어른, 훌륭한 시민, 훌륭한 음악인으로 자라는 것을 목격하면서 박사는 음악이 베네수엘라의 미래를 바꾸어 놓을 것이라는 사실을 확신하게 되었다. 또한 이러한 프로그램이 국가 차원에서 이루어져야 할 아주 중요한 사업이라는 것을 인식하면서 엘 시스테마를 국가차원의 복지프로그램으로 확립할 것을 정부에 요구하게 된다.

"음악은 모든 걸 표현하죠. 기쁨, 평화, 희망, 통합. 그리고 힘과 무한한 에너지를요."
- 호세 안토니오 아브레우

모든 인간은 에너지가 있다. 특히 아이들은 무엇이든 될 수 있는 무한한 에너지를 가지고 있다. 그러나 불행한 현실 속에서 그 에너지는 불행하게 발산되는 경우가 많다. 그 에너지를 어디다 써야 할지 몰라 방황하는 경우가 많다. 엘 시스테마는 그들의 에너지를 음악이라는 매개체를 통해 발산하게 만들어준다.

엘 시스테마는 엘리트 음악가를 양성하기 위한 프로그램이 아니다. 이 프로그램 수혜자들의 80%는 대부분이 빈곤층 가정의 아이들이다. 그날그날의 끼니를 걱정하는 아이들이 바이올린 같은 고급 악기를 빌리고 무상으로 교육을 받는다. 운영기금은 다양한 경로로 마련된다.

"그동안 재정적으로 우여곡절이 많았어요. 수 년 간 직원들 봉급 줄 돈이 부족했죠. 하지만 믿음이 있으니 여기까지 올 수 있었죠."
- 히맛 야후어(음악교사)

2장 가난한 세상을 바꾼 정책들

"운영기금은 다양한 경로를 통해 안정적으로 확보되고 있습니다. 베네수엘라 정부나 민간단체의 지원금, 또한 다국적 기업에서도 보조금을 받고 있죠. 엘 시스테마의 운영비용과 제반 투자비용의 90%를 베네수엘라 정부가 지원하고 있어요."

- 에두아르도 멘데스(엘 시스테마 행정부서의 총무부장)

초창기에는 열악한 재정과 부족한 교사로 인하여 프로그램 진행이 힘들었다. 그러나 이들은 포기하지 않았다. 카라카스를 중심으로 점차 다른 지역으로 프로그램을 확장시켜 나갔다. 도심의 빈민가부터 산속 시골까지 가리지 않았다. 아이들이 있는 곳이라면 어디든 바이올린을 메고 성큼성큼 그곳을 향해 떠났다. 엘 시스테마는 이렇듯 조용하지만 강하게 베네수엘라 곳곳으로 퍼져나갔고 드디어 필요성을 인정한 정부의 적극적인 지원을 받게 되었다.

재정적 어려움에도 포기 않고 신념으로 버텨낸 엘 시스테마의 실천자들, 그리고 그런 그들에게 아낌없는 지원으로 보답해주는 베네수엘라 정부, 이들 덕분에 아이들은 아무 걱정 없이 악기를 배울 수 있다. 국민 세금의 대부분이 별 필요도 없는 4대강 정비공사 기금으로 흘러가고, 무상급식 한번 하려고 해도 사회주의적 발상이라며 고개를 흔드는 우리나라 정권에 비하면 얼마나 멋진 정부인가.

엘 시스테마에 참여하는 아이들은 전국에 자리한 100여 개의 교육센터에서 기초 음악교육을 받는다. 2세에서 16세까지의 다양한 아이들이 매주 여섯 차례 모여 악기를 배우고 노래를 연습한다. 기초를 터득한 아이들은 새로 들어온 아이들을 가르친다. 아이들이 배우는 악기에 따라 파트가 나눠지고 자연스레 하나의 합주단이 완성된다. 친구들과 어우러져 하나의 음악을 연주하는 동안 아이들은 자신들이 혼자가 아니라 집단의 일원이라는 것을 깨닫게 된다.

"엘 시스테마는 거대한 하나의 가족입니다."
― 구스타보 두다멜(지휘자)

엘 시스테마를 통해 아이들은 갱의 일원이 아니라 거대한 음악가족의 일원으로 살아가게 된다. 엘 시스테마를 통해 만들어진 전국 200여 개의 오케스트라에서 자신들의 에너지를 마음껏 뿜는다. 기초교육을 이수한 학생들의 대다수는 본격적인 음악공부를 위해 매진한다. 몇몇은 더 깊은 공부를 위해 유럽의 음악대학으로 유학을 떠나기도 한다. 음악가가 된 이들은 밴드나 교향악단에서 연주활동을 하기도 하고 음악학교의 교사로 살아가기도 한다. 어떤 이들은 자신이 받은 혜택을 다시 돌려주기 위해 고향으로 돌아가 엘 시스테마 교사로 활동한다. 세계 최고의 차세대 지휘자인 구스타보 두다멜을 비롯한 1만5천 명 이상의 엘 시스테마 출신 음악가들이 자발적으로 자신의 고향에서 정기적으로 학생들을 지도하거나 아예 교사로 활동하고 있다.

"마약과 무기 밀매상 알콜중독자가 가득한 도시지만 저는 이곳을 떠날 수 없습니다. 조국은 나에게 변화를 선택할 기회를 준 곳이기 때문입니다."
― 구스타보 두다멜

세계적인 음악가들이 엘 시스테마를 통해 배출된다. 음악가의 길을 걷지 않는 아이들도 풍요로운 정서와 감성으로 살아가는 훌륭한 베네수엘라의 시민이 된다. 세계적인 음악가와 세계적인 시민들이 엘 시스테마를 통하여 배출되는 것이다. 이미 30만 명 이상의 어린이와 청소년들이 엘 시스테마의 혜택을 받고 있다. 6년 후엔 50만 명, 10년 후엔 백만 명이 목표란다. 음악의 정서로 무장된 백만 명의 젊은이들, 이들이 만들어갈 베네수엘라가 나는 너무너무 궁금하다. 그들 모두가 모여 뿜어내는 거대한 에너지가 베네수엘라를 어떻게 만들어 나갈지 벌써부터 기대된다.

우리식의 엘 시스테마가 가능할까?

다큐멘터리 엘 시스테마의 한 장면이 잊혀 지지 않는다. 구스타보 두다멜이 지휘하는 오케스트라 연주회는 클래식 공연이라는 선입관을 깨기라도 하듯 관객들이 쉴 새 없이 몸을 흔들고 춤추고 환호를 보냈다. 이들에게는 클래식도 신나고 즐겁게 즐길 수 있는 음악의 한 종류일 뿐이었다. 이들의 타고난 정서가 춤과 음악을 좋아하기도 하겠지만 엘 시스테마를 통하여 베네수엘라 전역에 음악예술의 대중화가 이루어졌다는 것은 틀림없는 사실이다. 이제 베네수엘라 국민이라면 누구나 쉽게 클래식을 즐길 수 있다. 세계무대에서 활동하는 초일류의 음악가들 대부분이 빈민가 출신의 아이들이다. 엘 시스테마를 통해 베네수엘라의 꿈을 잃은 아이들은 꿈을 꾸기 시작했고 국민들은 수준 높은 음악예술을 즐길 수 있게 만들었다.

그에 비해 우리나라는 어떠한가. 지금은 많이 좋아졌지만 여전히 클래식은 '교양 있는 사람들의 음악', '부자들의 음악'이라는 선입견이 강하다. 먹고 살기 바쁜 서민들이 비싼 돈을 내고 클래식 공연을 보러가기도 힘들지만 서민의 아이들이 클래식을 전공하는 것은 더더욱 힘들다. 값 비싼 악기와 레슨비 때문이다. 어린 시절에 악기를 배우기 시작해 꾸준히 레슨을 받고 음대에 들어간 후 유학까지 다녀오려면 많은 돈이 들어간다. 그 많은 돈을 쏟아 부어 전공을 하더라도 소수의 실력 있는 엘리트가 아닌 이상 음악으로 먹고 살기가 너무나 힘들다.(잡리스의 경우를 떠올려보라) 이런 이유로 대한민국에서 클래식 음악은 (능력 있는) 소수에서 소수로만 유통되는 고급 예술이 되어 높이 우뚝 서 있다. 최근에는 클래식 뿐 아니라 대중음악에서도 어린 시절부터 집중적인 투자를 쏟아 부은 아이들만이 '뜰 수 있는' 현상이 생겨나고 있다. 재능과 끼가 있어도 총알(돈)이 없으면 눈물을 머금고 '아이돌'을 포기할 수밖에 없는 상황이 생겨나는 것이다. 재능의 차이가 아닌 '있는 집'과 '없는 집'의 차이로 전공 여부가 결정되는 현실이다. 지금의 대한민국에서는 클래식 뿐 아니라 거의 모든 음악 예술에 대한 엘리트화가 이루어지고 있다. 평범한 서민들이 음악 예술에 접근할 수 있는 기회들이 가면 갈수록 없어지고 있는 것이다.

현재 라틴 아메리카의 대다수 나라들은 베네수엘라의 엘 시스테마 프로그램을 벤치마킹하여 자신들만의 독특한 예술교육 프로그램을 만들어가고 있다. 예술교육이 아이들의 정서를 얼마나 아름답게 만들어내는지 확실히 깨달은 것이다. 우리나라 또한 갈수록 심해지는 빈부격차와 광적일 정도의 교육열풍 때문에 아이들의 정서가 갈수록 피폐해 지고 있다. 남미처럼 총을 들고 다니지는 않지만 온라인 게임과 학원폭력을 통해 그들의 비뚤어진 에너지를 발산한다. 현 정부는 온라인게임을 못하게 만들 방안을 연구하거나 학원폭력을 저지르는 아이들을 엄중히 처벌하겠다고 큰소리를 치지만 그게 본질적 해결 방안은 아니다. 베네수엘라의 사례에서도 볼 수 있듯이 어려운 환경과 현실에 힘들어하는 아이들에게 양질의 예술교육을 받게 해주는 것이 매우 중요하다.

정부차원은 아니지만 민간 차원에서의 공공예술교육 프로그램이 우리나라에서도 꾸준히 진행되고 있다. 성격은 다르지만 하자센터의 '노리단'

> **하자센터**
> 1999년에 설립된 청소년 학습 공간이다. 센터장은 연세대학교 조한혜정 교수로 하자 작업장 학교라는 대안학교를 설립하고, 노리단이라는 사회적 기업을 발족시키는 등 대안교육의 다양한 실험을 해왔다.

같은 경우는 예술교육의 가능성을 보여준 대표적인 사례이다. 한국판 엘 시스테마를 이뤄내기 위해 수많은 예술 활동가들이 여러 지역에서 공공 음악교육 프로그램을 진행하고 있으며 자치단체에서도 점차 적극적으로 지원을 해나가고 있다.

"어깨를 움츠리던 아이들이 3개월 만에 눈빛이 달라졌어요. 이게 바로 음악의 힘이죠."
- 구로지역에서 취약계층 아이들에게
우쿨렐레를 가르치는 청년 사업단 관계자

국방예산과 4대강 공사 예산 때문에 무상급식 하나 제대로 못하는 우리나라에서 공공예술교육 프로그램이라는 정책은 너무나 먼 얘기, 뜬 구름 잡는 얘기일 수도 있다. 그러나 엘 시스테마의 사례를 통해 알 수 있듯이, 입시경쟁과 취업경쟁에 인생의 대부분을 소비해야만 하는 대한민국의 불쌍한(?) 아이들이 아름답고 풍요로운 정서를 지닌 훌륭한 시민으로 자라나길 원하는 진정한 시민들의 정부라면 반드시 우리식의 엘 시스테마가 필요하다. 엘 시스테마는 그저 음악을 가르치는 예술교육이 아닌 꿈과 희망과 사회관계를 가르치는 종합적인 인간교육이기 때문이다.

"우리의 사회 문제는 타 집단을 따돌리는데서 생긴다고 봅니다. 세상을 바라보면 어떤 형태의 따돌림이든 폭발하는 사회 문제에 대해 책임이 있음을 알게 되죠. 그래서 최대한 많은 사람을, 가능하면 모든 사람을 우리의 이 멋진 세계로 초대하려고 노력해야 합니다. 음악의 세계, 오케스트라와 노래, 예술의 세계로 말입니다."
- 호세 안토니오 아브레우 박사

쿠바의 '무상의료', 맨발의 환자를 향한 맨발의 의사들

―오세혁

8

가난이라는 단어를 비유할 때 가장 많이 쓰는 단어는 배고픔이다. '배고픈 가난을 경험해보지 않은 자 인생을 논하지 말라!'와 같은 문장들이 좋은 사례라 할 수 있다. 한국사회 역시 일제 식민지, 전쟁, 분단을 거치며 극심한 가난을 경험하였다. 초등학교 점심시간에 도시락을 싸오지 못해 수돗물로 배를 채웠다는 전설과도 같은 이야기는 지난 날 한국에서의 가난을 대변한다. 그러나 이제 OECD 가입국이 된 대한민국은 배고픔이 아니라 비만을 걱정하는 시대를 맞았다.

그렇다면 오늘날 대한민국에서 가난한 사람들이 가난한 자신의 처지를 절감하는 순간은 언제일까? 아마도 그 순간은 몸이 아파서 병원에 가야할 때일 것이다.

우리는 흔히 객지에서 혼자 몸이 아플 때가 가장 서럽다고 한다. 그만큼 의료문제는 우리의 생명과 직결된 문제인 동시에 빈부격차를 여실히 느끼는 영역이다. 전 세계에서 손꼽힐 만큼 잘되어 있다는 국민건강보험제도를 갖추고 있는 대한민국에서 왜 사람들은 병원에 갈 때마다 본인이 가난하다는 사실을 절감하는 것일까?

그것은 단적으로 의료보험제도가 있다 하더라도 의료비 자체가 워낙 비싸고 정작 국민들이 피부로 느끼는 의료보험 보장이 매우 낮기 때문이다. 현재 한국의 국민건강보험제도가 환자들의 의료비를 보장하는 비율은 약 64.6% 수준이다.

연도별 건강보험 보장률

(단위: %)

구 분	2005년	2006년	2007년
전체	61.8	64.3	64.6
암환자	66.1	71.0	71.5
고액환자	59.6	64.7	67.6
심장질환자	65.7	66.0	69.4
희귀성난치성질환자	71.1	72.1	74.2

자료 : 국민건강보험공단, 2009.

매년 국민건강보험의 보장성이 소폭이나마 확대되고 있지만 최근 국민들의 의료비는 이보다 훨씬 높은 수준으로 치솟고 있다. 2004년 이후 의료비는 평균 13%씩 상승한 결과 국민들은 모자라는 의료비를 보장받기 위해 국민건강보험만이 아니라 민간보험에 대거 가입하고 있는 현실이다. 상황이 이렇게 된 것은 현재의 국민건강보험제도가 국민들의 의료비 지출수준을 따라잡지 못하는 반면 병원들은 지나치게 의료수가를 올린 결과이다. 실제 대부분의 환자들은 의료보험이 적용되지 않는 치과치료나 병실료 등에서 큰 부담을 느끼고 있다.

한 설문조사에 따르면 국민들 중 약 40%는 병원비 부담 때문에 치료를 포기한 적이 있다고 답변했다.[1] 실로 놀라운 수치이다. 전 국민의 97%가 의료보험에 가입되어 있음에도 40%에 달하는 국민들이 병원비 부담으로 인해 치료를 중단하는 상황은 한국의 의료정책의 현실을 여실히 보여준다. 특히 급속히 고령화 사회로 돌입하고 있는 한국

---

[1] 2010년 공공노조 사회보험지부 설문조사(곽정숙 의원실).

의 현실은 국민들의 의료비 걱정을 더욱 가중시키고 있다. 이런 와중에 한국보다 몇십 배 가난한 나라가 전 국민에게 무상의료를 시행함은 물론 전 세계에 무상으로 의사들을 파견하여 수십만의 환자들을 치료하고 있다는 사실은 놀라움을 넘어 감동을 선사한다 이 감동의 주인공은 '맨발의 의사들'이라는 다큐멘터리로 한국에도 잘 알려진 무상의료의 나라 쿠바이다.

쿠바 무상의료정책

> 쿠바는 자주 사회주의에 의한 독립을 누리는 노동자의 국가로 정치적 자유의 향유, 개인적이고 집단적인 복지, 인류의 일치단결을 위하여 통일된 민주공화국의 형태로 공약과 공공으로서 조직되었다.
> —쿠바 헌법 제1조

> 모든 국민은 피부색, 성별, 종교, 국적에 관계없이 의료 혜택을 받을 권리가 있다.
> —쿠바 헌법 제43조

> 모든 국민은 무상 의료를 받을 권리가 있으며 국가는 국민들에게 무상 의료를 제공할 의무가 있다.
> —쿠바 헌법 제50조

위의 세 문장만으로도 쿠바의 무상의료정책에 대한 설명은 끝난다. 쿠바는 '개인적이고 집단적인 복지'를 추구하는 나라이고 피부색, 성별, 종교, 국적에 상관없이 무상의료를 제공받을 권리가 있는 나라라는 것이 헌법에 명시되어 있다. 전 세계가 감탄하는 쿠바의 무상의료정책이 가능한 이유는 단순하다. 무상의료정책이 건국이념 중 하나이기 때문이다.

맨발의 환자들로 가득했던 쿠바

쿠바가 해방되기 이전, 그러니까 미국의 지배 아래 놓여있던 시절에 쿠바의 토지 4분의 3은 미국인들의 소유였다. 그것이 가능 했던 이유는 쿠바 대통령의 4분의 3이 친미주의자거나, 독재자거나, 아예 미국인이었기 때문이다. 대부분의 학교, 병원, 회사는 미국인들의 소유였다. 쿠바 농민들은 허리가 부러지도록 사탕수수 농사를 지어도 밥은커녕 껍데기를 씹어 먹을 정도로 가난했다. 학교는 돈 많은 백인과 백인들에게 빌붙어 사는 쿠바인들의 자녀들만 갈 수 있었다. 그래서 농민의 자식들은 부모의 가난을 대대로 물려받았다. 대부분의 아이들은 신발 살 돈이 없어서 맨발로 걸어 다녔다. 맨발로 걸어 다니는 아이들의 대부분이 기생충에 감염되어 목숨을 잃었다. 기생충에 목숨을 잃을 지경에 처해도 병원에 갈 수 없어 그저 죽음을 기다려야만 했다.

당시의 쿠바는 가난이 당연하고 무식이 당연하며 죽음이 당연한 나라였다. 이런 나라에서 부유한 농장주의 아들이 있었다. 그 아이는 자기 친구들이 왜 맨발로 걸어 다니는지 궁금했고, 왜 맨발로 기생충에 감염되어 죽어갈 수밖에 없는지 궁금했다. 그는 친구들에게 자기 신발을 주었고, 자기 책과 교과서를 주었으며 종종 자기 집에 데려가 밥을 같이 먹었다. 나이를 먹을수록 그는 자기 신발, 자기 책, 자기 밥을 나눠주는 것만으론 근본적인 변화가 없다고 생각을 했고 쿠바 사회 자체를 바꾸겠다는 커다란 목표를 세우게 된다. 그의 이름이 바로 피델 카스트로였다. 한편 남미 전체를 여행하며 환자가 아닌 남미 전체를 치료하겠다고 결심한 젊은 의사 또한 피델을 찾아 왔다. 그의 이름은 에르네스토 게바라(일명 체 게바라)였다.

맨땅에 헤딩하듯 무상의료정책을 실시하다

쿠바 혁명의 성공 후, 가장 먼저 추진한 정책은 토지개혁, 무상교육, 무상의료였다. 특히 무상의료정책에 대한 관심은 각별했다. 쿠바 인구의 대부분은 농민들이었는데 미국 회사와 지주들의 착취로 인해 극심한 영양 부족과 질병에 시달리고 있었던 것이다. 혁명정책을 추진해 나가는데 있어 국민의 건강은 시급히 해결해야 할 문제였기 때문이다. 미국의 투자자들에게 넘어가던 쿠바의 재산이 무상의료 정책을 위해 쓰여지기 시작했다. 그러나 더욱 시급한 문제가 발생했다. 대부분의 의사들이 쿠바를 탈출해 미국으로 건너기 시작한 것이다. 혁명 이전, 큰 병원은 대부분은 미국 주주들의 투자를 받아 철저히 영리를 추구하는 기업이었고, 큰 병원에서 근무하는 의사들은 좋은 학교에 들어가 비싼 수업료를 지불하고 의사가 된 엘리트들이었다. 주주에게 있어 의료를 판매하여 이윤을 벌어들이는 것은 지극히 당연한 행위였고 의사에게 있어 의료행위를 통해 벌어들이는 거액의 연봉은 너무나 당연한 대가였다.

> **피델 카스트로**(Castro Ruz Fidel, 1926-)
> 쿠바의 혁명가이자 정치가. 1959년에 독재자 바티스타를 몰아내고 쿠바 혁명에 성공한다. 미국의 정치적, 경제적 종속을 거부하고 쿠바만의 독자적 사회주의 경제 노선을 걸어왔다. 그 과정에서 만들어진 쿠바의 유기농업과 무상의료 시스템은 전 세계가 주목하는 성과이다. 베네수엘라의 우고 차베스 대통령이 "나의 정치적 스승"이라 말할 정도로 남미의 혁명사에 큰 영향을 끼쳤다.
>
> **체 게바라**(Che Guevara, 1928-1967)
> 본명은 에르네스토 게바라. 아르헨티나에서 태어났다. 대학 시절 남미 전역을 여행하면서 미국과 독재자에게 착취당하는 남미 민중들의 현실을 깨닫는다. 피델 카스트로와 함께 쿠바 혁명을 성공시키고 산업부 장관과 국립은행 총재를 지냈지만 안주하지 않고 다른 나라의 혁명 수행을 위해 쿠바를 떠난다. 볼리비아의 혁명을 위해 게릴라 활동을 하던 중 CIA와 연계한 볼리비아군에 의해 목숨을 잃는다.

그런 그들의 입장에서 무상의료는 마른하늘에 날벼락 같은 소식이었다. 의료를 통한 이윤과 연봉을 포기해야만 하는 상황이 닥쳐온 것이다. 주주들은 돈 벌 수 없는 쿠바에서의 병원 사업을 중단했고 절반이 넘는 의사들도 돈을 벌 수 없는 쿠바를 미련 없이 떠났다. 쿠바라는 돈덩이를 잃어버린 미국은 보복차원에서 쿠바로 수출되는 모든 자원과 식량과 약품을 차단했다. 떠날 사람이 떠나고 들어올 약품이 안 들어오는 상황에서 쿠바의 환자들에게 남은 것은 3천 명 남짓한 의사들과 단 하나의 의과대학, 그리고 열여섯 명의 교수뿐이었다.

맨발의 의사들, 쿠바 전역을 치료하다

제한된 조건에서 명작이 탄생한다고 어느 감독이 말했듯이 아이러니하게도 쿠바의 무상의료 시스템은 가장 힘든 기간 동안 가장 많이 발전하게 된다. 가장 큰 관건은 의사와 장비와 약품이 절대적으로 모자란 상황에서 어떻게 하면 모든 국민들이 의료 혜택을 받게 만들 것인가 하는 문제였다. 우수한 젊은이들을 뽑아 의사로 키우는 일이 가장 시급하게 요구되었다. 6년의 교육 과정을 단 4년 만에 끝내기 위해 가공할 정도의 커리큘럼이 계획되었다. 예를 들어 4학년 수업을 오전에 듣고 5학년 수업을 오후에 듣는 식이었다. 배출된 의사들은 쿠바 전역으로 퍼져나가 환자들을 치료했다. 치료약이 부족했기 때문에 오히려 치료보다 예방에 주력했다. 각각의 의사가 각각의 구역을 맡아 예방과 치료를 책임지는 시스템이 확립되기 시작했다. 이것이 바로 쿠바의료의 핵심인 가정의家庭醫제도로 발전하게 된다.

가정의제도

가정의들은 보통 오전에는 병원에서 환자들을 치료하고 오후가 되면 자신의 구역 안에 있는 가정을 방문하여 그들의 건강을 체크한다. 구역마다 가정의 진료소가 있어서 그곳 주민들에 대한 건강문제를 상시적으로 체크할 수 있다. 보통 50가구 600명 정도를 맡아 관리하면서 치료와 예방 뿐 아니라 병을 유발하는 환경적 정서적 요인까지 체크하고 관리한다. 무슨 일을 하는지, 그 일에 따라 노출되는 질병이 무엇인지, 집의 위생 상태는 어떤지, 그 가족들의 식사 밸런스는 어떤지, 유전적으로 어떤 병에 많이 걸려왔는지를 철저히 체크함으로써 예상되는 질병에 미리 대비하는 것이다. 보통 질병이란 것이 작게 시작해서 큰 병으로 발전하는 것이기 때문에 상시적으로 체크해서 초기에 예방하면 큰 병까지 가지 않는다는 것이 가정의제도의 핵심 목표이다. 실제로 질병의 80% 정도는 이곳에서 해결된다.

> "가정의는 마치 가정의 목사님, 가정의 신부님과 같아요. 가정에서 일어나는 모든 일을 알아야 하기 때문이죠. 경제적 상황, 가족 간의 관계, 친척들 간의 관계, 모두요."
>
> — 맨발의 의사들 중

가정의제도로 인하여 환자는 의사를 믿고 의지할 수 있으며 의사는 환자의 상태를 속속들이 알며 치료할 수 있다. 가정의제도로 인하여 의사와 환자의 관계가 고객과 상인의 관계가 아니라 친구와 친구 같은 관계로 발전하게 된 것이다. 우리나라 같은 경우 환자의 상태를 컴퓨터의 데이터로만 판단하는 대형병원에서는 환자 한명 한명을 일일이 기억하지 못한다. 환자의 얼굴이 아닌 데이터를 보고 판단한다.

쿠바의 의료기관은 1차 가정의, 2차 지역진료소, 3차 종합병원으로 이루어져 있다. 웬만한 환자는 1차에서 해결되는데 병이 더 악화되어 1차에서 치료가 어려울 경우 2차로 지역진료소로 보내진다. 여기서도 치료가 어려울 경우에만 마지막으로 종합병원으로 보내지는 것이다. 병의 정도와 상태에 따라 3단계로 나뉘어 치료를 하기 때문에 효율적이고 체계적인 건강관리가 가능하다. 철저한 예방으로 발병 자체를 막고, 발병했을 경우 큰 병원에서 치료를 맡는 시스템인 것이다.(서울의 거대 병원에만 환자들이 몰리고 지방 병원은 파리만 날리는 우리나라 의료현실과 대비된다)

당연한 얘기겠지만 치료 과정에 들어가는 모든 비용은 무료이다. 모든 비용을 국가 예산으로 해결한다. 그 많은 환자들의 비용을 모두 책임지면 국가 재정이 흔들리는 것이 아니냐는 생각을 가지게 될지도 모르겠다.(무상의료정책에 반대하는 사람들이 가장 많이 하는 이야기이기도 하다) 보건의료노조가 주장하는 무상의료정책도 그런 반대 여론에 부딪힌다. 그렇다면 경제 규모가 우리나라의 반의 반도 안 되는 쿠바는 어떻게 무상의료정책을 유지해 나가고 있는 것일까?

첫 번째는 모든 의료시설과 장비가 국가의 소유라는 점이다. 주주들의 이윤을 챙겨주기 위해 병원이 수익을 낼 필요가 없다. 얘기인즉슨 사소한 감기에도 주사와 알약을 처방하지 않아도 된다는 말이다. 필요한 환자에게 필요한 만큼의 처방만을 하기 때문에 약품과 치료제를 낭비하지 않는다.

두 번째는(위에서도 얘기했던) 철저한 예방의학과 가정의 시스템이다. 식습관 개선과 아주 사소한 위생 상식들(토마토를 꼭 물에 씻으라든가 고기 말고 채소를 많이 먹으라든가 자기 전엔 꼭 손발을 씻으라든가)만으로도 대부분의 질병을 예방하고 관리할 수 있다는 것이 쿠바 의료진들의 확신이다. 예방이 가능하면 치료가 줄어든다. 병원비가 아까워 평생 병원 문턱에도 못 가보다가 중병에 걸려서야 부랴부랴 고액의 수술을 받는 것이 아니라 병 자체를 처음부터 발생하지 않게 하는 것이다. 가정의를 통한 철저한 예방이 무상의료 제도를 가능케 만드는 중요한 힘이다.

세 번째는 (여러 번 얘기했던) 국가의 건국이념이다. 건국이념 자체에 무상의료의 정신이 들어가 있기 때문에 국가 예산의 1순위를 의료비에 충당한다. 고물 전투기를 살 돈으로 MRI를 사고 병원을 짓는 것이다. 미국의 군사적, 경제적 봉쇄로 최악의 위기에 처했을 때도 쿠바는 국방비를 줄일지언정 의료비는 절대로 줄이지 않았다. 쿠바라는 나라의 존재 이유 중 하나가 바로 무상의료 정책이기 때문이다.

전 세계로 뻗어나가는 맨발의 의사들

인종과 성별에 관계없이 모두가 무상의료 혜택을 누릴 권리가 있다는 쿠바의 건국이념은 쿠바를 넘어 전 세계로 뻗어나가고 있다. 전쟁, 허리케인, 지진, 쓰나미, 전염병 등 도움의 손길이 필요한 모든 곳에 쿠바 의사들이 달려간다. 중남미에서 아프리카까지 쿠바의 의료 혜택은 공평하고 골고루 돌아간다. 지구촌 곳곳에서 수만 명의 쿠바의사가 의료 혜택을 펼치고 있다. 베네수엘라와의 '기적의 작전'을 통해 수천 명의 실명자들이 세상을 볼 수 있게 해주었고 최근에는 큰 지진이 발생한 아이티에 가장 먼저 달려간 것도 쿠바 의사들이었다. 지금까지 쿠바의 의사들이 전 세계를 돌아다니며 치료한 환자의 수는 수십만 명에 달한다. 우리에게 잘 알려져 있는 베트남전 사진에 나오는 여자아이를 치료했던 의사들도 바로 쿠바의사들이었다.

쿠바는 자신들의 나라에서 무상의료를 실천하는 것을 넘어서 전 세계를 대상으로 인간의 생명이 왜 중요하고 그것을 지키기 위해 이념과 국적을 넘어 인간이 무엇을 해야 하는지를 몸소 실천하고 있다. 어쩌면 가난한 나라 쿠바의 무상의료정책보다 더 훌륭한 것은 의료에 대한 그들의 철학과 자세일지도 모른다.

무상의료, 한국에서도 가능할까?

한국에서도 충분히 무상의료가 가능하다. 이미 한국은 전 국민의 97%가 국가가 운영하는 건강보험에 가입하고 있다. 국민건강보험제도는 많은 문제가 있지만 전 국민을 포함하고 있다는 측면에서 훌륭한 정책이다. 현재는 국민건강보험의 보장성이 약 65%에 못 미치지만 이것을 1단계로 90% 나아가 100%에 가깝게 끌어올린다면 그것이 곧 무상의료가 되는 것이다. 여기에 수익성만을 추구하는 대형병원이 아니라 주치의제도, 가정의제도를 도입하고 국공립의 1차 의료기관을 더 많이 설립해서 예방의료를 시행한다면 사실상 한국도 돈 걱정할 필요 없이 누구나 어디에서나 치료받을 수 있는 나라가 될 것이다.

일부에서는 국민건강보험제도로 쿠바처럼 모든 질병치료를 보장하고 의료서비스를 제공할 경우 보험료를 인상해야 하는데 이것이 기업들에게 큰 부담이 된다고 비판한다. 실제 건강보험료의 인상을 통해 국민건강보험의 보장성을 확대하는데 가장 크게 반대를 하고 있는 것이 기업들이다.

그러나 이는 매우 짧고 편협한 생각이다. 현재 한국은 약 4.2%의 보험료로 앞에서 언급했듯이 65%의 의료보장을 하고 있다. 4.2%의 보험료 중에서 기업이 부담하는 것은 2.1%이다. 즉, 기업의 입장에서는 고작 2.1%의 보험료를 부담하고 노동자들의 의료문제를 65%나

보장받고 있는 것이다. 국민건강보험제도를 통해서 노동자들의 건강과 의료문제를 보장하지 않으면 미국처럼 기업이 보장해주는 수밖에 없는데(아니면 아예 노동자들의 건강을 외면하던가) 이 경우 기업들의 부담은 더욱 커진다. 노동자들의 건강이 안정적으로 관리되고 치료되는 것은 중장기적으로 기업에도 이익이며 국가전체에도 큰 이익이 아닐 수 없다. 이런 측면에서 국민 전체의 의료혜택이 증가하고 무상의료가 실현된다면 그 정책의 최대 수혜자는 기업일지도 모른다. 무상의료는 오히려 경제발전의 큰 원동력이 될 수도 있다.

아플 때마다 가난을 후회하지 않는 사회를 위하여

집안에 한 사람이 중병을 앓으면 기둥뿌리가 흔들린다는 말이 있다. 가족 중 누군가가 아프다는 이야기를 들었을 때 치료를 생각하기보다 돈을 먼저 걱정해야 하는 사회는 살만한 사회가 아니다. 그런 면에서 대한민국은 살만하지 못하다. 국민들이 아플 때마다 가난을 걱정해야 하고 가난한 집안에서 태어난 것을 탓해야 하는 사회를 벗어나야 한다. 그러기 위해서라도 우리는 세계에서 가장 가난한 나라지만 아플 때만큼은 가난한 나라에 태어난 것을 후회하지 않도록 만드는 쿠바의 무상의료정책에 보다 많은 관심을 기울일 필요가 있다.

투기자본의
세상을 바꾸는 정책들
: 통제되지 않는 자본은 악惡이다

123
456

123
456

'토빈세',
고삐 풀린 투기자본을 통제하라!
―이대원

직무정지 당한 KB금융지주 회장

2009년 9월 25일 황영기 KB금융지주 회장이 예금보험공사로부터 직무정지 상당이라는 징계를 받았다. 예금보험공사로부터 징계를 받기 전인 9월 9일 금융위원회로부터도 직무정지 상당의 징계를 받았다. 직무정지가 아니라 직무정지 상당인 것은 우리은행장일 때의 과실이 문제였기 때문이다. 당시 황영기 회장은 이미 우리은행장을 그만 둔 상태였기 때문에 실제 직무정지를 내릴 수는 없었기 때문이다. 직무정지보다 한 단계 위 제재인 해임도 현직을 떠난 상태면 해임 상당이란 징계가 된다. 금융 감독당국으로부터 직무정지라는 징계를 받으면 직무정지 종료일로부터 4년간 금융기관 임원으로 선출될 자격을 잃게 된다.

황영기 회장은 결국 금융위원회로부터 징계를 받은 후 20일이 지난 9월 29일에 자진 사퇴했다. 이 날은 KB금융지주가 출범한 지 1주년이 되는 날이었다.

삼성증권 사장 출신인 황영기 전 회장은 사실상 정부 소유인 우리금융지주의 회장 겸 우리은행장으로 2004년에 발탁되어 줄곧 금융계의 화제를 몰고 다닌 이른바 스타급 CEO였다. 이런 그가 금융인으로서 사형선고와 같은 직무정지를 받고 결국 자진 사퇴를 할 수밖에 없었던 이유는 무엇일까.

징계의 사유는 이렇다. 황영기 회장은 우리은행장 재임 기간인 2005부터 2007년 사이에 부채담보부증권(CDO : Collateralized Debt Obligation)과 신용부도스와프(CDS : Credit default swap) 등 파생상품에 16억 달러 이상을 투자해 1조원 이상의 손실을 내 금융 감독기관으로부터 직무정지 상당의 징계를 받은 것이다.

CDO란 서브프라임 모기지 등을 기초자산으로 해서 이를 위험도별로 분류해 유동화한 채권이다. 엄청난 고수익을 올릴 수 있지만 기초자산 가격 즉, 부동산 가격이 하락하면 손실을 고위험 채권부터 전액 떠안게 된다. CDS는 모기지 관련 채권의 손실이 발생할 경우 원금을 보장해 주는 일종의 보험상품인데 골드만삭스와 시티은행 등이 모기지 시장의 위험을 회피하기 위해 내놓은 CDS를 우리은행이 받은 것이다. 쉽게 말해 우리은행이 골드만삭스와 시티은행에서 채권손실을 보장하겠다는 보험상품을 받은 것이다. 이 경우 우리은행은 위험 보장에 대한 수수료를 받지만 이들이 투자한 고위험 모기지 채권의 가치가 하락할 경우 원금을 전액 보상해 줘야 한다. 보증수수료는 채권 판매 금액의 0.5% 정도인데 이를 받기 위해 우리은행이 무리한 투자를 한 것이다.

우리은행은 CDO와 CDS에 총 15억8천만 달러(당시 환율로 약 1조 8000억 원)를 투자했다. 하지만 2007년 하반기부터 시작된 미국 모기지 시장의 붕괴로 인해 우리은행은 엄청난 손실을 보게 된다. 투자한

부채담보부증권
(CDO, Collateralized Debt Obligation)
부채의 성격을 갖는 금융자산, 예를 들면 대출이나 채권에서 나오는 원금과 이자를 기초로 만든 금융상품(파생상품)들의 묶음. 부동산 소유자가 부동산을 담보로 은행에서 대출을 받으면 은행은 채무자로부터 원금과 이자를 받는데 이 원금과 이자를 기초자산으로 새로운 채권을 발행할 수 있다.

신용부도스와프
(CDS, Credit Default Swap)
자산(주식, 채권, 부동산 등)의 가치가 폭락 혹은 부도가 발생하여 원금을 돌려받지 못할 경우에 대비한 신용파생상품으로 우리가 아는 보험상품과 비슷하다.

금액 중 90%에 해당하는 1조6200억 원의 손실을 입었다. 고위험 CDO에 투자한 자금은 원금 손실이 계속 발생하고 다른 금융기관에 대해 손실 보장(CDS)한 것에 대해서는 원금을 대신 물어줘야 했다.

2008년 3월 16일, 당시 자산 규모로 미국 5위 투자은행이었던 베어스턴스가 과잉차입과 무리한 투자로 인해 결국 유동성 위기를 겪고 상업은행인 JP 모건 체이스에 인수되었다. 또한 반년 후인 2008년 9월 15일에는 자산 규모 4위의 투자은행인 리먼 브라더스가 약 6000억 달러에 이르는 부채를 감당하지 못하고 파산신청을 하였다. 같은 날 자산규모 3위의 투자은행 메릴린치마저 부실채권으로 인해 파산하여 뱅크오브아메리카(Bank of America)에 인수되었다.

미국에서 시작된 금융위기는 단순히 미국의 위기로 끝나지 않았다. 한국 그 피해가 미국만큼 크지는 않았지만 위에서 말한 우리은행의 경우처럼 위기를 감지하지 못하고 외형만을 키우는 경영전략과 관리감독의 부재로 큰 손실을 본 것도 사실이다.

신자유주의 금융세계화와 위기의 증폭

소위 말하는 신자유주의 금융 세계화는 전 세계를 하나의 금융망으로 연결해 놓았다. 따라서 국제적인 금융망 자체를 없애지 않는 한 이러한 금융체제에서 벗어나기는 어려운게 현실이다. 하지만 자본이 너무 쉽게 아무런 규제 없이 국경을 넘을 때, 그것이 새로운 가치를 만들어내는 것이 아니라 오히려 새로운 위기를 가져오고 있다는 현실은 금융 세계화의 어두운 단면을 보여주고 있다.

이러한 위기를 아무도 모르고 있었던 것이 아니다. 선전국들은 금융 세계화를 통해 막대한 이윤을 보고 있는 상황에서도 부정적 측면을 알고 있었다.

미국에서 1933년에 제정된 글래스-스티걸법은 이런 취지에서 만들어졌다. 이 법은 상업은행에 관한 법률로써, 공식명칭은 1933년 은행법(Banking Act of 1933)이지만 제안 의원의 명칭을 따서 글래스-스티걸법이라고 불린다. 글래스-스티걸법의 제정은 미국 대공황의 경험으로부터 비롯되었다. 1929년 대공황이 발생하자 그 원인 가운데 하나로 상업은행의 방만한 경영과 이에 대한 규제 장치가 없었다는 점이 지적되면서, 은행들이 위험도가 높은 증권관련 거래를 하지 못하도록 상업은행과 투자은행의 업무를 엄격하게 분리한 것이 글래스-스티걸법의 핵심이다.

글래스-스티컬법의 주요 내용은 은행 지점망의 재조정, 연방예금보험제도의 창설, 예금 금리의 상한 설정, 연방준비제도의 강화, 투자은행 업무로부터의 완전 분리 등이었다. 특히 기업이 발행하는 유가증권의 인수(underwriting) 등의 증권관련 업무는 투자은행에만 한정되고 상업은행에 대해서는 일체 금지되었으며, 상업은행과 투자은행 간의 자본관계와 인적관계는 완전히 분리되었다. 당시 유력한 은행이자 증권사였던 JP 모건의 증권 분야가 모건 스탠리로 독립될 수밖에 없었던 것도 바로 이 법 때문이었다. 이후 1999년까지 미국의 금융권은 상업은행과 투자은행으로 분리되어 각각의 고유 업무에만 종사하도록 규제되었다.

하지만 글래스-스티걸법은 1999년 11월 12일 그램-리치-블라일리법(Gramm Leach Bliley Act : GLBA)이 통과되면서 무력화되었다. 월가의 금융규제 완화 요구, 금융백화점 창설을 노린 시티그룹의 로비 등을 계기로 글래스-스티걸법이 폐지되면서 상업은행의 증권업 겸업이 다시 허용된 것이다.

글래스-스티걸법 하나가 무력화되었다고 2008년 금융위기가 온 것은 아니다. 하지만 이러한 상업은행과 투자은행의 겸업 허용은 투자은행이 낮은 기회비용으로 상업은행으로부터 막대한 금액을 차입하고 이를 위험자산에 투자할 수 있도록 만들었다. 그 결과 투자은행이 부실화되면 이 위험이 고스란히 상업은행으로 전이될 수밖에 없는 구조를 가지게 되었다.

결국 아무런 규제 없이 이동하는 자본은 가치창출의 원천이 아니라 위험 창출의 원인으로 작용하고 있다. 2008년 금융위기 이후 많은 나라에서 금융규제에 대해 모색하고 있는 것은 바로 이 때문이다.

금융거래세로 투기거래를 억제하는 토빈세

세계적인 금융위기를 통해 각국이 공히 인정하는 것은 금융시장에서 투기적 거래를 금지 혹은 제어할 수 있는 제도적 장치의 필요성이다.

국제결제은행(BIS)에 따르면 2007년 기준 세계 외환거래 규모는 연간 802조 5,000억 달러에 달한다고 한다. 반면 2006년 세계 상품 수출액은 12조 달러에 불과하다. 이를 감안하면 외환거래 가운데 1.5%만이 실물거래와 연결되어 있고 나머지 98.5%는 순수하게 금융부문 내에서 이윤을 쫓아 움직이는 투기자금인 셈이다.[2]

---

2 신장섭, 「한국경제, 패러다임을 바꿔라」, 2008.

일일 국제외환거래 규모

(단위: 십억 달러)

	1992	1995	1998	2001	2004
연간국제외환거래액(A)	220,000	347,500	466,250	443,750	770,000
연간전세계수출액(B)	3,701	5,129	5,449	6,129	7,446
B/A(%)	1.7	1.5	1.2	1.4	1.0

출처 : 국제결제은행(BIS)

위 표에서도 알 수 있듯이 1990년대 들어 외환거래액은 양적으로 계속 늘어나고 있다. 문제는 실물거래와 관계없는 거래가 금융거래의 대부분을 차지하고 있다는 것이다. 물론 이 금융거래의 모두가 투기거래라고 할 수는 없다. 하지만 2008년 금융위기는 실물거래와 관계없는 외환거래가 대부분일 때, 투기자본에 의해 한 국가의 금융시장이 마비되고 결국 나라 경제 전체가 붕괴할 수 있음을 보여준다. 경제주권은 각국이 독자적인 장, 단기 경제정책을 세울 수 있을 때 가능한데 투기자본에 의해 엉망이 될 수도 있다는 뜻이다.

이런 조건에서 등장한 것이 토빈세(Tobin tax)다. 1970년 초 미국의 경제학자 제임스 토빈(James Tobin)이 글로벌 외환 투기세력 억제를 목적으로 주요한 모든 국가들에 일반적으로 적용될 수 있는 금융거래세를 제안하였다. 통화가치변동을 일으킬 수 있는 단기성 외환거래에 대해 거래규모의 일정 비율(0.5~1.0% 정도)을 세금으로 부과하자는 것이다. 이를 제안한 제임스 토빈의 이름을 따서 토빈세라고 부른다.

토빈세 제안 배경은 이렇다. 2차 세계대전 이후 세계 금융시스템은 1944년 미국의 뉴햄프셔주의 작은 마을인 브레턴우즈에서 개최된 44개국

국제결제은행
(BIS, Bank for International Settlements)
1차 세계대전 후인 1930년 독일의 패전국 배상문제를 처리하기 위해 주요 당사국들의 공동출자로 스위스 바젤에 설립되었다. 각국 중앙은행들 사이의 조정을 위한 국제기관. 본부는 스위스 바젤에 있고 홍콩과 멕시코시티에 지부를 두고 있다.

제임스 토빈(James Tobin, 1918-2002)
1981년 노벨경제학상 수상자. 토빈은 1971년, 국제 투기자본들의 급격한 유출입으로 각국의 통화 가치가 심하게 변동하는 것을 막기 위해 외환거래에 세금을 부과하자고 주장하였다. 이 세금을 토빈이 제안했다고 하여 토빈세라고 부른다.

대표회의에서 결의한 브레턴우즈체제였다. 브레턴우즈체제는 미국이 보유한 금(1, 2차 세계대전을 통해 미국은 전 세계 금의 70% 이상을 보유하고 있었음)과 각국의 보유 달러(지금으로 말하면 외환보유고)를 일정 비율로 교환하는 금환본위제였다. 금 1온스(약 28.3그램) 당 35달러로 교환하는 조건이었다.

하지만 1970년대 초 가중되는 무역적자와 재정적자로 인해 미국 경제가 어려워지고 달러의 가치가 떨어지자 각국에서는 서둘러 금태환을 요구했다. 결국 1971년 8월 미국의 리처드 닉슨 대통령은 금태환 중지를 선언한다. 이로써 브레턴우즈체제는 그 생명을 다 하게 된다. 이후 각국은 고정환율제도(달러에 자국 통화를 연동시키는 제도)를 포기하게 된다. 이런 상황에서 토빈은 국제통화안정을 위한 새로운 시스템 구축과 환율 안정을 목표로 토빈세를 제기했던 것이다.

토빈 자신은 이를 "국제 금융의 바퀴에 모래를 조금 뿌리는 행위"라고 했다. 최선은 아니더라도 각국이 자국 경제 여건에 부합하는 독립적인 정책 운용 여지를 확보하기 위함이다.

이후 스판(Spahn, 1996)은 토빈이 제안한 저율의 세금 부과가 투기성 자본의 이동을 억제하는데 효과적이지 않을 수 있음을 지적하고, 대안으로 업그레이드된 토빈세 즉, 2단계 토빈세(Two-tier Tobin tax)를 제안하기도 했다. 이는 외환시장이 안정된 평상시에는 낮은 세율을 적용하고, 환율 변동이 심한 시기에는 투기적 외환거래를 효과적으로 억제할 수 있도록 높은 세율을 적용하자는 것이다. 이를 스판세(Spahn tax)라고도 한다. 실제 벨기에는 2006년 7월 이 제도를 도입하기도 했다. 투기자본이 일정기간 동안 정해진 환율변동폭을 초과할 경우 그 자본거래의 80%를 징수하는 이중외환거래세

> **브레턴우즈체제**(Bretton Woods system)
> 2차 세계대전 종전 직전인 1944년 미국 뉴햄프셔 주의 브레턴우즈라는 작은 마을에서 44개국 대표가 모여 합의한 국제적 통화제도. 전 세계 금의 70% 이상을 미국이 보유하고 있는 상황에서 미국의 달러화를 기축통화로 하고 달러로만 금을 바꿀 수 있게 한 금환본위제도이다.
>
> **금태환 중지 선언**
> 1971년 미국의 대통령이었던 닉슨이 달러화의 가치 하락으로 인해 금태환이 계속되고 미국의 금 보유고가 줄어듦에 따라 일방적으로 금태환을 중지하겠다고 선언한다. 미국의 국제수지 적자가 누적되면서 달러가의 가치 하락함에 따라 금 1온스의 35달러 태환비율이 붕괴되었다.

방식이다. 이는 기존의 토빈세가 낮은 세율로 인해 대형투기자본의 공격에 효과적으로 대응하기 힘들다는 단점을 보완한 것이다.

스판세는 기본적으로 투기적 자본이동을 억제하기 위해 외환거래나 외환보유의 기회비용을 높여한다는 점에서는 토빈세와 동일하다. 하지만 토빈세는 약점이 있다. 만약 이 제도를 전 세계적으로 동시에 실시하지 않고 몇몇의 국가만 시행하면 투기자본이 세금이 없는 지역으로 이동할 것이기 때문이다. 그렇기 때문에 앞서 말한 벨기에의 경우도 금융거래세를 유럽연합의 모든 국가가 도입할 경우 실시하겠다는 조건을 달았다. 또한 시장주의자들은 이 제도가 금융시장의 유동성을 훼손함으로써 환율이나 금융자산의 가격 불안을 가져올 수 있다고 주장하기도 한다. 스웨덴의 경우 토빈세를 본떠 1980년대에 증권거래세를 도입한바 있다. 하지만 이로 인해 증권거래가 위축되자 1991년 포기할 수밖에 없었다.

토빈세의 약점이라고 지적되는 부분은 어쩌면 금융 세계화를 주창하는 자들의 엄살이거나 구차한 변명일지도 모른다. 금융부분의 팽창이 고용증대나 소득과 소비 향상에 그리 큰 기여를 하지 못하고 있다는 사실을 보아도 이는 분명하다. 외려 신자유주의 금융 세계화는 항시적인 불안과 단기이윤만을 쫓으며 구조조정, 사회복지 축소, 심지어 한 나라의 경제주권 마저 위협하고 있다. 토빈세에 대한 격렬한 비판 혹은 반대는 토빈세 자체가 더욱 강력한 금융규제, 나아가 자본통제의 길을 열 것이라 판단하기 때문이다.

토빈세의 새로운 부상

투기자본의 무차별 이동을 규제하는 토빈세는 2008년 금융위기 이후 새로운 국면을 맞이했다. 전 세계를 강타한 금융위기의 본질이 탐욕에 눈 먼 투기자본에 있다는 사실이 분명해 진 가운데 각국은 지난 30년 동안 이론적으로만, 혹은 몇몇 지역에서만 실험되었던 토빈세를 부활시키고 있다.

영국 금융감독청의 어데어 터너 의장은 지난 2009년 8월 27일 Prospect Magazine과의 인터뷰에서 은행업계의 과도한 성과연동 보수체계에 대한 규제방안으로 토빈세의 부활을 제안했다. 과도한 성과연동 보수체계가 단기실적 중심, 과도한 투기거래를 양상하고 있다는 판단 때문이다. 만약 토빈세가 도입된다면 은행의 불필요한 자금거래(예대마진을 제외한 이윤을 위한 거래, 아마도 투기거래)가 줄어들게 만들 수 있다는 것이다.

또한 니콜라 사르코지 프랑스 대통령이 주축이 되어 G20 정상 공동 명의로 IMF에 토빈세 도입을 위한 연구, 검토를 요청했다. 앙겔라 메르켈 독일 총리 역시 이 입장에 동조하고 있다. 고든 브라운 영국 총리도 2009년 11월 스코틀랜드에서 열린 G20 회의에서 은행의 방만한 영업활동으로부터 각국 경제를 보호하기 위해 토빈세를 도입할 수 있다고 하면서 터너 의장의 의견에 동조했다.

이에 IMF는 2010년 6월까지 그 결과를 보고할 계획이다. 나아가 최근 프랑스, 독일 등 유럽을 중심으로 세계 12개국 각료들은 토빈세 도입 문제를 연구할 전문가위원회 구성에 합의했다. 이들의 문제의식은 모든 금융거래에 0.005% 세금을 부과해 개발원조 자금을 연간 450억 달러 조성하자는 것이다. 베르나르 쿠슈네르 프랑스 외무장관은 "0.005%만으로도 해마다 300억 유로(약 50조원)를 거둘 수 있다"며 이 자금을 저개발국에 지원하자고 제안했다.

G20(Group of 20)
주요 20개국이라고 표현된다. 경제 선진국이라 불리던 G7과 유럽연합(EU) 의장국에 주요 신흥시장국 12개를 더한 국가들의 모임. 오는 2010년 11월 G20 정상회의가 회담 의장국인 한국에서 개최된다.

국제시장의 외환거래액 및 토빈세 예상 세수
(단위: 십억 달러)

연도	1992	1995	1998	2001	2004	2007
1일평균외환거래량	394	494	568	387	631	1,005
예상 세수(0.1% 세율 적용)	98.5	123.5	142.0	96.8	157.8	251.3
예상 세수(0.05% 세율 적용)	49.3	61.8	71.0	48.4	78.9	125.6

출처 : 국제결제은행(BIS), Triennial Central Bank Survey, 2007

    세율이 너무 낮다는 비판도 있지만 신자유주의 금융 세계화의 진척에 따라 하이에나처럼 달려드는 투기자본을 규제한다는 측면에서 진전임에 분명하다. 사실 금융위기 이전에는 세금을 통한 금융규제, 자본통제에 대한 주장은 씨알도 안 먹히는 상황이었기 때문에 어떻게 보면 대단한 변화라고도 할 수 있다. 그 만큼 전 세계가 위기를 심각하게 인식하고 있다는 반증이다.

    실제 2009년 11월 브라질 정부는 헤알화의 지나친 강세를 막기 위해 자국으로 유입되는 미국 달러화에 대해 금융거래세 즉, 토빈세를 부과하기로 결정했다. 브라질 정부는 단기성 달러화의 자금 유입에 대해 금융거래세 2%를 부과하기로 하였다.

    브라질은 1990년대 초반에 이미 토빈세를 도입한 적이 있다. 1990년대 경상수지 적자폭이 커지고 외채가 급등하는 상황에서 브라질은 1993년 국제적인 자본이동에 대해 금융거래세를 도입했다. 5년 미만 해외차입은 수입액의 3%, 고정수입을 가져오는 외국인 투자는 투자액의 5% 세율을 정했다. 이후 브라질은 외환시장 상황에 따라 금융거래세를 탄력적으로 운영하고 있다.

    사실 토빈세 논의는 수십 년 동안 이어져 왔다. 1995년에는 미국의 반대에도 불구하고 G7 회담의 의제로 상정되기도 했다. 유럽 각국에서는 토빈세 도입운동을 목적으로 국제금융과세연대(ATTAC)

G7(Group of 7)
서방 선진 7개국으로 표현된다. 1975년 미국, 서독, 영국, 이탈리아, 일본 등 서방 선진 6개국의 모임으로 시작하였고 1976년 캐나다가 추가되어 서방 선진 7개국 정상회담이라는 방식으로 유지되었다.

가 결성되기도 했다.

미국의 금융위기책임분담금

"우리는 우리의 돈을 돌려받고 싶고, 그렇게 하려고 한다. 미국인이 월가에 제공한 예외적 지원에 대해 완전히 보상받을 때까지 주요 금융회사에 대해 금융위기책임세를 제안하는 이유다. 월가의 금융회사들이 막대한 보너스를 줄 만큼 자금 여력이 있다면, 그들은 확실히 납세자들이 지원한 모든 돈 또한 돌려줄 수 있는 상황이다."

미국의 버락 오바마 대통령이 2010년 1월 14일 금융위기책임세(Financial Crisis Reaponsibility Fee)를 부과하겠다고 선언한 내용이다. 또한 얼마 후인 21일에는 금융개혁법안을 발표하였다.

"우리는 거대 금융기업들이 감독을 받지 않으면서 CDS나 다른 파생금융상품과 같은 위험한 금융상품을 거래할 수 있는 개구멍을 막으려고 합니다. 금융 붕괴를 초래할 수 있는 시스템 리스크를 규명하려는 것입니다. 시스템을 보다 안정적으로 만들기 위해 자본과 유동성 요구를 강화하려는 것입니다. 그리고 여하한의 대형 기업의 실패가 전체 경제를 함께 망치지 않게 하려는 것입니다. 다시는 미국의 납세자들이 너무 커서 망하지 않는(too big to fail, 이른바 대마불사(大馬不死)) 은행의 볼모가 되게 하지 않겠습니다."
— 1월 21일 금융개혁안 발표 내용 중

상업은행과 투자은행들의 무분별한 투기행각에 제동을 걸겠다는 것이다. 위험한 파생상품 거래를 막고, 대마불사라는 신화를 믿고 날뛰는 금융자본을 규제하겠다는 것이다. 이를 위한 시작으로 금융위기책임세를 내라는 것이다. 일종의 분담금인데 정부가 너희를 구해

줬으니 이젠 그 돈을 갚으라는 이야기다.

주요 금융회사별 연간 금융위기책임세 부담액(추정)

(단위: 억 달러)

구분	JP 모건	시티그룹	Bank of America	골드만삭스	모건스탠리	웰스파고
월스트리트저널 추정	24.6	24.3	23.6	12.1	1.04	10.1
구제금융 지원액	250	450	450	100	100	250
금융위기책임 분담금	250	450	450	100	100	250

출처 : 여경훈, 「오바마 행정부의 '금융위기책임세'」, 새사연, 2010.

금융위기를 초래한 주범은 월스트리트 대형 금융회사, 특히 5대 투자은행이다. 이들이 초래한 금융위기는 실물경제로 전이되어 실업률은 10%대로 치솟고 전 세계 경제는 침체되었다. 이들은 정부, 중앙은행 등으로부터 막대한 지원을 받고 금융위기 이전으로 회복하였고 이윤마저 엄청나게 얻었다. 하지만 세계 경제와 미국 경제는 여전히 암흑 속이다. 월스트리트가 책임을 분담해야 하는 건 당연하다. 오바마 대통령은 미국에 초래한 위험만을 분담하려고 하지만 미국발 금융위기가 세계 경제 전반에 끼친 악영향을 생각한다면 이들은 전 세계 각국을 상대로 책임을 분담해야 한다. 미국이 토빈세에 적극 참여해야 하는 이유다. 아직 미국은 토빈세에 대해 회의적이다. 미국은 토빈세가 더 강력한 금융규제와 자본통제의 단초가 될 수 있다는 두려움 때문에 주저하고 있다. 하지만 미국 경제가 세계 경제에 준 심각한 타격을 감안한다면 토빈세를 적극 수용해야 하는 건 선택 사항이 아닌 의무이다.

토빈세는 시작일 뿐

　금융규제라면 자다가도 일어날 국제통화기금의 도미니크 스트로스 칸 총재는 2009년 11월 파이낸셜타임스와의 인터뷰에서 "자본통제가 지옥에서 온 것은 아니다"며 자본통제에 대해 이전과는 다른 입장을 보였다. 그 만큼 투기자본들의 문제가 심각하다는 것이다.
　토빈세가 세상을 바꾸는 정책이 아닐 수도 있다. 클릭 몇 번으로 돈이 손쉽게 오고가는 시대에 완벽한 금융통제는 불가능한 일이라 여겨지기도 한다. 또한 세계적으로 연결된 금융만이 우리의 삶을 좀 더 편리하게 만들어 준 점도 부정할 수는 없다. 하지만 기술의 진보와 생활의 편리함은 어디까지나 이 세계를 구성하는 요소들이 파괴되지 않고 공존할 수 있는 범위에서만 유효하다. 투기자본들에게 토빈세를 물리고 금융통제, 자본통제를 해야 하는 이유는 우리가 지구에서 살아남기 위해서다.
　세상을 바꾸는 정책은 대부분 위기 속에서 등장하는 법이다. 위기를 극복하는 것 뿐만 아니라 위기의 근원을 해결하기 위한 것이 바로 세상을 바꾸는 정책이다. 그런 의미에서 토빈세는 세상을 바꾸는 시작일 뿐이다. 더 효율적인 금융개혁과 통제를 위한 징검다리라는 뜻이다. 이 시점에서 토빈세를 두려워한다면 투기자본, 금융자본은 향후 더 큰 위험을 초래할 수도 있다.

'외화가변예치금제도와 환율바스켓제도', 외환위기의 공포로부터 벗어나기 위해

―이대원

10

환율변동으로 흑자도산한 중소기업의 사연

2009년 9월 16일 태산LCD는 서울중앙지방법원 파산부에 회사 정상화를 위해 회생절차개시 신청과 재산보전 신청 및 포괄적금지명령 신청을 냈다. 회생절차개시란 법정관리와 같은 의미이다. 2009년 1월 10일 쌍용자동차가 유동성 위기로 법정관리 신청을 한 것과 동일한 것이다. 설립한 지 25년 된 태산LCD는 LCD 광원장치인 백라이트유닛(BLU)을 만들어 주로 삼성전자에 납품하는 업체였다. 당해년 상반기에 매출 3,441억 원, 영업이익은 전년도인 2007년 상반기에 비해 8배가 넘는 114억 원을 기록하는 등 장래가 촉망받는 중소기업이었다.

그럼에도 태산LCD는 왜 법정관리에 들어갈 수밖에 없었을까. 태산LCD는 매출이 수천억 원이고 영업이익도 100억 원이 넘었다. 즉, 매출액과 영업이익이 꾸준히 성장세에 있었음에도 도산할 수밖에 없었던 이 기업의 기구한 사연은 무엇이었을까. 문제는 외환시장의 불안정성과 환율 널뛰기에 있었다.

그렇다면 환율과 중소기업의 관계에 대해서 간단히 알아보자. 태산LCD가 제품을 만들어 1000원 판다고 가정하자. 이 1000원에는 제품의 원자재와 노동자들의 임금, 이윤까지 포함되어 있다. 이 제품의 원자재가 수입물품이 아니라면 한국에서는 환율과 상관없이 시장에서 1000원에 팔면 된다. 시장의 수요와 공급에 의해 공급물량과 상품가격을 조절하면 된다. 하지만 미국에 수출한다면 사정이 달라진다. 수출한 당시 환율이 1달러에 1000원이었다면 태산LCD는 이 제품을 1달러에 미국시장에서 팔면 된다. 환율의 변화가 없다면 상품을 팔고 받은 1달러를 다시 환전하면 1000원이 생긴다. 아무런 문제가 없다. 하지만 상품을 팔 당시에는 1달러에 1000원이었는데 그 이후 환율이 변하여 1달러에 900원이 되었다면, 태산LCD는 1000원 가치의 상품을 팔았지만 얻은 돈은 900원밖에 되지 않아 손해를 보게 된다. 즉, 환율이 떨어지면(원화 평가절상) 수출업체에게는 환차손이 발생하는 것이다. 이런 이유로 수출업체들은 환율 변화에 깊은 관심을 보일 수밖에 없다.

문제는 환율 변동을 도무지 가늠할 수 없거나 변동폭이 너무 클 때이다. 환율이 떨어져 환차손이 생길 위험에서 벗어나기 위해 수출업체들은 환헤지(환차손이라는 위험을 회피) 상품에 가입한다. 대표적인 것이 바로 KIKO인데 태산LCD가 흑자임에도 도산했던 이유는 바로 이 KIKO라는 환헤지 파생상품 때문이다. 이 상품에 대해서 조금만 더 알아보면 아래와 같다.

KIKO라는 파생상품은 'Knock-In Knock-Out'의 줄임말이다. 위의 예처럼 수출업체의 경우 환율이 떨어지면 가만히 앉아서 손해를 보기 때문에 이를 걱정하는 기업들은 손해를 보지 않기 위해 환헤지를 한다. 방법은 환율이 떨어지기 전에 미리 달러를 팔아버리는 것이다. 이를 통화선도

> **환헤지**(換 Hedge)
> 외환(換)과 헤지(hedge, 손실, 위험 등에 대한 방지책)의 결합어이다. 외환거래 시 환율의 변동에 따라 환차익 혹은 환차손이 발생할 수 있는데 이런 위험(리스크)을 사전에 방지하는 것을 환헤지라 한다. 이런 경우를 대비하고자 수출기업들은 수출 대금을 미리 약정된 환율로 파는 통화선도거래를 많이 하는 편이다.

> **선도거래**(先物去來, Forward contract)
> 향후 시장 동향에 대한 예측을 바탕으로 현 시점에서 특정 상품의 미래의 가격을 미리 결정하여 거래하는 것이다. 선도거래의 대상은 원유, 곡물 등의 유형상품으로부터 현재는 금리, 통화, 주식, 채권 등 금융상품으로 확대되었다.

거래라고 한다. 공매도와도 비슷한 건데, 지금은 달러가 없지만 곧(수출대금 결제일에 생기므로) 달러가 생기니 향후 환율 하락을 우려해 미리 약정된 환율로 파는 것이다. 1달러에 1000원에서 900원으로 떨어질 우려가 있으므로 약정된 환율인(약정 환율 계산을 조금 복잡하다) 950원 정도로 달러를 미리 파는 것이다. 이럴 경우 예상과 달리 환율이 오르면 수출대금에서는 이익이 있지만 선도거래에서 손해가 생기므로 결과적으로 이익손해가 없고, 환율이 예상보다 더 떨어지면 위험을 해지하고 선도거래에서 이익까지 보게 되는 것이다. 이런 이유로 수출업체들은 외화 선도거래(선물)를 많이 하는 편이다.

하지만 KIKO라는 파생상품이 여기에 개입하면 사정은 달라진다. KIKO는 약정된 환율의 위 아래로 거래 유효 구간을 둔다. 그리고 최저 한계선을 넘으면 녹아웃 Knock Out 으로 들어가고 최고 한계선을 넘

KIKO 상품구조

원화환율

- 녹인구간: 현시세로 평가한 환차손이 2~3배를 은행에 지급 — **약정 상단**
- 통화옵션 유효구간:
  - 약정행사 대신 시장환율로 매도 가능 — **약정 환율**
  - 약정행사로 환차익 발생하는 구간 — **약정 하단**
- 녹아웃구간: 계약무효

으면 녹인구간(Knock In)이 된다. 문제는 약정된 환율 범위 내에서는 환헤지가 되지만 녹아웃 구간에서는 거래자체가 무효화되기 때문에 수출업체는 환차손을 그대로 감수해야 한다. 이것까지도 괜찮다. 하지만 녹인 구간에 들어가게 되면 문제는 심각해진다. 쉽게 말해 약정 환율이 위에서 이야기한대로 1달러에 950원이고 유효구간을 1000원(Knock In)에서 900원(Knock Out)으로 가정하면 환율이 900원보다 더 떨어지면 선도거래 자체가 무효가 되는 것이고 1000원보다 높아지면 환차손의 2배 이상을 은행에 지급해야 한다. 예를 들어 환율이 1100원이 되어 녹인 구간에 들어가면 약정 환율인 950원에 달러를 은행에 판 뒤, 실제 환율인 1100원으로 다시 달러를 사줘야 하는 것이다. 실제에서는 환전을 해야 함으로 그 차이(환차손) 만큼은 업체가 은행에 지급해야 하는 것이다. 이런 이유로 흑자영업을 하고도 환해지를 잘못하여 도산한 기업이 바로 태산LCD이다.

아마 의아해 할 것이다. 이런 위험한 파생상품을 중소기업들이 왜 가입하게 되는지 말이다. 우선 중소기업들의 부주의라고 생각하는 사람들도 있을 것이다. 물론 그 말도 아주 틀린 말은 아니다. 하지만 문제의 근원은 그렇게 단순하지 않다. 오히려 구조적인 측면이 있다.

아래 표는 지난 1997년부터 2009년까지의 환율 변동폭을 나타낸다. 표에서 확인할 수 있듯이 1997년 외환위기 당시 환율을 1년 동안 작게는 600원에서 크게는 1100원 정도의 변동폭을 보였다. 엄청난 변동폭이다. 또한 2008년 미국발 금융위기가 전 세계로 퍼진 최근 시기 역시 450~600원 정도의 변동폭을 보였다.

이런 상황에서 중소 수출업체 사장은 어떤 반응을 보일까. 환율 변동폭이 이렇게 큰데 맘 놓고 수출할 수 있을까. 환율이 계속 널뛰기를 하는 이상 태산LCD와 같은 흑자도산 기업은 계속 양산될 수밖에 없는 것이다.

그렇다면 환율은 도대체 왜 널뛰기를 하는 것인가. 환율의 극심한 변동은 크게 두 가지 이유다. 하나는 환투기세력의 작업이고 또 하나는 환율제도의 구조적 취약성에 있다.

원/달러 환율 변동 내역(1997~2009)

(단위: 원)

연도	최저	최고	차이(최고-최저)
1997	842.70	1964.80	1122.10
1998	1198.60	1805.30	606.70
1999	1128.60	1242.70	114.10
2000	1104.90	1266.90	162.00
2001	1235.70	1351.50	115.80
2002	1166.00	1331.90	165.90
2003	1146.60	1258.00	111.40
2004	1035.00	1197.30	162.30
2005	989.00	1062.40	73.40
2006	913.00	1013.00	100.00
2007	899.60	952.30	52.70
2008	932.00	1525.00	593.00
2009	1149.30	1597.00	447.70

출처 : 외환시장 동향 및 전망 http://kr.blog.yahoo.com/lifeiscool.choi/

환율의 급격한 변동은 대외 금융충격에 약하고 은행 단기차입과 외환보유고 축소 등 환율이 상승할 수밖에 없는 국내 외환시장에서는 당연한 일인지도 모른다. 이 약점을 틈타 역외 환투기 세력이 달려드는 것이다. 역외 환투기 세력이 집중적으로 달러를 매수해 환율 폭등을 조장한 뒤 고점에서 다시 달러를 대량으로 팔아서 환차익을 얻는 방식으로 시장을 교란하고 있는 것이다. 그렇기 때문에 외환시장에서의 음모론은 대부분 맞다는 이야기가 떠돈다.

하지만 한국 정부가 개입할 여지는 그리 크지 않다. 2009년 외환보유고가 2,000억 달러가 넘는다며 환율방어에 아무런 문제가 없다고 했지만 결국 미국과 300억 달러의 통화스왑을 체결해야만 했다. 1997년 이후 환율제도가 자유변동환율제도로 바뀌어 환율 자체를 시장에 내맡겼기 때문이다.

외환시장 안정화를 위한 외화가변예치금제도

외화가변예치금제도(VDR Variable Deposit Requirement)는 해외에서 차입한 단기외화자금의 일부를 중앙은행이나 다른 예치기관에 무이자로 일정 기간 예치하도록 의무화하는 것이다. 무이자로 예치한다는 점에서 이 제도를 무이자 지급예치제도(URR Unrenumerated Reserve Requirements)라고도 한다.

이 제도 역시 최근 투기자본의 거래를 규제하려는 움직임 속에서 이슈가 되고 있는 토빈세와 마찬가지로 투기자본을 막기 위한 제도적 장치이다. 내외 금리차를 노리는 투기자금의 대량 유입에 따른 환율교란을 막기 위한 방법이다. 더불어 중앙은행에 무이자로 예치하기 때문에 외환보유고가 늘어나는 부수적 효과도 있다.

실제 이 제도를 시행한 칠레의 경우를 살펴보자. 칠레에서는 이 제도를 1991년 6월에 도입하였다. 처음에는 무역관련 금융을 제외한 모든 해외차입에 적용되었다. 최초의 지급예치율은 20%였다. 모든 새로운 금융자금과 90일에서 1년 사이의 금융자금 및 현금표시 금융자금에 적용되었다. 내국인이 해외로부터 차입한 매 1달러 당 20센트를 중앙은행에 이자가 발생하지 않는 예금으로 예치해야 했다. 이러한 예치로부터 발생하는 유동성 문제를 피하기 위해 해외채권자는 무이자 지급예치금의 기회비용보다 약간 더 높은 선불요금을 지불할 수 있도록 선택이 주어졌다. 이 제도를 통해 칠레는 저금융비용의 장기투자를 유입시키고 고금융비용의 단기투자를 억제했다.

시간이 가면서 무이자 지급예치율과 그 적용범위는 자본도피와 자본유입의 증가에 대응하여 증가했다. 1992년에는 지급예치율이 30%까지 올라갔으며 예치기간도 금융의 만기기간에 관계없이 1년으로 고정되었다. 동시에 적용범위도 확대되었다. 특히 1992년에 상업은행의 외화예금 역시 무이자 지급예치의 대상이 되었다. 외국인 직접투자는 일반적으로 무이자 지급예치제도에서 면제되었지만 1997년에는 잠재적 투기성 외국인투자 자금에도 1년간 무이자의무예치제도의 해당 자금으로 포함시켰다. 또한 비거주 투자자가 송금할 때는 35%의 추가세율을 적용하기도 하였다.

칠레에서 적용한 무이자 지급예치제도는 1990년대 내내 적용되었다. 이를 통해 칠레는 단기 핫머니로부터 환율주권을 가질 수 있었다. 하지만 아시아 금융위기의 여파 속에서 페소에 대한 강한 압력으로 1998년 6월말에 중앙은행은 무이자 지급예치율을 10%로 낮추었고, 9월에 다시 예치율을 0%로 하여 사실상 제도가 무의미해졌다. 결국 세계금융과의 통합을 심화시킨다는 명목으로 2001년 4월 철폐되었다. 세계금융과의 통합은 결국 환율주권의 강탈이자 경제주권의 상실이다. 칠레는 그 이후 여전히 투기자본들의 위험한 거래에 그대로 노출되어 있다.

물론 외화가변예치제도에 대한 평가는 여러 가지이다. 어떤 이는 이 제도가 실제 효과가 별로 없으며 오히려 한 국가 내의 금융 유동성만 악화시킨다고 평가하기도 한다. 하지만 1980년대 신자유주의 금융세계화를 통해 과잉 팽창된 유동성이 어떤 결과를 가져왔는지를 살펴본다면 이런 평가는 공정하지 않다. 생산과 설비투자에 기초하지 않은 금융자산을 통한 경기부양과 경제성장 노선이 선진국 사이에서 확산되었다. 새로운 이윤은 아직 금융시스템이 제대로 구축되지 않은 나라들에 미국식 신자유주의 금융시스템을 이식하고 금융개방과 투기자본의 단기투기거래로 이루어졌다. 그 결과 외형적으로 경제가 성장한 것처럼 보일지 모르나 실제는 고실업과 낮은 임금의 단기일자리만 늘어났다. 한마디로 우리들의 삶은 더 참혹해 진 것이다. 시장의 보이지 않는 손이 모든 걸 해결해 줄 거라고 주장했지만 시장에서의 보이지 않는 손은 언제나 가진 자들의 편이었고, 그렇지 못한 사람들에게는 그 손이 보이지 않거나 없었던 것이다. 애초에 시장의 자기조절 능력이라는 것 자체가 있는지 없는지에 대해서 근본적으로 의문을 갖게 만드는 지점이다.

재미있는 사실은 한국 역시 1999년 4월 새로운 외환거래법의 시행으로 외환자유화에 따른 보완조치로 외화자금의 급격한 유입에 대비해 가변예치의무제도를 두었다는 사실이다. 한국도 단기자본이 급격히 들어오면 정부가 외화가변예치제도를 발동하고 단기자본의 일정 비율을 해당 자본거래기간 범위 내에서 무이자로 한국은행 등에 예치토록 명령할 수 있다. 칠레의 경우와 마찬가지로 예치금리는 무이자이고 예치기간은 해당 자본거래 기간 이내이며, 예치기관은 한국은행, 외국환평형기금, 외국환업무 취급기관이다. 예치비율은 국제수지나 환율 동향 등을 종합적으로 고려해 재경부장관이 정하는 것으로 했다. 만약 이 제도를 시행하여 자금의 일부를 예치하도록 명령하게 되면 중앙은행은 자금의 성격, 거래패턴 등 세부사항까지 자세히 파악할 수 있다.

이 제도는 많은 사람들이 우려하며 반대하고 있는 한미FTA 협상 과정에서도 도마 위에 올랐다. 금융관계자들의 전언에 따르면 지난 한미FTA 장관급 협상에서 미국 측은 가변예치의무제도의 예외를 인정해 달라고 요구했다고 한다. 미국에 대한 예외 인정은 투기자본의 유입을 허용해 달라는 요구에 다름 아니다. 그렇지 않아도 불안한 환율과 경상수지가 더 심각하게 위협받을 것이 불 보듯 뻔하다.

하지만 지금까지 이 제도는 제대로 시행된 적이 없다. 1999년에 제도는 마련했지만 제도와 실행기준만 있을 뿐 시행령도 마련되지 않은 채 사실상 사문화된 상태이다. 금융 전문가들조차 이 제도를 두고 환투기를 하려는 사람에게는 손해겠지만 건전한 장기투자자에게는 피해가 없는 제도라고 평가한다. 서두에서 이야기한 대로 태산LCD는 왜 도산했는가. 중소기업을 살린다면서 중소기업이 흑자 도산하는 상황을 방치하는 현실은 과연 이 제도를 만든 이유가 무엇인지 궁금하게 할 뿐이다.

환율주권을 위한 바스켓밴드크롤제도

한 나라의 경제주권은 단순히 그 나라의 경제정책 수장이 있다고 표현되는 것이 아니다. 전 세계가 금융망으로 이어지고 무역과 상품 거래가 실시간으로 이루어지고 있는 상황에서 한 나라의 경제주권은 환율주권과 밀접한 관계가 있다. 앞서 보았듯이 아무리 제품을 잘 만들고, 수출을 잘 해도 외환시장이 붕괴되고 환율주권이 없다면 국가 경제가 심각하게 위협받기 때문이다.

환율주권을 이야기하자면 해당 국가 통화가치의 안정성과 정치군사적인 안정성 등 모든 것이 포함되겠지만 구체적으로는 환율제도를 통해 드러나게 된다. 즉, 환율을 자국이 통제 할 수 있는가, 없는가의 문제가 중요하다는 말이다. 자국 통화가치를 자국이 관리할 수 없다면 그 나라 경제 구성원들이 장기적인 경제계획을 세우기 어려울뿐더러 경제 안정성 또한 갖기 어렵기 때문이다.

환율제도는 크게 고정환율제도와 변동환율제도가 있다. 도식적으로 구분하면 특정 통화에 자국의 통화 가치를 고정시켜 놓는 것이

고정환율제도이고 외환시장에서 거래되는 외환의 수요, 공급에 따라 통화 가치를 결정하는 것이 변동환율제도이다. 이렇게만 놓고 보면 신축성이나 유연성이 더 큰 게 변동환율제도인 것처럼 보이지만 전혀 그렇지 않다.

국제결제은행(BIS)에 따르면 2007년 세계 외환시장에서 하루에 거래되는 외환 규모는 3조2100억 달러였다. 연간 거래량은 800조 달러가 넘는다. 반면 세계 상품교역량은 12조 달러가 조금 넘는 수준에 불과하다. 서비스교역까지 합쳐봤자 외환거래액의 3% 정도가 실물과 연결된 거래이다. 나머지 97% 이상은 단기차익거래인 셈이다.[1] 이 97%가 외환시장을 좌지우지하고 있는 상황에서 시장에 환율을 맡긴다는 것은 투기자본에게 환율 결정권을 주는 것과 마찬가지다.

따라서 금융 세계화 현실에서 어쩔 수 없이 변동환율제도를 채택하면서도 완전한 자유변동환율제도를 운용하는 나라는 많지 않다. 실례로 아시아에서 자유변동환율제도를 채택한 나라는 일본, 한국, 필리핀 세 나라 뿐이다. 나머지 국가들은 대부분 관리변동환율제를 사용하고 있다.

아시아 국가들의 환율제도

자유변동환율제	관리변동환율제	크롤링 페그	고정환율제
일본, 한국, 필리핀	대만, 말레이시아, 싱가포르, 태국, 캄보디아, 인도네시아	중국, 베트남	홍콩

출처 : CRS Report(2008b), IMF(2006)자료. 신장섭 『금융전쟁』(2009)에서 재인용

한국은 1945년 이후 고정환율제도(1945.10~1964.5)에서 시작하여 단일통화변동제도(1964.5~1980.2), 복수통화바스켓제도(1980.2~1990.3), 시장평균환율제도

---

[1] 신장섭, 「금융전쟁, 한국경제의 기회와 위험」, 2009.

(1990.3~1997.12)까지 대부분 시장에 환율을 맡기는 정책보다는 정부가 환율을 관리하는(그래서 미국으로부터 환율조작국이라는 지적을 받기도 했다) 제도를 구사해 왔다. 특히 1980년대에 운용했던 복수통화바스켓제도는 관리변동환율제도의 하나로써 환율 안정에 기여해 당시 고속 압축성장의 밑거름이 되기도 했다. 하지만 무역흑자가 많아지면서 미국에게 환율조작국으로 지정되고 통상압력까지 받았다. 결국 시장평균환율제도로 이행하는데 이것 역시 완전한 자유변동환율제도는 아니었다.

한국 환율제도의 역사적 분기점은 1997년 외환위기와 IMF 구제금융이다. IMF는 한국에게 완전한 자유변동환율제도를 강요했고 한국은 받아들였다. 이로써 한국은 미국식 신자유주의 금융시스템에 한층 더 가까워졌다. 자유변동환율제도 도입은 환율변동성을 증가시키고(표. 원/달러 환율 변동 내역 참조) 항시적인 환율 불안에 시달리게 만들었다.

고정환율제도와 변동환율제도 중 어느 것도 더 좋다고 평가하는 건 의미가 없다. 중요한 건 한 나라의 환율주권이 그 나라 정부에게 있는가 없는가이다. 환투기하는 세력이 없어지지 않는 한 환율의 급격한 변동은 지속적으로 일어날 것이기 때문이다. 그런 의미에서 환율주권 회복을 위해 외환보유고를 더욱 증가시킬 것이 아니라 환율제도에 대한 근본적 성찰, 제고가 필요한 시점이다. 이는 한국뿐만 아니라 한국과 경제 규모가 비슷한 모든 나라에 해당하는 문제이다.

이와 관련하여 주목되는 제도가 바로 바스켓밴드크롤제Basket Band Crawl이다. 변동환율제도의 한 종류인데 이 제도는 복수의 국제 통화를 한데 묶은 후(basket) 가중 평균하여 환율을 결정한다. 여기서 밴드라 함은 환율 변동폭을 말한다. 만약 환율 변동폭을 상하 1%라고 규정하면, 현재의 환율이 1달러에 1000원일 때, 상한선 1010원과 하한선 990원 사이에서는 자유롭게 환율이 결정된다. 이 모습을 수영하는 모습과 비슷하다 하여 크롤이라는 표현을 쓰는 것이다. 하지만 환율이 이 밴드를 벗어나게 되면 환율을 다시 밴드 안으로 돌아오게 하기 위해 정부가 개입을 한다. 이렇게 되면 정부가 어느 시점에 어떻게 대응하고 개입할 지가 외환시장 참가자들에게 인식되고 학습되기 때문에 불필요한 외환 투기거래의 요인이 줄어들게 된다. 또한 이런 과정을 통하게 되면 급격한 환율 변동을 방지할 수도 있다.

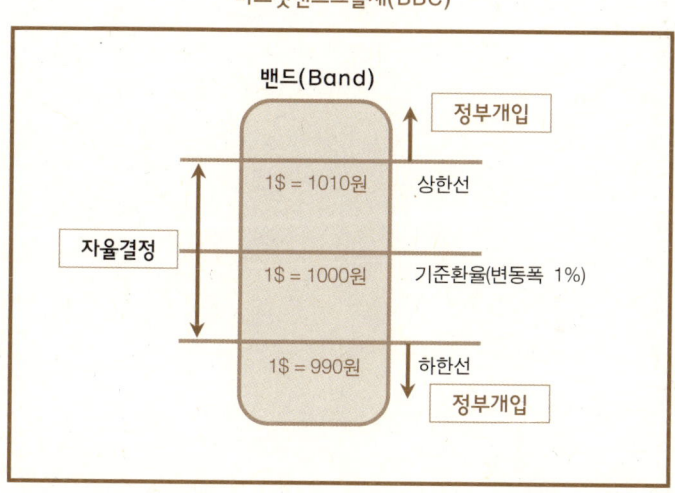

현실에 근거해야 세상이 바뀐다.

외화가변예치금제도나 바스켓밴드크롤제가 세상을 바꾸는 정책이라고 주장하면 많은 사람들이 웃을 지도 모른다. 그런 정책은 이미 몇몇 국가에서 실험했던 것이고 결과적으로 실패한 제도가 아니냐고 말할 수도 있다. 하지만 우리가 놓치고 있는 게 있다. 그것은 세상은 단순한 바람으로 바뀌지 않는다는 것이다. 또한 현실에 근거하지 않은 채 세상을 바꾸자는 건 내일 당장 혁명을 할 수 있다는 말과 다르지 않다. 세상을 바꾸는, 혁명을 위한 조건들은 현실을 조금씩 바꿔나가면서 점차 숙성되는 법이다.

세상을 더 민주화하는 정책들
: 더 많은 민주주의를, 더 많은 참여를

123
456

'독일연방제', 자치·분권·통합의 정치체계

— 양홍관

왜 독일연방공화국인가?

> "대의제 민주주의의 성공 여부는 국민들의 의사가 얼마나 정확히, 그리고 효과적으로 정치의사 결정에 반영되는지 여부에 달려 있다고 할 것이므로, 선거에 있어 선거구의 획정은 선거결과가 가능한 한 국민의 의사를 바르게 반영할 수 있도록 마련되어야 함은 물론이다. 그릇된 선거구 획정으로 말미암아 선거에 있어서 선거권의 평등이 침해된다면, 국민의 의사가 왜곡되는 결과가 되고, 이로 인하여 대의제 민주주의의 본질과 정당성이 훼손된다고 할 것이다."
>
> — 2001. 9. 25. 헌재결정문 중

국민의 의사를 얼마나 정확히, 그리고 효과적으로 국가권력 행사에 반영되는가는 민주주의 성공을 좌우한다. 특히 한국은 냉전과 분단, 좌우이념의 갈등으로 다른 나라에서는 보기 어려운 지역감정과 지역패권정치가 강력히 작동되고 있다. 또한 한국정치는 중앙집중제에 입각한 승자독식형 정치제도로 국민통합 보다는 배제억압의 정치행태가 작동되고 있다. 당면하여 한국사회의 정치과제는 갈등과 분열을 조정 관리하는 민주적 시스템을 어떻게 만들 수 있느냐 여부에 있다. 이에 세계적 추세인 지방분권과 자치 그리고 통합정치의 모범인 독일연방공화국의 정치체제를 살펴보고자 한다.

독일의 민주주의가 모범적으로 발전하게 된 것은 정당 사이에 수평적으로 권력을 분점 공유하는 데만 연유하지 않는다. 독일 협의제 정치는 수직적으로도 국가권력을 분점 공유하는 연방제와 상하 양원제에 힘입은 바다. 이 같은 독일의 정치제도는 전후 독일의 여러 지역 간의 이해관계를 조율하는데 긍정적으로 작용했고, 통일을 실현하는 동력이 되었다.

하지만 독일이 연방제 국가가 되기까지에는 우여곡절이 없지 않았다. 독일은 1815년 빈의정서 성립 후에 역내에서 공간적 지배권을 행사하던 39개 주권적 제후국들로 구성된 매우 느슨한 독일연합으로 머무르다가 1871년 비스마르크에 의해 최초의 연방국가 형태의 독일제국이 탄생했다. 그러나 독일제국의 여러 지역에서 분리주의 경향이 발생하자 1918년 등장한 바이마르공화국은 이를 막기 위해 중앙집권적 국가 요소를 강화했다. 그 연장선상에서 나치정권(1933-45)은 철저한 중앙집권적 국가체제를 수립한바 있다. 그러나 2차 세계대전 후 독일은 다시금 연방제 국가로 부활했다.

독일은 강한 정체성을 갖는 단일 게르만민족의 연방제 국가이다. 독일은 미국, 스위스, 캐나다처럼 문화적, 사회적 정체성의 다양성을 통합하려는 수단으로 채택한 연방국가가 아니다. 과거 수많은 주권적 제후국들이 역내에서 상호 공간적 지배를 인정했던 것처럼 현행 독일 연방제도는 각 지역이 역내에서 공간적 지배권 행사를 인정하는 성격을 갖는다. 독일 사회는 지역 간에 서로 다른

> **빈의정서**
> 1814년 유럽 각국 대표들은 오스트리아의 빈에서 프랑스혁명과 나폴레옹 시대를 통해 중단된 왕조를 복구하고 영토를 재조정하기 위한 회의를 개최하였다. 이 회의는 오스트리아, 러시아, 영국, 프로이센, 프랑스가 주도하였다. 빈회의의 기본정신은 정통성과 복고의 원리로 프랑스혁명 이전의 상태 즉, 절대왕정과 군주제의 상태로 돌려놓는다는 것과 유럽의 왕가와 국경은 혁명 이전의 상태로 복원되어야 한다는 것이다. 영토문제에서 대립이 있었지만 1815년 6월 빈의정서가 성립되었다. 빈회의에서는 소국이 무시된 채 영토분할이 행해졌고, 이 회의를 계기로 유럽에는 복고시대가 시작되었다.

문화적 정체성을 갖고 있지 않다는 점에서 그렇다. 말하자면 독일은 정치인들에 의해 인위적으로 설계된 측면이 강한 연방제이다. 한마디로 독일 연방제는 정치인들의 전략적 선택에서 비롯되었고 이를 통해 그들은 다수 지역과 소수 지역을 동시에 배려하는 사회통합을 구축함으로써 민주주의의 이상을 실현하고자 하였다.

그렇다고 독일 정치가 처음부터 민주적으로 작동한 것은 아니다. 역사적 맥락에서 볼 때 독일은 다층적이고 복합적인 사회갈등과 분열로 바람 잘 날이 없었다. 16세기 루터의 종교개혁을 계기로 그를 지지한 북부 독일지역과 가톨릭을 사수하는 남부 독일로 양분된 독일의 분열상은 프로테스탄트와 가톨릭 간의 갈등을 촉발시켰다. 이러한 종교적 갈등에 자유주의와 사회주의 간 이념갈등, 노사갈등, 독일 북부와 남부의 지역갈등 등이 동시다발적으로 분출했다. 비스마르크는 이러한 종교적, 이념적, 계급적, 지역적 갈등과 분열에 따른 독일사회의 해체를 우려한 나머지, 이에 권위주의 리더십과 철혈통치로 대응했다. 바이마르공화국에서도 갈등과 분열의 정치가 격렬하게 작동했으며 이는 히틀러 나치에 의한 반노동적, 반사회주의적 극우 정권의 길로 이어지는 씨앗이 됐다.

이처럼 독일 정치사는 순탄하지 않았고 혼란과 난맥상으로 민주주의와는 거리가 먼 권위주의 통치로 얼룩졌다. 그럼에도 독일이 어떻게 오늘날 정치안정을 구축하고 경제적으로 라인강 기적을 이룩하여 통일을 실현할 수 있었을까? 우리는 옛 서독의 협의제 정치시스템에서 그 동력을 찾을 수 있다. 독일의 협의제 정치시스템은 사회갈등과 분열을 조정 관리하려는 옛 서독 정치인들의 전략적 선택이라 할 수 있다.

> **바이마르공화국**
> 바이마르공화국(Weimarer Republik)은 제1차 세계대전 말기, 독일에서 촉발된 11월혁명에 의해 수립되었다. 사회민주당이 집권당이었던 바이마르 공화국은 1919년부터 1933년까지 존속하였다. 이 시기 사회민주당은 혁명을 목표로 하는 스파르타쿠스단을 무력으로 진압하였고, 그 중심인물이었던 로자 룩셈부르크와 칼 리프크네히트 등이 처형되었다.

4장 세상을 더 민주화하는 정책들

협력적 연방제와 정당명부 비례대표제

독일연방공화국기본법

〈전문〉

독일 국민은 신과 인간에 대한 책임을 자각하고 합일된 유럽의 동등한 권리를 갖는 구성원으로서 세계평화에 기여할 것을 다짐하며 헌법제정권력에 의해서 이 기본법을 제정하였다.

바덴-뷔템베르크·바이에른·베를린·브란덴부르크·브레멘·함부르크·헷센·메클렌부르크-포어포메른·니이더작센·노르트라인-베스트팔렌·라인란트-팔쯔·자아르란트·작센·작센-안할트·슐레스비히-홀스타인·튀링엔의 각 주의 독일 국민은 자유로운 자기결정에 따라 독일의 통일과 자유를 성취하였다. 이에 따라서 이 기본법은 전체 독일 국민에 적용된다.

〈제2장 연방과 주〉

제20조 연방국가적 헌법, 저항권

① 독일연방공화국은 민주적·사회적 연방국가다.
② 모든 국가권력은 국민으로부터 나온다. 그것은 국민에 의해서 선거와 투표를 통해서 행사되고, 입법·행정 및 사법의 특별기관에 의해서 행사된다.
③ 입법은 헌법질서에 구속되고, 집행권과 사법은 법률과 법에 구속된다.
④ 모든 독일인은 이러한 질서를 폐지하려고 기획하는 모든 자에 대하여 다른 구제수단이 없을 경우에는 저항할 권리를 갖는다.

독일연방공화국은 서독에 11개 주가 있었으나 통일 후 동독의 5개 주가 추가됨으로써 현재 16개 주로 편성돼 있다.

연방정부는 입법영역에 중점을 두는 반면에 주정부는 연방 수준에서 제정된 법안의 집행을 주로 담당한다. 하지만 국정 업무 가운데는 연방정부도 집행에 참여하는 영역이 있는 반면에 주정부도 업무에 따라서는 입법을 담당하는 분야가 없지 않다. 그리고 주요 정책 결정 과정에서 주(지역)와 연방(중앙)의 대등한 위치가 제도적으로 보장돼 있다.

연방정부 혹은 주정부가 제출하는 법안의 경우 연방만이 법을 제정할 수 있는 전속적 영역, 연방과 주가 경합적으로 입법할 수 있는 경합적 영역, 연방이 원칙적 테두리를 정하고 구체적 사항은 주에 위임하는 대강위임 입법 영역 등으로 나눠 있다. 연방고유의 입법사항은 외교, 국방, 통화, 관세와 통상, 국적과 이민, 철도와 항공, 우편, 전신과 전화, 통계 등이고, 주 고유의 입법사항은 교육, 경찰, 문화예술 등을 포함한다.

독일 헌법은 연방과 주 사이에 이뤄지는 입법과 집행 과정이 기능적으로 상호의존 관계에 있음을 명문화하고 있다. 이에 기초하여 연방과 주는 물론 주 사이에도 정책협의와 협력이 유기적으로 이뤄지고 있다. 따라서 독일 연방제를 '협력적 연방주의'로 부른다. 이는 연방과 주의 독자성이 강하고 업무영역이 비교적 뚜렷이 구분되는 미국의 '대립적 연방주의'와 대조를 보인다.

실제 연방과 주 사이에 협력에 기반을 둔 의사결정 시스템이 작동하고 있다. 첫째, 주정부는 연방참의회를 통해 연방법률 제정에 참여하고 연방차원의 의사결정 과정에 영향력을 행사하며 정책결정의 결과에 책임을 공유한다. 둘째, 연방과 주 사이 상호협상을 통해 결정된 안건들은 연방 참의회나 주 의회의 승인을 받도록 돼 있다. 셋째, 연방수상과 주지사 사이, 연방정부와 주정부의 행정부처 사이 회동뿐만 아니라 연방·주합동위원회가 제도화돼 있다.

이 같은 협력적 의사결정 시스템은 특히 재정 부문에서 가시적으로 작동한다. 재정운영에서 연방정부와 주정부 사이의 배분뿐만 아니라 주정부 사이의 배분에서도 엄격하게 균등주의 원칙이 고수되고 있다. 여기서 재정 균등주의 원칙이란 연방 재정을 모든 주에 획일적 기계적으로 동일하게 배분하는 게 아니라 상대적으로 부유한 주와 가난한 주 사이에 차등적으로 배분하여 독일 전 지역의 생활수준이 균등하게 한다는 것을 말한다. 이를 위해 지속적인 토론을 통해 타협을 끌어내는 재정 균등화 시스템이 작동하고 있다. 이런 까닭에 소수 지역이라 하더라도 연방 재정 배분에서 일방적으로 소외받는 일은 없다.

이 같은 협력적 의사결정 시스템 작동 과정은 비록 합의에 이르는 진입장벽은 높지만 협상과 협력에 의한 공동결정이 이뤄져 집행과정에서의 저항과 갈등을 줄일 수 있다. 즉, 중앙정부와 지방정부 간에 정책 결정권의 분점 공유를 통해 중앙과 지역 사이, 지역과 지역 사이의 이해관계가 조정 관리되고 사회통합이 이뤄진다.

균등과 보충의 원리가 작동되는 연방의회와 연방참의회

독일 연방제는 입법권을 분점 하는 상하 양원제와 조합돼 있다. 비교적 연방제와 양원제는 제도적으로 친화성을 갖기 때문이다. 양원제에서 국민 대표성은 하원에, 지역(주) 대표성은 상원에 각각 부여하는데 상하원의 권한은 거의 균형 상태에 근접한다.

국민대표성 연방의회(하원)

우선 연방의회는 2표 연동형 정당명부 비례대표제에 의해 선출된 599명으로 구성되고 전 국민을 대표하여 임기 4년 동안 입법 기능을 수행한다. 또한 연방의회는 연방대통령의 추천에 따라 연방수상을 선출하여 연방정부를 구성한다. 그리고 연방의회 의원은 내각 각료를 겸직함으로써 연방의회와 연방정부를 연결한다. 연방의회와 주의회의 정당 지도자 사이, 연방의회 의장과 주의회 의장의 회동이 제도화돼 있다.

 협의제 정치를 작동시키는 첫 단추는 비례성이 높은 선거제도이다. 비례성 선거제도는 사회분열과 갈등을 대표하는 정당체제, 정부형태를 규정한다.

 이 점에 착안한 독일은 연방의회 의원을 선출하는 선거제도로 2표 연동형 정당명부 비례대표제를 선택했다. 즉, 소선거구 다수대표제와 정당명부식 비례대표제의 조합이다. 전체 하원 의석인 598석의 절반은 299개 각 지역구 유권자의 제1투표 결과에서 소선거구 최다 득표자가 당선되고, 나머지 절반 의석은 각 정당이 16개 주별 당원들에 의해 작성된 후보자 명부에 선거하는 제2투표 결과에 따라 결정된다.

 부연하면 각 정당은 정당명부 투표결과에 따라 의석을 배분 받은 뒤 각 주의 득표율에 따라 주별 의석수를 각 주 지역당에게 할당한다. 그리고 주에 배분된 의석수에서 지역구 당선 의석을 뺀 나머지 의석이 후보자명부 순서에 따라 비례대표가 된다. 결국 정당득표율에 따라 정당의 총 의석수가 결정된다. 이런 까닭에 각 정당은 유권자들의 지지를 끌어내기 위해 정책 개발에 앞장서고 자연스럽게 정당 간 정책경쟁이 역동적으로 작동된다.

 제1투표와 제2투표 독일의 선거권자들은 통상 투표소에서 투표용지를 받게 되는데, 투표용지는 두 곳에 기표를 하도록 작성되어 있다. 투표용지의 왼쪽에는 각 지역구 입후보자들의 성명이 기재되어 있는데, 이곳에 기표하는 것을 제1투표라고 한다. 투표용지의 오른쪽에는 각주에 등록된 정당의 명칭이 비례대표 후보자들의 성명과 함께 기재되어 있는데, 이곳에 기표하는 것을 제2투표라고 한다.

의석의 배분   독일 선거제도의 특징은 전체 연방의회 의석인 598석이 우선 제2투표 즉, 선거권자들의 정당에 대한 투표에 의해서 분배된다.

독일 연방의회의 598개 의석은 제2투표(정당에 대한 투표)에서 5% 이상의 득표를 하거나, 5%에 미달하더라도 지역선거구에서 3석 이상을 차지한 정당에게 득표율에 따라서 제1차로 분배한다. 즉, 각 정당들은 전체 득표율에 따라 전체 의석을 배분받는데, 남은 의석은 득표 계산때 소수점 이하의 수치가 큰 순서대로 배분되며, 잔여수가 같은 경우에는 제비뽑기에 의해 결정된다.

이 같이 각 정당별로 전체 의석이 배분되면, 각 정당에 할당된 의석을 같은 원리에 따라 또 다시 각 주 정당별로 제2차로 분배한다. 각 주 정당별로 분배된 의석 범위 내에서 지역구에서의 제1투표에 의해 당선된 자는 우선적으로 의석을 갖게 되며, 나머지 의석은 각 주의 정당 후보자 명부의 순서에 따라 분배된다. 이 같은 비례대표제의 계산방식을 니마이어 의석배분이라고 부른다.

5% 조항   비례대표제는 주민들의 다양한 여론 및 이해를 상당히 정확히 반영한다는 점에서 매우 공정한 제도라고 할 수 있다. 그러나 이 제도는 긍정적인 평가에도 불구하고 여당이 매우 어려운 조건 하에서만 다수를 형성할 수 있다는 단점도 갖고 있다. 이 같이 비례대표제가 안고 있는 분열의 위험을 어느 정도 줄이기 위해 이른바 5% 조항이 도입되었다. 연방선거법 제6조에 따르면 주 정당 후보자

명부에 의해 의석을 배분받으려면 적어도 전체 투표자의 5%의 득표를 하도록 규정하고 있다. 이 규정에도 물론 예외가 있다. 즉, 동 조항은 적어도 3개 지역선거구에서 직접의석을 얻은 정당에게는 적용되지 않는다. 이 5% 조항은 1949년 이래 근본적으로 중소정당들의 난립을 막는 결과를 가져왔다. 1949년의 경우 10개 정당이 연방의회에 진출했으나 1961~83년 기간 중에는 4개 정당, 1983~90년 기간 중에는 5개, 그리고 그 이후에는 6개 정당이 연방의회에 진출하고 있다. 연방의회나 주의회에 이미 진출해 있지 않은 정당들은 연방의회에 진입할 기회가 거의 없으므로, 대부분의 유권자들은 처음부터 그 같은 정당들에 대해서는 투표하지 않는다. 따라서 5% 조항은 유권자들이 중소정당을 피하게 하는 일종의 심리적인 효과를 가진다고도 볼 수 있다.

초과의석 현재 독일 연방의회 의석은 612석으로 정원인 598명을 초과하고 있는데, 이는 초과의석 때문이다. 초과의석이란 한 정당이 당해 주의 지역선거구에서 제1투표라는 후보자 직접선출로 차지한 의석이 당해 주의 제2투표에 의해 할당된 의석을 초과하는 경우 발생된다. 즉, 선거권자들의 직접선거에 의해 선출되는 지역구 당선자들은 반드시 의석을 차지해야 한다는 원칙이 의석분포보다 우선하기 때문이다. 예를 들면 1990년 선거의 경우 기민당은 작센-안할트 주에서 총 9석의 의석을 비례대표의 원리에 의해 배분받았는데, 실제 직접선거에서는 12명이나 당선되었었다. 따라서 기민당은 작센-안할트 주에서 3개의 의석을 초과의석으로 갖게 되었으며, 같은 방식으로 메클렌부르크-포어포메른 주에서 2석, 튀링엔 주에서 1석의 초과의석을 차지했다.

주 대표성 연방참의회(상원)

다음으로 연방참의회 의원은 각 주의 인구에 비례해서 주의회에 의해 추천되면 최종적으로 주정부에 의해 임면된다. 그들은 보통 주 의원 혹은 주정부 행정 각료인 경우가 많다. 16개의 주를 대표하는 연방참의회는 정원 68명 의원으로 구성되는데 그들의 임기는 정해져 있지 않고 회기에 따라 주의 대표자로 참석한다. 연방참의회와 연방의회 간 정책 및 입법협의를 수행하는 양원조정위원회가 설치돼 있다.

여기서 무엇보다도 눈에 띄는 것은 연방참의회가 연방(중앙)에 대한 주(지역)의 평등한 협상기회를 보장하는 헌법적 기구라는 점이다. 즉, 연방참의회는 주정부를 대표하여 연방정부의 행정부문, 정책결정에 영향력을 행사할 뿐만 아니라 연방 차원의 입법기능에 참여하는 데 매개 역할을 수행한다. 특히 각 주의 이해관계와 관련되는 재정이나 행정권에 관련되는 법안 등 연방헌법에 규정된 일정한 법률은 반드시 연방참의회의 동의를 필요로 한다. 이를 통해 연방과 주, 주와 주 사이에 이해관계가 조정 관리된다.

독일 연방참의회 의원은 토론이나 표결과정에서 정당의 이익보다 각기 주의 이익을 우선 한다. 주의 이익을 관철시키기 위해 같은 정당이 집권한 주끼리 연합하는 것이 보통이지만, 다른 정당이 집권하는 주들과도 연합이 이뤄지곤 한다. 이 때문에 연방정부는 다른 정당이 집권한 주 뿐만 아니라, 같은 정당이 정권을 잡고 있는 주와도 사전에 긴밀히 정책협조를 해야 안정적인 국정 수행이 가능하다. 이런 구조는 자연스럽게 연방정부의 일방통행식 국정운영을 막고 연방정부와 주정부의 협상과 타협을 이끌어내는데 도움이 된다.

특이한 점은 독일 연방참의회 의원들은 표결 과정에서 의원 개인의 자유의사에 따라 표를 행사하는 것이 아니라 소속 주정부의 위임이나 지시에 따른다는 사실이다. 이때 연방참의회에서 각 주는 주가 보유한 표결권 수를 일괄적으로 행사한다. 이러한 투표 방식은 비민주적이라는 비판이 있을 수 있지만 독일 상원을 미국 상원 보다 더 강력한 주 대표기관으로 만드는 장치라할 수 있다.

연방참의회의 결정사항에 대한 투표권은 각 주의 인구비례에 따라 차등을 두고 있다. 즉, 인구 200만 명 이하인 주는 3표, 200만 명 이상인 주는 4표, 600만 명 이상은 5표, 700만 명 이상은 6표를 행사한다.

주의 이해관계를 보호하는 정치적 안전망은 연방참의회의 비토권이다. 비토권은 참의회의 정당구성이 연방정부의 정당구성과 다를 때 그 진가를 발휘한다. 즉, 연방내각에 참여하지 못한 야당이 참의회의 과반수, 혹은 3분의 2를 장악하면 참의회의 비토권 행사 때문에 연방정부는 상당히 어려운 정치적 난관에 봉착한다. 이 경우 연방정부를 구성하는 정당은 연방참의회의 다수당인 야당과의 정치적 타협이 불가피해진다. 그렇지 않는다면 연방정부의 국정능력은 떨어질 수밖에 없기 때문이다. 따라서 정상적인 국정 수행을 위해서 연방 집권여당은 야당과 대화와 소통을 하지 않으면 안 된다.

연방참의회의 거부권은 연방정부를 견제하면서 주정부의 이익을 옹호할 수 있는 강력한 제도적 안전망이다. 이에 힘입어 총선으로 인해 연방의회의 정당 의석 분포가 급격하게 변하는 경우에도 연방 차원의 의사결정 과정의 변동이 최소화돼 입법과정이 안정적으로 작동된다. 이 때문에 상대적으로 인구가 적어 연방의회 의원수가 적은 주도 정치적 피해를 볼 개연성은 낮아진다.

뿐만 아니라 연방의회에서 다뤄지는 법안 논의는 연방참의회의 거부권을 의식해 무리하게 진행되는 일이 없고 날치기 통과는 상상도 할 수 없다. 연방 입법과정에서 참의회의 승인을 요구하는 입법 분야의 비율이 약 40% 정도에 달하기 때문에 연방참의회의 거부권은 연방의회의 입법과정에 제동을 걸 수 있으며 연방정부의 국정운영은 연방참의회, 그리고 이에 의해 대표되는 주정부의 동의와 협조에 의존할 수밖에 없다. 이런 이유로 독일에서 연방정부의 일방통행식 국정운영은 있을 수 없다.

결국 연방정부에 대한 연방참의회의 거부권 행사 가능성은 지역, 특히 소수지역의 이해관계를 보호해 지역갈등을 조정하는 독일 협의제 정치의 안전망 역할을 수행한다고 볼 수 있다.

연방참의회 비토권 축소와 주 입법권 확대

연방참의회의 과도한 거부권 행사로 말미암아 때때로 연방정부 국정수행이 어려움에 봉착하는 사례가 없지 않았다. 이에 따라 2006년 이를 불식하기 위한 독일 기본법 개정이 있었다. 그 핵심은 연방 입법과정에서 참의회의 승인을 요구하는 입법 영역(참의회의 비토권 대상)을 55%에서 약 40%로의 축소하는데 있다. 즉, 주가 연방참의회의 입법과정을 통해 연방정부의 정책결정 과정에 직접적으로 개입하여 주 이해를 관철시킬 수 있는 영향력을 축소시킴으로써 연방정부의 권한이 부분적으로 강화된 셈이다.

대신 독일 개정 기본법은 주에 일정 부분의 입법권을 허용하는 조치를 담았다. 앞서 말한 것처럼 연방과 주의 입법권은 전속적 입법권과 경합적 입법권, 대강위임규정 입법권 등으로 구분되는데 독일 헌법은 연방에게 입법권이 부여되지 않는 경우 주가 입법권을 갖는다고 명시하고 있다. 연방의 입법권 독점을 시정하기 위해서이다. 그래서 연방과 주 간 입법권 분점을 목표로 하였던 2006년 연방개혁에서는 환경법과 공공서비스법의 일부를 포함한 16개 입법권 영역이 주 의회로 이양되었다.

결국 2006년 연방개혁은 연방 입법과정에서의 참의회의 영향력을 축소하고자 했던 연방과 주의회의 입법권을 확대하려는 주 사이의 정치적 타협의 결과로 이뤄진 것이다. 이 점에서 독일연방제는 한편으로 중앙을 중심으로 결집하려는 구심력, 다른 한편으로 중앙에서 일정한 독자성과 자율성을 유지하려는 원심력이 평형점을 찾아가는 끊임없는 과정이라할 수 있다.

지역분권·균형발전·동서통일의 토대 독일연방공화국 협의제

독일 협의제 정치의 매력은 연립정부라는 정치적 참여제도가 사회의 분열된 이익과 가치를 조정 관리하는 정책을 산출할 수 있다는 데 있다. 뿐만 아니라 다수파가 반드시 고정되어 있지 않으며 정책 사안별로 연립정부가 유연하게 형성될 수 있는 가능성이 열려 있어 특정 정당들 사이 무한 대결을 피할 수 있다. 나아가 정당 사이 연립정부는 곧 시민사회의 여러 집단 및 세력 사이 연합으로 이어진다. 각 정당은 사회적 기반에 뿌리를 두고 있기 때문이다. 특히 중도좌파 정당(사민당)과 자유주의 정당(기민연 혹은 자민당) 간의 연립정부는 노동자의 실업과 파업을 막고 노사 갈등과 대립을 극복하는 상생과 통합의 틀을 만들어낸다.

독일연방공화국의 정부형태는 의회의 내각 불신임권과 내각의 의회해산권을 통해 서로 견제 메커니즘이 작동하여 의회와 내각의 권력균형이 유지되는 수상 우위의 이원정부제에 근접한 측면이 있다.

첫째, 연방의회 의원과 이와 동수인 선거인단을 주 의회에서 선출한 대표들로 구성된 연방회의에서 5년 임기로 선출되는 연방대통령이 존재한다. 그는 국군통수권, 계엄권을 갖지 않고 국민을 도덕적 정신적으로 통합하는 상징적인 존재이다. 하지만 연방대통령은 국가원수로서 외국과 조약을 체결하는 등 외교권을 행사하며 다수당 대표를 연방수상으로 추천, 연방의회가 연방수상을 선출한다. 다만 연방대통령은 연방정부의 정책결정에 직접적인 영향력을 행사할 수 없다.

둘째, 연방수상은 연방대통령에게 연방각료의 임명과 해임을 제청할 수 있는데 연방대통령은 대부분 이를 받아들인다. 연방수상은 권능이 큰 반면에 책임도 크다. 따라서 연방수상만이 의회에 책임을 지고 연방의회의 불신임 대상이 되며 연방각료들은 수상의 진퇴와 정치적 운명을 같이 한다. 이는 연방수상을 중심으로 한 내각의 연방의회에 대한 우위에 있음을 말한다.

셋째, 연방수상은 연방의회 해산권을 갖고 있지 않으며 연방대통령에게 그것을 건의할 뿐이다. 결국 연방의회 해산권은 연방대통령이 갖는다. 연방의회의 내각불신임 조치도 연방대통령을 통해서만 가능하다. 이런 의미에서 독일 내각과 연방의회의 상호 견제기능은 연방대통령을 통해서 이뤄진다. 이 때문에 독일 연방대통령은 정치적으로 가벼운 존재가 아니다.

넷째, 연방대통령이 상징적인 국가원수라면 연방내각은 국가의 실질적인 최고 정치행정기관이다. 이에 따라 연방수상 중심의 행정권이 연방의회 권한보다 우위에 있는데 흔히 이를 수상민주주의라 칭한다.

다섯째, 앞서 지적한 배제조항과 더불어 독일 협의제 정치시스템을 안정적으로 작동시키는 주요 장치는 건설적 불신임투표제이다. 즉, 연방의회는 의원과반수의 찬성으로 후임 수상을 선출한 후 연방대통령에게 현직 연방수상에 대한 불신임을 제기할 수 있다.

다수제 정치시스템은 경쟁에서 승리한 정당에게 권력을 몰아주어 국정운영의 안정성과 효율성을 높이고자 한다. 하지만 다수제 정치는 승자독식과 패자전몰을 초래하는 사활적인 제로섬 게임을 만들어 갈등사회를 관리하고 통합하는데 근본적인 제도적 결손을 갖는다는 평가를 받는다.

따라서 그 대안 제도인 협의제 정치시스템에 독일 정치인들은 주목했다. 독일 협의제 정치의 본질은 권력분점과 공유에 있다. 즉, 국가의 정책결정 과정에 소수파 정당들의 참여를 허용하는 시스템에서 사회의 다양한 이익이 대표되어 사회갈등을 조정하고 통합과 화합을 다지는 효과가 나올 수 있다는 것이다.

독일 정치는 연방과 주 사이에 권력분점(독자적 정책결정권)과 권력공유(공동 정책결정권)라는 연방제와 양원제의 유기적 조합을 통해 지역의 이해관계를 조율 관리한다. 이런 국정 운영의 틀을 활용하여 독일은 사회통합과 화합을 다져나가면서 민주주의를 모범적으로 발전시키고 있다. 무엇보다도 우리는 옛 서독 협의제 정치시스템이 독일 통일의 내적 동력이 됐음을 주목할 필요가 있다.

만일 서독이 치열한 경쟁과 수적 우위로 정치적 승부를 가리는 다수제 정치시스템을 작동시켰더라면 독일통일은 이뤄지지 않았을지도 모른다. 주지하다시피 옛 동독은 서독에 비해 상대적으로 인구분포에서나 지역적 경제적으로 열세에 있었다. 이런 조건에서 승자독식을 강제하는 다수제 정치시스템 즉, 동서독 인구비례에 의한 총선거를 통해 통일국회 통일정부를 수립하는 절차를 밟았다면 옛 서독에 지지기반을 둔 정치세력이 통일국가권력을 거의 장악하는 것이 현실화됐을 것이다.

옛 동독의 공산주의자들이 이런 사태를 그대로 좌시하고 감내할 수 있었을까? 그들에게는 다수제 정치시스템에 의한 동서독 통일이 곧 자신들의 정치적 사형선고로 인식되는 두려움과 공포심 그 자체였을 것이다. 따라서 그들은 아마도 피를 뿌리는 필사적인 군사적 대결을 불사해서라도 통일을 저지했을 것이다.

하지만 서독 협의제 정치시스템에는 공산당까지도 법적, 정치적, 이념적 공간을 허용하고 정치적 소수파도 연립정부에 연정 파트너로 참여할 수 있는 길이 제도적으로 열려 있었다. 게다가 지역의 정치적 경제사회적 차별을 제거하기 위해 연방정부에 대한 모든 주의 평등한 협상기회와 영향력을 보장하는 협력적 연방제, 지역의 이해관계를 대변하는 연방참의회의 강력한 비토권 등 정치적 유연성을 갖고 있었다. 이런 사실을 동독 공산당은 익히 알고 있었다. 따라서 동독 공산주의자들은 통일의 역사적 흐름에 대해 유혈 저항을 감행하지 않고 서독 협의제 정치시스템이 허용하는 합법적 정치적 공간 속에서 미래를 기약하는 무저항의 차선책을 택한 것이다. 동독은 서독에 흡수되지 않고 스스로의 선택으로 서독 연방을 구성하는 주로 편입되었다는 해석이 가능하다. 이와 같이 독일 협의제 정치시스템은 독일 사회의 지역 간 이해를 조율하고 독일 통일의 제도적 인센티브로 작용한 것이다.

망국적인 지역주의와 분단체제로 고뇌와 번민을 거듭하는 한국 정치가 독일 협의제 정치시스템에 주목해야 하는 이유가 바로 여기에 있다. 영남과 호남, 수도권과 지방, 양극화에 따른 계급계층 그리고 남과 북 사이에 갈등과 분열을 뛰어 넘어 화합과 통합의 다리를 놓는데 독일연방공화국의 협의제 정치구조는 유의미한 참고가 될 것이다.

브라질의 '참여예산제',
민주주의를 근본적으로 민주화하라!

12

—이승환

2002년

2002년을 기억하는가. 2002년은 무엇보다 월드컵과 대통령 선거, 그리고 미군장갑차 사건 등 정치사회적 격변을 경험한 시기로 기억된다. 특히 노풍으로 불리는 정치적 열풍과 민주화세력의 두 번째 집권이 의미하는 바는 크다. 비록 2009년 비극적 최후를 맞았지만, 민주화 진영 내에서 소장, 소수파에 속했던 노무현의 집권은 젊은 세대들에게 많은 기대감을 갖게 한 사건이었다.

그리고 바로 그 해 지구 반대편 브라질에서는 루이스 이니시우 룰라 다 실바가 집권에 성공한다. 룰라의 당선도 브라질 로동자당(PT당)이 1989년 대권 도전을 시작 이래 13년만의 일이며, 제3세계에서 그것도 사회민주주의보다 더 왼쪽에 있는 정당이 선거를 통해 집권한 것은 실로 오랜만의 사건이었다.

하지만 2002년 집권 이후 재선에 성공한 룰라는 임기 8년 동안 브라질 사회를 사회주의적으로 바꾸는데 성공하지 못했다. 아니 정확히는 시도

> **룰라**(Luiz Inácio Lula da Silva, 1945~)
> 본명은 루이스 이나시우 룰라 다 시우바이다. 1975년 브라질 금속노조 위원장이 되어 브라질의 노동자 대투쟁을 이끌었다. 1980년 PT당 창당하여 1989년부터 당의 대통령후보로 줄곧 나서 2003년 당선된 다음 2006년 재선에 성공했다.

4장 세상을 더 민주화하는 정책들　157

하지 않았다. 룰라는 서방과 금융자본이 요구하는 신자유주의적 개혁프로그램들을 거부하지 않았고, 생산수단의 사회화 같은 급진적인 정책에 착수하지 않았다.

물론 룰라 집권 이후 거시경제지표들은 개선되어 갔다. 그리고 브라질은 BRICs로 상징되는 국제 금융자본에게 매력적인 투자처가 되었다. 룰라 집권의 경험은 아마 좌파도 안정적으로 국가를 경영할 수 있다는 것을 보여준 사건, 혹은 집권한 좌파세력이 사회를 개조한다는 것이 얼마나 지난한 일인가를 보여주는 실례로 기억될 것이다.

그리고 룰라가 현실주의적 노선을 고수한 지난 8년 간 PT당 또한 변해 갔다. PT당은 노동운동은 물론 해방신학운동, 트로츠키주의나 마오주의와 같은 급진좌파운동이 결합된 정당이었지만, 8년 동안 급진세력들은 당을 떠났다. 제4인터내셔널[1] 계열의 트로츠키주의 조직인 '사회주의적 민주주의' 정파가 PT당에서 철수한 것이 그 대표적인 사례일 것이다.

물론 브라질 노동당의 열성적인 활동가들은 아직도 PT당의 건강성을 변호하며, 룰라 정권 하에서 추진된 복지정책과 소득 재분배 효과를 강조한다. 실제 룰라 행정부에서 논란이 많은 제도이

> **BRICs**
> 브라질(Brazil), 러시아(Russia), 인도(India), 중국(China) 등 2000년대 이후 급속히 경제성장을 경험하고 있는 나라들을 일컫는다. 이들 나라들의 주식이나 채권에 투자하는 이른바 '브릭스 펀드'가 만들어져 국내에서도 크게 유행한바 있다.
>
> **해방신학운동**
> 60년대 이후 라틴아메리카의 '저발전' 상태를 설명한 종속이론과 마르크스주의 등 급진사회과학의 영향을 받은 가톨릭 운동. 해방신학운동의 가르침을 따른 사제들은 그리스도교적 구원의 의미를 적극적으로 해석해 사회변혁운동에 나섰다.
>
> **트로츠키주의(Trotskyism)**
> 트로츠키주의자들은 레닌과 함께 러시아 혁명을 지도한 트로츠키의 '불균등 결합 발전론'과 '영구혁명론' 등의 지침을 따름. 레닌 사후 스탈린에 의해 소련 국가가 '타락한 노동자 국가'로 변질되었다는 보는 '제4인터내셔널' 계열과 소련은 스탈린 반혁명으로 인해 국가자본주의로 변했다는 '국제사회주의'의 두 가지 흐름으로 대변된다.

---

1 소련공산당에서 추방당한 트로츠키가 조직한 새로운 인터내셔널 조직. 국제 사회주의(IS) 계열과 함께 세계 트로츠키주의 운동의 두 축이다. 소련을 '국가자본주의'로 파악하는 IS 계열과 달리 제4인터내셔널은 소련을 '관료적으로 타락한 노동자 국가'라는 시각을 유지한다. 프랑스에서 올리비에 브장스노라는 스타 정치인을 배출하고, 최근 반자본주의 신당으로 변화한 LCR(혁명적공산주의동맹) 또한 제4인터내셔널 계열 정당이다.

긴 하지만 기본소득제도[2] 등이 도입되기도 했다.

하지만 이 짧은 글의 목적은 룰라 정부의 공과를 평가하는데 있지 않다. 그보다는 참여예산제라는 브라질 PT당의 히트상품(!)을 나름대로 소개하는 것이 목적이다. 세계 자본주의의 변방, 그것도 좌파정치가 매우 척박한 땅에서 PT당이 개발한 이 정책은 브라질 전역에서 실행되고 있으며, 서구 좌파가 배워가는 정책이 되었다. 그렇다면 참여예산제는 어떤 제도인가?

포퓰리즘과 후견주의

참여예산제를 소개하기 전에 우선 브라질의 정치환경에 대해 알아보는 것이 우선이다. 왜냐하면 참여예산제는 브라질 혹은 남미의 전통적인 정치환경인 포퓰리즘과 후견주의를 극복하는 과정에서 제출된 정책이기 때문이다.

흔히 한국의 보수파들이 거의 경멸조로 다루는 포퓰리즘(Populism)은 인기영합주의 등으로 번역되곤 한다. 하지만 엄밀한 의미에서 포퓰리즘은 매우 카리스마적인 지도자가 대중을 상대로 직접 호소하고, 이들을 동원해 기득권층에 맞서는 재분배 정책 등을 주도하는 정치행위이다. 영화 '에비타'의 배경이 되는 아르헨티나의 페론 정부가 대표적인 포퓰리즘 정부이다.

브라질 노동당
PT당. 금속노조 총파업 등 노동자 대투쟁의 성과로 탄생했다. 스탈린주의 공산당이나 마오주의 공산당 등 기존 브라질 좌파정당과 달리 트로츠키주의, MST(무토지 농민운동), 해방신학운동 등 브라질의 다양한 진보적 흐름이 결합한 정당이다. 2003년 집권 이후에는 종래의 변혁적 노선에서 일탈했다는 평가 또한 얻고 있다.

포퓰리즘(Populism)
중남미 특유의 정치형태로, 카리스마적 지도자가 대중을 동원하는 특징을 지닌다. 영화 '에비타'로 유명해진 아르헨티나의 후안 페론 등은 남미의 대표적 포퓰리스트이다. 서유럽과 달리 자본주의가 저발전한 중남미에서는 노동조합이나 노동자정당의 발전 또한 미약하다. 포퓰리즘적 정치를 통한 빈곤문제 개혁 등은 불가피했다는 평가 또한 있다.

---

[2] 기본소득제도(Basic income). 국가가 일정액의 현금을 무조건적으로 국민에게 제공하는 제도. 판 파레이스 등 기본소득 제도의 주장자들은 경제활동 참가여부나 성별 나이를 불문하고 무조건적으로 소득을 제공하는 이 제도가 기존의 복지제도를 넘는 사회주의적 급진성을 가진 것이라고 본다. 브라질은 2010년부터 국민 1인당 40 브라질 달러를 제공하는 기본소득제도를 실행하고 있다.

라틴아메리카에서 진보적인 정치인들이 포퓰리즘 전략을 취하는 것은 이유가 있다. 서구와 달리 오랜 독재정치로 정당 민주주의의 경험이 일천하고, 일자리가 불안정해서 정규적인 노동조합운동은 어려웠기 때문이다. 따라서 서구적 진보정치의 두 가지 수단 즉, 진보정당과 노동조합이 없는 상황에서 포퓰리즘 전략은 당연한 것이었는지도 모른다.

후견주의(Clientalism) 또한 라틴아메리카의 정치형태를 지칭하는 용어다. 이는 정치사회적 자원이 부족한 피후견인들이 후견인에게 충성하는 대가로 보호와 지원을 얻는 체계이다. 이때 후견인과 피후견인의 관계는 비공식적인 위계질서에 바탕을 둔다.[3] 쉽게 말해 시민들이 자신들의 이해관계를 대변하는 정당이나 여타 조직에 참여하는 대신, 토호와 같은 지방 유력자에게 투표하고 일정한 경제적 보호를 받는 후진적 정치문화이다.

포퓰리즘과 후견주의가 공히 갖는 특징은 이것이 대중의 참여보다는 대중의 동원에 초점을 맞춘다는 점이다. 대중은 포퓰리스트나 후견인들을 지지하는 대가로 일정한 경제적 보상을 받기도 하지만, 이는 시민 자신이 적극적인 정치참여를 통해 성취했다기보다 유력인사가 자신의 지지에 대한 대가로 주는 것이다. 그런 점에서 포퓰리즘과 후견주의는 시민 자신이 스스로 통치한다는 의미에서의 민주주의와는 거리가 있다.

---

[3] 마리옹 그레·이브 생또메 공저, 김택현 역, 『뽀르뚜알레그리, 새로운 민주주의의 희망』, 박종철출판사 2005, 17쪽.

포르투알레그리 참여예산제

PT당은 무엇보다 이런 정치환경을 극복해야 했다. 1970년대 금속노조의 총파업 등 노동자투쟁의 결과로 1980년 창당된 이 당은 군사독재에 대항하는 민주화운동의 한축을 담당했다. 그리고 개헌과정을 거쳐 1989년 26년 만에 치러진 대통령 선거에 자신의 후보 룰라를 화려하게 데뷔시키는데 성공한다.

대선이 있기 한 해 전인 1988년 치러진 선거에서 PT당은 다수 시정부를 장악하는데 여기에는 리우데그란두슐 주(州)의 주도인 포르투알레그리도 있었다. 하지만 달랑 시장 한 명만으로는 역부족이었다. 시의회는 여전히 후견주의적 경향이 강한 지역세력과 보수적인 정당들에 의해 장악되어 있었다. 진보적인 시정활동을 펼치기 위해서는 다른 대안이 필요했고, 그 방안으로 참여예산제가 등장했다.

예산참여기구 구성

시의 필수적인 유지부분을 제외한 예산집행의 순위를 시민들의 직접 참여를 통해 결정하는 기구의 구성은 다음과 같다.

우선 예산참여기구(OP)에는 시민들의 토론을 지원하는 시정부 차원의 행정단위가 있다. 시의 협력조정관 등은 시정부와 시민 그리고 단체들 사이의 의견을 조율한다.

다음 시정부에 대해 자율적이며 시 예산의 우선순위를 결정하는 비공식적인 조직과 단체들이 있다. 여기에는 지역의 노동조합이나 각종의 시민모임들이 있는데, 비공식기구인 만큼 모든 지역에 걸쳐 있는 것은 아니다.

그리고 공식적인 기관들인 지역별 주민총회, 지역별 대의원포럼,

의제별 총회, 의제별 대의원포럼, 그리고 예산평의회가 예산집행과정의 우선순위를 짜게 된다.

1년 나기

이렇게 구성된 예산참여기구는 3월과 4월 시행정부가 전년도 계획을 평하고 올해 계획을 소개하는 것에서 시작한다. 3월과 4월이 되면 각 지역의 풀뿌리 조직과 단체들은 회합을 갖고 자신들의 요구사항을 제시한다.

이어 4월에서 5월이 되면 16개 지역에서 주민총회와 6개의 의제별로 총회를 개최한다. 여기에서 지역주민들의 요구가 모아지고, 대의원포럼에 보낼 대의원들이 참석자 10명 1명 꼴로 선출된다.

다음 선출된 포럼대의원들은 2차 회의 있기 전인 5~6월 사이 다른 지역을 방문, 노동조합을 비롯해 각종의 NGO나 풀뿌리 주민조직들이 요구하는 예산집행 우선순위를 검토한다. 여기서 대의원들은 시 정부 조정관과 함께 지역의 요구 중에 님비(NIMBY)와 같은 것들을 중재해야 한다. 포럼대의원들은 시 행정부와 시민들 사이를 매개하고, 실제 선출된 예산평의회 의원들을 감시한다.

그리고 6~7월이 되면 지역과 의제별로 2차 주민총회가 개최된다. 여기서 시 예산평의회의 평의원들을 선출한다. 이들 평의원은 재선만 가능하며 지역 혹은 의제별 대의원포럼에 소환될 수 있다.

그리고 7월이 되면 선출된 예산평의회 의원들이 축제 분위기에서 임기를 시작한다. 11월까지 이들은 대의원포럼을 통해서 제출된 우선순위들을 확정하고 이를 평의회가 시의회에 제출할 안으로 작성한다. 시의회는 공식적으로 예산의 심의 의결권을 가지고 있지만 예산평의회가 제출한 안에 거부하지 않는다. 또한 예산평의회는 시의회가 예산평의회의 예산을 거부하지 못하도록 압력을 가하는 역할을 한다.

성과

참여예산평의회는 PT당이 시정부에 입성한 초창기에 보수세력이 장악한 시의회를 주민 참여로 압박하기 위한 운동으로 조직되었다. 하지만 시행정에 민중이 개입하자 성과가 나타나기 시작했다. 단적으로 참여예산제가 실현된 10년 동안, 포르투알레그리시에서 수돗물을 사용하는 가정의 비율이 99%가 되었고, 시에서 운영하는 보육센터는 세 배로 늘었다.[4]

총회 등에 주민이 참여하는 비율도 점차 늘어나 2000년이 되면 15,000명 이상이 참여예산제 회의에 참여했다. 물론 총회에 앞서 개최되는 각종의 지역 풀뿌리모임까지 합치면 이 수는 더 늘어날 것이다. 또한 주민이 결정할 수 있는 예산의 범위도 확대되어서 3.2%를 주민참여로 결정하던 초기의 방식에서 2000년도에는 25%까지 증가했다.[5]

브라질의 한 도시에서 이뤄낸 이 작은 혁명을 다른 나라들이 배우기 시작했다. 스페인의 바르셀로나, 캐나다의 토론토, 우루과이의 몬테비데오, 벨기에의 브뤼셀 등이 참여예산제도를 시행하기 시작했다. 한국 또한 2002년 민주노동당이 6.13 지자체 선거에서 최초로 참여예산제의 실시를 공약으로 한 이후 2004년 노무현 정부 당시 행정자치부가 '지방자치단체 예산편성 기본지침'에서 주민이 참여하는

---

[4] 김택현 역, 위의 책, 108쪽.
[5] 전주상, 「예산과정상의 주민참여제도에 관한 연구」, 『한국정당학회보』 제7권 제2호, 한국정당학회, 2008, 205쪽.

'주민참여형 예산참여제'의 실시를 권고했으며, 2006년 현재 16개 지방자치단체에서 이 제도를 실시하고 있다.

참여예산제, 민주주의를 근본적으로 민주화하기

현재 우리 나라에서 시행되고 있는 참여예산제를 평가하기는 무리스럽다. 아직 제도 도입의 초기이고, 현재 실시되고 있는 참여예산제의 행정적 효율성을 파악하는 것은 글쓴이의 능력 밖의 일이다.

오히려 진보정치 세력에게 중요한 점은 참여예산제가 민주주의에 대해 어떤 질문을 던지고 있다는 사실이다. 이를 세 가지 차원에서 정리해 보면 첫째, 참여예산제는 잘 훈련된 관료만이 행정을 수행할 수 있다는 통념을 반박한다. 이는 참여예산제가 민중의 지식을 활용하기 때문이다. 흔히 한국의 참여예산제 도입에서 주목받는 측면은 주민참여로 예산낭비를 막는 효율성이다. 하지만 효율성은 분명 참여의 결과이다. 이는 단편적으로 흩어져서 존재하는 민중의 지식이 참여예산제를 통해 조직되기 때문이다. 지역에 무엇이 필요한지는 행정서비스를 가장 필요로 하는 사람(특히 이는 소득이 높은 사람보다는 소득이 낮은 노동자, 서민이다)이 가장 잘 알 수 있는 법이다.

둘째, 참여예산제는 좌파의 정통적인 정치전략인 이중권력의 새로운 판형이다. 포르투알레그리 참여예산제가 두 번의 총회 과정에서 보여주는 것은 시의회라는 대의제 기관 밖에서 주민이 참여하는 별개의 권력기관, 그것도 소환 등이 가능한 직접 민주주의 기관이 존재한다는 것이다. 시의회의 무기력한 모습과는 대비되게 주민 참여 하에 축제처럼 진행되는 예산평의회는 전통적인 이중권력의 재현이라고 보아도 무방하다.

이것이 세계 진보정치세력이 참여예산제를 주목한 주된 이유였다. 낮아지는 투표율과 노동조합 조직률이 보여주듯 유럽 등 서구 진보정치세력의 고민에 빠졌다. 자신들이 사회변혁의 무기라고 생각했던 현실 민주주의가 무기력에 빠진 것이다. 대중의 참여는 저조해지고, 민주주의는 활력을 잃은 체제가 되었다. 참여예산제는 이중권력이라는 전략을 다시 소환해서 '민주주의를 다시 민주화'하는 모형을 보여준 것이다.

마지막으로 참여예산제는 기존 이중권력과도 무언가 다른 점을 보여준다. 전통적인 좌파에게 민중의 직접 민주주의 기관의 모델은 소비에트이다. 이것은 공장 등 생산현장에 민주주의가 있고, 지리적으로 배치되어 선출되는 대의제 민주주의는 가짜 민주주의라는 관념 때문이다. 물론 생산현장에서 경제적 민주주의는 포기할 수 없는 과제다. 생산수단에서 노동자 민중의 통제와 소유를 실현하고, 생산을 다수 민중의 참여 속에 계획화는 것은 탈자본주의적 대안사회로 가기 위한 필수적 과정이다.

하지만 공장만이 권력의 근거가 될 수는 없다. 현대 자본주의의 수많은 문제들은 이를테면 생태적, 성적, 인종적 문제들은 공장 밖에서도 실재하며, 이를 극복하기 위해서는 노동계급과 피억압 대중 다수의 협력이 필요하다. 따라서 종래의 민중권력기관 또한 혁신이 필요한데 참여예산제의 주민총회와 평의회는 그 모델이 될 수 있다. 이것은 지역적으로 선출되지만 직접 민주주의의 원리를 따르고 있으며 빈곤, 교육, 보건 등 다양한 문제에 개입할 수 있다.

마치며

매우 거칠게 참여예산제를 소개하고, 의미를 살펴보았다. 참여예산제는 이미 한국에서도 실현되고 있는 정책인 만큼 이를 어떻게 활용할 것인가의 문제가 중요할 것이다.

참여예산제의 핵심은 이를 추진하는 주체이다. 포르투알레그리의 참여예산제는 제도 이전에 운동이었다. 그리고 그 운동은 PT당과 그 활동가들이 다양한 지역조직들을 규합하는 일종의 허브역할을 수행했기 때문에 가능했다.

우리 나라의 참여예산제가 단순히 지자체 행정의 보조수단이 아니라 민주주의의 새로운 희망이 되기 위해서 지역으로 들어가 주민을 조직하는 일이다. 우리 동네에서도 구의회 예산의 우선순위 배분을 위해 주민총회를 여는 것을 상상해 보자. 이것이 실현된다면 주민들의 생활이 보다 윤택해 질 수 있을 것이다.

독일의 '노사공동결정제도',
노동현장에도 민주주의를!

—이승환

13

기업운영에 노동자가 참가한다?

 노동문제에 관심이 있는 사람이라면 2009년 쌍용자동차 파업사태를 기억할 것이다. 당시 대다수의 보수언론은 옥쇄파업을 감행한 노동조합의 폭력성에만 초점을 맞추었고, 노동자들을 자신의 이익만을 고집하는 이기적인 집단으로 몰고 갔다. 정리해고가 곧 경제활동의 중단을 의미하는 시대에, 고용보장은 말 그대로 생존권적 요구였지만 이는 국민경제를 위해 희생당해도 좋은 것으로 치부된 것이다.
 진보언론들의 보도도 크게 다르지 않았다. 보수언론이 노동자들의 폭력성에 초점을 맞췄다면 진보언론은 경찰 진압의 폭력성에 초점을 맞췄다. 물론 헬기가 동원된 상상을 초월하는 경찰의 진입작전, 인화물질이 가득한 공장에 안전대책도 없이 진입한 경찰의 폭력은 그 자체로 심각한 문제다. 하지만 왜 이렇게 고용을 둘러싸고 현장 노동자들의 투쟁이 격화되는가에 대한 문제는 진보언론에 의해서도 심층적으로 분석되지 않았다.
 여기에 대한 몇 가지 진보적 분석이 존재한다. 가령 이를 한국의 미약한 복지체계로 설명하는 방법이 가능하다. 즉, 서유럽이나 북구 유럽에 비해 소득 중 시장임금 의존율이 높고, 사회임금 의존율이 낮은 한국[1]에서 해고는 사형선고나 마찬가지이므로 노동자의 투쟁은 격렬할 수밖에 없다.

또 다른 대답도 가능하다. 불황기 기업의 구조조정 과정에서 노동자의 참가가 배제되어 있는 것도 투쟁의 격렬함을 설명할 수 있는 요인이다. 즉, 경영상태가 악화된 기업의 주주와 채권단이 구조조정을 위해 정리해고를 일방적으로 결정하면, 노동조합은 이에 격렬하게 저항하고, 때로는 물리력이 수반된 파업이 계속한다. 그 결과 더 강력한 물리력을 가진 국가에 의해 이들 노동조합의 파업이 중단되고, 합의에 들어간 노동자와 사측이 정리해고의 수준을 다시 조정하는 방식이 반복된다.

만일 구조조정과 같은 기업의 중요한 경영 사안을 처음부터 노동자들이 참여한 가운데 논의하기 시작한다면 사용자와의 갈등은 줄어들 것이다. 이를 위해서는 기업의 운영과 관련해서 노동자의 참가를 제도적으로 보장하는 것이 필요하다.

그리고 노동자의 경영참여가 단순히 고용과 근로조건과 관련된 것에 머물지 않고, 기업의 투자활동 등 경제활동을 결정하는 것까지 확대된다면 이것은 경제 민주주의[2]의 실현이라고 볼 수 있을 것이다. 지금 소개할 독일의 공동결정제도(Mitbestimmung)는 기업 운영에 있어

---

[1] 시장임금은 말 그대로 노동자가 경제활동을 하고 사용자로부터 받는 임금을 말한다. 반면 사회임금은 기업이 아니라 국가 등 공적기구가 현금 형태의 보조금이나 각종 복지서비스로 받는 임금을 말한다. 한국의 사회임금의 비율은 7.9%를 차지하며 이는 OECD 평균 31.9%를 한참 밑도는 수치이다. 스웨덴의 경우는 48.9%로 가장 높다. 오건호, 「한국의 사회임금은 얼마일까?」, 사회공공연구소, 2009 참조.
[2] 엄밀히 보자면 노동자의 참가는 경제 민주주의와 산업 민주주의로 구분된다. 경제 민주주의가 노동자의 주식 보유 등을 허용해 소유의 민주화를 이루는 것이라면, 산업 민주주의는 기업의 운영과 관련해 고도의 분업구조를 대신해 노동자의 참여를 허용하는 것이다. 여기서 소개하는 독일식 '공동결정제도'는 산업 민주주의를 지칭한다고 보는 것이 맞다. 하지만 경제 민주주의와 산업 민주주의의 공히 자본에 의한 소유와 경영상의 독점에서 오는 소외를 극복하고 생산에서의 참여와 민주주의를 보장한다는 목표를 지닌다. 물론 마르크스주의적 시각에서는 경제 민주주의가 더 중시되는데, 이는 생산과정에 대한 통제권이 생산수단의 소유 여부에 따라 결정된다는 시각 때문이다.

노동자들의 참가를 보장하는 가장 독특한 사례이다.

공동결정제도의 얼개

독일식 공동결정제도의 기본적인 얼개를 살펴보자. 우선 공동결정제도는 세 가지 수준에서 존재한다. 우선 공장 단위에서의 공동결정이 있고, 공장보다 더 큰 기업 단위에서의 공동결정이 있다. 그 다음 마지막으로 국가적 차원에서의 공동결정이 존재하는데, 이는 일반적인 노사정 합의 등 조합주의[3] 국가의 운영방식을 담고 있다. 이 중 독일식 공동결정제도의 독특성을 보여주는 공장 차원의 결정과 기업 단위의 공동결정을 살펴보자면 다음과 같다.

공장차원

독일의 공장기본법에 따르면 5인 이상의 18세 이상 종업원과 3인 이상의 피선거권을 가진 종업원을 고용하는 모든 공장단위에서는 종업원의 직접·비밀선거에 의해 공장평의회를 구성하도록되어 있다.[4] 평의회를 구성하는 인원은 종업원 수가 늘어갈수록 많아지며, 공장평의회 업무만을 보는 전임자도 둘 수 있다.

종업원과 공장 내에 조합원을 가진 노조가 추천하는 평의원들로

---

[3] 조합주의(corporatism)는 노사 협조주의 등으로 번역되곤 하는데, 그 이상의 의미를 담고 있다. 이는 정당들의 경쟁과 타협을 통해 국가이익을 구성해 내는 대의제 체제와 대비해 정당이 아닌 이해관계자들의 조직(대표적인 것이 사용자연합과 산별노동조합)의 합의 하에 국가 이익을 구성하는 체제를 지칭하기도 한다. 이러한 국가는 대의제 국가와 대비해 조합주의 국가가 된다. 조합주의적 의사결정은 의회를 통한 대의제적 의사결정을 위협해 비민주적인 것으로 간주되기도 하며, 대의제 민주주의를 보완하는 것으로 간주되기도 한다.

[4] 권기홍, 「독일의 노동자 참가제도」, 조우현 편, 『세계의 노동자 참가제도』, 창작과비평사, 1995, 130쪽.

이뤄진 공장평의회는 산별노조와 산별 사용자연합 간에 체결된 단체협약을 준수하면서 사용자에 대해 종업원의 권익을 대변하는 기능을 지닌다. 공장기본법은 사용자가 공장평의회와 최소 한 달에 한 번 이상 회합을 가질 것과 논란이 되는 문제에 대해 합의점을 도출하는 데 노력해야 할 의무를 명시하고 있다.

이렇게 구성된 공장평의회가 사측과 공동으로 결정하는 사안은 복지문제, 인사문제, 경제문제 등이다. 이 중 복지문제는 노동시간과 휴가계획 복지시설 이용 등 일반적인 근로조건을 다루며, 인사문제는 채용이나 해고 보직이동 등의 문제를 공동으로 결정한다.

사용자측이 가장 강력하게 반발하는 경제적 문제에 대한 공동결정의 경우 21인 이상 공장에서 적용되며, 경제·경영문제와 관련하여 공장평의회가 반대할 수 있는 권리는 제도화되어 있지 않다. 다만 사용자측은 공장평의회에 기업의 재정현황이나 투자계획 혹은 생산방식의 변화를 보고하고, 협의해야 하는 의무가 규정되어 있다.

기업단위의 공동결정

독일식 공동결정제도가 가장 꽃을 피는 곳은 기업이다. 기업 단위에서 공동결정제도는 일반산업분야의 중소기업, 철강분야의 기업, 그리고 일반산업분야의 대기업에서 조금씩 차이가 있다. 하지만 차이에도 불구하고 기업단위 공동결정의 기본적인 얼개는 기업 경영의 이중구조에 있다. 한국과 마찬가지로 독일도 일반적인 이사회가 경영일반을 담당하지만 동시에 이러한 이사회를 선출하고 통제하는 감사회가 존재한다.

일반산업분야의 중소기업 감사회는 총원 1/3이 노동자 대표에게 할애된다. 노동자 대표 감사는 해당 기업의 전체 종업원에 의해 선출되며 추천권은 종업원과 기업 내 공장 평의회에게 있다. 노동자 대표 감사는 1인일 때는 종업원 중에서 선출되지만 2인 이상의 기업인 경우 1명은 육체 노동자, 1명은 사무직 노동자가 선출된다. 노동자 대표가 3인 이상일 경우 산별노조 대표자 등도 노동자 대표로 감사회에 참여할 수 있다. 감사회의 구성이 노사 동수로 구성되지 않는 만큼 이사회의 선임과 통제에 대한 영향력은 강하지 않다. 하지만 이사회 활동에 대한 협의 및 감독권 이사회의 연말결산 및 이윤 분배에 대한 검토권 등 간접적인 영향을 미칠 수 있다.

철강산업분야의 공동결정 중소기업 단위와 다르게 철강산업분야의 감사회는 노동자 대표와 주주 대표 동수로 구성된다. 일반적으로 11인으로 구성되는데 이 중 노동자 대표가 5인, 주주대표가 5인이며 나머지 1인은 중립적 인사가 추천된다.

노동자 대표 감사 중 2인은 기업 내 공장평의회에 의해 3인은 산별 노조 중앙조직에 의해 추천된다. 추천된 감사후보는 형식상 주주총회에서 선출하지만 공장평의회와 노조의 후보추천은 법에 의해 구속력을 갖는다.

노동자와 사용자가 감사회에서 동수로 구성되므로 철강산업분야는 공동결정이 제대로 이뤄진다. 또한 해당 기업의 노동자뿐만 아니라 산별노동조합의 개입력 또한 강력하다. 이는 철강산업분야가 가장 강력한 산별노동조합체계를 갖고 있어 가능한 일이다. 이로 인해 철강부문의 공동결정은 노동조건 개선 등에 머무르지 않고 노동계급의 사회적 역할을 증대하는 측면 또한 갖게 된다.

여기에 기업의 일상 업무를 집행하는 이사회도 달라진다. 이사회는 감사회에 의해 선임되고, 감사회에 대해 기업의 주요 사안을 보고하는데 이사회 내에는 노동이사가 존재한다. 노동이사는 다른 이사와 동등한 자격을 갖지만 감사회 내의 노동자 대표는 다수 의사에 반해 선임되거나 해임될 수 없다. 또 노동이사의 동의 없이는 이사회에서 노동자에게 불리한 인사상의 정책결정도 이루어 질 수 없다. 이를 통해 철강산업분야는 노동자의 참여를 가장 직접적으로 보장한다.

일반산업분야의 대기업 노사공동결정제도는 종업원 수가 2,001명 이상인 대기업 중 철강산업이 아닌 기업에게 적용된다. 감사회는 종업원 총수에 따라 12인, 16인, 20인으로 구성된다. 다만 중립감사가 없이 노사 동수로 구성되며 추천이 아니라 선출된다. 또 노동자 대표 감사의 경우 노조가 할당받는 수에서 철강산업과 차이가 있다. 예를 들어 12인 감사회의의 경우 노동자 대표 감사 6인 중 4인을 종업원 대표가 맡고 2인을 노조대표가 맡는 등 철강산업과 달리 노조를 대표하는 감사가 적다. 또 종업원 대표 감사의 경우 육체노동자와 사무직 노동자는 물론 간부급 사무직 직원도 비중에 따라 선출된다.

일반산업분야의 대기업 감사회는 중립감사가 없는 대신 의장이 캐스팅 보트(의장 1인이 2표를 행사)를 쥔다. 다만 감사회 의장은 감사 총원 2/3로 호선되는데 2/3의 지지가 없는 경우 주주대표 감사들에 의해 단순 과반수로 호선되며, 부의장은 노동자대표 감사들에 의해 호선된다.

일반산업분야의 대기업 이사회는 감사회의 2/3 이상에 의해 선출되지만 2/3 이상의 동의가 없을 경우 감사회 의장, 부의장과 주주 대표, 노동자 대표 감사가 참여하는 추천위원회가 구성된다.

일반산업의 이사회에도 노동이사가 포함되지만 철강산업과 달리, 노동이사의 선임과 해임에 있어 노동자 대표 감사들의 별도의 거부권이 인정되지 않는다. 결과적으로 일반분야 대기업의 공동결정제도는 노동자 참가 수준이 철강산업분야에 비해 낮다. 종업원 대표 감사 중간부급 종업원은 사측이나 주주와 이해를 같이 할 가능성이 크며 캐스팅 보트를 갖는 감사회 의장이 주주대표 감사에 의해 호선되고, 노동이사에 대한 노동대표 감사들의 거부권이 부재하기 때문이다.

공동결정제도의 효과와 현재

2차 대전 이후 형성된 공동결정제도의 도입으로 독일에서는 산업평화가 정착되었다. 자본가들의 우려와 달리 감사회의 노동자 대표들은 기본적으로 기업 이해에 반대하는 입장을 취하지 않았으며, 기업의 투자활동이나 인수 합병 등에도 적극적이었다. 공장 단위의 평의회 또한 그 이름이 무색하게 계급투쟁의 수단이 아니라 노동자가 사용자측과 협력하는 태도를 취했다. 이로 인해 프랑스와 이탈리아 등 남유럽 노동운동의 격렬함이 독일 노동운동에서는 보이지 않았다.

또한 산업 민주주의의 발달과 함께 공장단위의 경우 휴식시간이나 출퇴근시간 문제, 주당 노동시간 배분 등에 공동결정권이 강력하게 활용되었다. 다만 투자 등 경제적 사안의 경우 공동결정권은 제대로 행사되지 않았다. 기업 단위의 경우 노동조합은 노동자 대표 감사를 통해 노동자의 이해관계를 관철시키는 통로를 확보하는 한편, 기업의 상황을 빠르게 파악할 수 있게 되었다. 그로 인해 노동조합은 자신의 요구를 더 현실성 있게 조율하는 것이 가능하게 되었다.

마지막으로 기업에서는 일종의 생산성 동맹과 같은 것이 체결되었다. 공동결정 과정에서 노동과 자본이 갈등하기 보다는 협력하면서 생산성 상승이 곧 노사 간의 공동이해라는 공감대가 형성되었다. 재밌는 점이 공동결정제도를 추진했던 산별노조가 공동결정제도가 안착됨에 따라 조직력이 약화 되었다는 점이다.

물론 공동결정제도가 단순히 노사 협조의 수단만은 아니다. 최근까지도 독일의 사용자단체들은 이 제도로 인해 독일경제의 대외적 경쟁력이 약화된다고 주장한다. 2004년의 경우 독일산업연합회(BDI) 및 독일경영자협회는 기업 이사회 선출이 감사회 2/3의 지지를 받게 되어 있어 최고경영자가 근로자측에 불리한 사안을 처리하기 곤란하다는 이유를 들어 노동자 대표를 1/3로 축소하는 공동결정제도 개혁안을 제안하기도 했다.[5] 자본측의 이러한 반발은 공동결정제도로 인해 독일 노동자들이 일방적으로 정리해고되지 않는다는 것을 의미한다.

한국에서 공동결정제도의 가능성

지금까지 살펴 본 공동결정제도가 우리 사회에 갖는 의미는 무엇일까? 한국에서 공동결정제도의 필요성은 단순히 구조조정의 대항수단으로만 제한될 수는 없다. 무엇보다 공동결정제도가 필요한 이유는 그것이 재벌대기업의 횡포를 막는 유용한 수단이라는 점이다.

최근 몇몇 대기업은 역대 최고의 영업이익을 내고 있음에도 고용을 비롯한 사회적 책무는 다하지 않는 것은 물론 납품단가 후려치기 등 중소기업에 대한 불공정 관행을 여전히 계속하고 있다. 따라서 개입수단으로서 공동결정제도의 필요성은 절실하다 하겠다.

물론 대기업, 총수일가의 전횡적인 기업지배에 대한 해법으로 소액주주운동이나 사외이사제도

> **소액주주운동**
> 이른바 개미투자자 등 소액주주의 권한을 강화해 기업경영의 투명성을 높이고 비정상적인 경영행태를 민간차원에서 감시하고자 하는 취지로 '참여연대' 등 시민단체를 중심으로 진행됐다. 삼성 등 만성적인 족벌경영의 폐해를 환기했다는 평가와 함께, 주주자본주의를 시민사회진영이 사실상 뒷받침했다는 양면적 평가가 존재한다.

---

5 한국은행, 「독일의 노사 공동결정제도 개혁논란」, 『해외경제 포커스』 제2004-47호, 한국은행, 2004, 1쪽.

도입이 모색되기도 했다. 하지만 사외이사제도가 형식적으로 운용되고 있는 형편이고, 소액주주운동은 삼성의 불법, 위법한 경영권 승계를 막아내지 못했다.

결국 근원적 대안은 기업 내부의 노자관계의 힘에서 찾아야 한다. 즉, 노동조합이 내부의 감시 역할을 맡아 기업의 투명성과 고용창출 역할을 강화하고 중소기업에 대한 불법 하도급 문제까지 개입해야 한다. 그렇게 되면 그 효과는 사회 전체의 이득으로 돌아갈 것이다.[6]

> **사외이사제**
> 기업 대주주의 영향을 받지 않는 대학교수, 변호사 등 전문가 집단이 기업경영에 참여하는 것을 통해 경영의 투명성과 이미지를 제고하기 위해 도입되었다. 국내에서는 1996년 현대가 처음 실시하여 대부분의 대기업들이 도입하고 있다. 하지만 사외이사제도의 실상은 재벌대기업과 특수한 관계에 있는 대학교수 등이 연봉확대 수단 등으로 사용되는 한편, 재벌들의 투명경영 방파제 등으로 악용되고 있다.

그러나 총수일가가 그 운영을 떡 주무르듯 하는 한국의 대기업 구조에서 '과연 이것이 가능할까?'라는 의문도 가능하다. 하지만 대기업은 총수일가의 것도 주주만의 것도 아니다. 산업화 이후 막대하게 늘어난 노동자, 기업의 성장에 따라 자연스레 증가한 협력업체, 소비능력이 진작된 한국의 소비자, 여기에 기업이 입주해 있는 지역사회 모두의 것이다. 대기업은 그 영향력이 커진 만큼 그 책임감도 진작되어야 한다. 대기업이 과거 가족기업과 같은 차원에서 운영되기에는 그 차원과 영향력이 달라졌다. 또한 이들 대기업은 국가의 재정지출에 의한 효과는 물론 막대한 세금지원까지 받고 있다. 충분히 이들 기업에게 책임성과 시민사회의 개입을 요구할 수 있다는 것이다.

그러면 어떠한 공동결정제도가 되어야 하나? 독일의 경우와 같이 노동의 참여가 기본이다. 하지만 여기에 그쳐서는 안 된다. 독일식 공동결정제도가 전후 자본주의의 호황기에 생산성 상승과 산업평화

---

[6] 진보정치연구소, 『사회국가, 한국사회 재설계도』, 후마니타스, 2007, 135쪽.

를 목적으로 다분히 성장주의적 차원에서 고안된 것이라면 지금은 여기서 더 나가야 한다. 가령 기업 활동의 결과에 따라 지역이나 국가적 차원에서 생태적 문제가 제기된다면 여기에 이해관계를 가진 지역주민이나 국민들 또한 공동결정제도에 참여할 수 있어야 한다. 이런 경우에 공동결정제도는 노동의 경영참가라는 수준을 넘어서 경제 전반의 민주주의를 제고하고, 현대 자본주의의 문제들에 대응하는 수단으로 변화할 수도 있을 것이다.

세상을 바꿀 정책들
: 기후변화의 시대에 미래사회를
　　준비하는 정책들

123
456

123
456

'탄소세',
기후변화시대, 녹색조세제도를 준비하자!

—송용한

14

지구의 온도는 지난 100년 동안 0.74도 상승하였다. 한반도는 그 두 배인 1.5도 더워졌다. 지구가 더워지고 있는 이유는 온실가스 때문이다. 온실가스는 이산화탄소(CO_2)가 대표적이고 그 밖에 메탄가스(CH_4), 프레온가스(CF_4), 아산화질소(N_2O), 과불화탄소($PFCs$), 6불화황(SF_6) 등이 있다. 산업혁명 이후 온실가스 배출은 급격히 증가하였는데 2004년 배출량은 1970년 대비 70%나 증가하였다.[1]

이렇게 온실가스가 과다 배출되면서 학창시절 과학시간에 배웠던 기후시스템(기후를 결정하는 대기권, 수권, 설빙권, 생물권, 지권으로 구성)에 교란이 생기기 시작하였다. 지표면이 반사시킨 열을 대기공간의 온실기체가 흡수하거나 지표면으로 재방출시키면서 지구온도가 상승하게 된 것이다.

기온 상승만이 지구 온난화의 징후는 아니다. 지구 온난화로 인해 빙하가 녹고 해수면이 상승하고 저기압의 경로와 바람의 패턴이 변화하기 시작했다. 호우 발생 빈도가 증가하였으며, 태풍피해와 홍수, 가뭄 등 갖가지 기후 재앙이 전 지구를 휩쓸기 시작하였다.

---

[1] 국립기상연구소, 「기후변화 이해하기」, 2009.

결국 1988년 세계기상기구와 유엔환경계획에 의해 기후변화에 관한 정부간 협의체(IPCC)가 설립되었다. IPCC는 기후변화와 관련한 과학적이고 기술적인 사실에 대한 평가를 제공하고 사회경제적 영향을 예측하여 정기적으로 보고서를 작성하여 발표한다. 현재는 4차 보고서까지 나와 있다.

또한 지구 온난화 현상이 심각한 지구환경문제로 대두되면서 1992년 리우 유엔환경개발회의에서 국제적으로 온실가스 배출을 규제하기 위한 협약을 채택하였는데 이것이 바로 기후변화협약이다. 우리나라는 1993년 12월 14일 가입하였고 기후변화협약 당사국 총회는 1995년 베를린에서 1차 총회가 열렸으며 2009년 덴마크 코펜하겐 총회까지 통틀어 15차 총회까지 열렸다.

특히 1997년 교토에서 열린 3차 기후변화협약 당사국 총회가 중요하다. 이때는 기후변화협약을 구체적으로 이행하기 위한 의정서를 채택하였는데 그것이 바로 교토의정서이다. 이 교토의정서에는 국제배출권 거래제, 청정개발체제, 공동이행체제[2] 등의 온실가스 저감 제도가 담겨있다.

하지만 교토 메커니즘은 2001년 3월에 미국이 자국의 산업보호를 위하여 탈퇴하면서 유명무실해졌다. 이 체제의 감축목표를 이행하는 만료시한은 2012년이다. 따라서 현재 당사국 총회에서는 교토체제 이후의 온실가스 감축을 위한 이행

세계기상기구
(WMO, World Meteorological Organization)
기상관측을 위한 세계의 협력을 목적으로 1950년 설립된 국제연합의 기상학(날씨와 기후) 전문기구로 본부는 스위스 제네바에 있다. 우리나라는 1956년 3월에 회원으로 등록하였으며, 2008년 현재 188개국이 가입되어 있다.

유엔환경계획
(UNEP, United Nations Environment Program)
유엔 차원에서의 환경관련 활동에 대한 방향 설정과 조정 등을 통해 정책지침을 제공하고 환경분야의 국제협력과 환경관련 정보의 수집·평가·교환을 촉진하기 위해 1972년 제27차 유엔총회의 결의로 설립되었다. 최고 의사결정기구인 집행이사회의 개최는 홀수년도에, 특별 집행이사회는 짝수년도에 개최하며, 매년 세계 환경장관회의를 이사회와 동시에 개최한다. 본부는 케냐의 수도 나이로비에 있다.

---

2 온실가스 배출량이 제한되는 선진국들이 협조하여 주어진 공약사항을 공동으로 이행할 수 있도록 하는 제도, 각국의 온실가스 의무 감축량이 결정되며 또한 선진국이 개발도상국에 투자하여 온실가스 배출을 감소시키면 그 실적을 선진국의 감축분으로 인정해준다.

계획을 논의하고 있다.

이러한 온실가스 감축을 이행하기 위한 국제질서에 적응하기 위하여 각국은 탄소세 도입에 대하여 적극적으로 논의하고 있다. 탄소세는 1990년에 핀란드가 처음으로 도입한 이래로 북유럽 국가들이 도입하였다. 북유럽 나라들의 경우 기존 조세체제에서 탄소세를 신설하기보다는 전체 조세개혁 차원에서 탄소세를 도입하였다. 원래 직접세 조세부담이 높았던 북유럽 국가들은 법인세나 소득세 등 직접세를 인하하는 대신에 탄소세를 도입하는 조세중립적 세제개혁을 실시하였다. 그리고 세제의 녹색화라는 측면에서 환경세를 강화하였다.

탄소세는 간접세 형태의 소비세이다. 탄소세 탄소가 함유된 에너지의 가격을 상승시켜 에너지 소비를 억제시키는 정책이다. 가격을 통해 에너지 시장을 통제하겠다는 취지이다. 그리고 탄소세로 인한 세수는 친환경 부분에 지출되거나 에너지 복지 부분에 투입된다. 쉽게 말해서 석유, 석탄, 전기, 가스 등에 세금을 부과하여 가격을 올리면서 에너지 소비를 억제할뿐 아니라 기업들에게는 에너지가 덜 소비되는(에너지 효율적인) 제품을 개발하도록 유도한다는 것이다. 대개 탄소세는 규제의 성격뿐만 아니라 지원의 효과도 있다. 에너지 효율적인 제품을 개발하거나 에너지 효율의 경영 실적이 있는 기업에게는 인센티브를 부여하고 감세 해택을 주기도 한다.

가격조정을 통한 소비억제와 기업의 기술개발 효과를 유도하였던

> **유엔환경개발회의**(UNCED, United Nations Conference on Environment & Development)
> 인간환경회의 20주년을 기념하여 1992년 6월 3일부터 14일까지 브라질의 리우데자네이루에서 개최된 국제환경회의이다. 회의에는 185개국 대표단과 114개국 정상 및 정부 수반들이 참가했다. 일반적으로 지구환경회의(Global Forum '92) 또는 리우회의라고 부른다. 이 회의의 주제는 '인간과 자연 환경보전 경제개발의 양립'과 '환경적으로 건전하고 지속 가능한 발전(ESSD)'이었다. 회의 결과 발표된 '리우선언'에는 자연과 인류, 환경보전과 개발의 양립을 목표로 한 유엔환경개발회의의 기본이념이 담겨있다. 참가국들은 리우선언의 행동계획으로 '의제21'을 채택하였다. 리우회의 이후 유엔경제사회이사회는 산하에 지속가능개발위원회(CSD, Commission on Sustainable Development)를 설치하여 '의제21'의 이행을 감시할 수 있는 체제를 구축하였다.

> **교토의정서**(Kyoto Protocol)
> 기후변화협약을 구체적으로 이행하기 위한 내용을 담은 교토의정서는 1997년 12월 일본 교토에서 개최된 제3차 기후변화협약당사국총회에서 채택되었다.

조세정책의 사례를 살펴보자. 정부는 최근 전력과소비 전자제품에 세율 6.5%를 부과하는 개별소비세를 도입하여 2010년 시행에 들어갔다. 시행 준비시기만 하더라도 정부는 시장의 확장과 세수의 확대를 예상했었다. 하지만 결과는 예상을 빗나갔다. 기업들이 기술개발을 통해서 전력소비 제품의 에너지 효율을 높임으로써 자사 제품이 세금 부과대상에서 제외되게 하였다.

이렇게 가격조정을 통한 에너지 시장 통제 방법은 효과적이기 때문에 환경단체들은 일찍부터 심야전기처럼 에너지 사용에 대한 정부의 지원정책을 중단하고 에너지 가격을 현실화(인상)하라는 주장을 해왔다.

물론 우리나라도 유류에 세금을 부과하는 교통·에너지·환경세라는 것이 있지만 이 세제의 세수는 도로 공급에 지출되면서 오히려 교통수요를 부추겨 에너지 소비를 유도한다고 비판 받았다.

일반적으로 전 세계의 환경운동가들은 국가의 강력한 온실가스 배출 억제정책으로 탄소세 도입을 선호해왔다.

탄소세 신중론 펼친 진보언론

한겨레신문 2010년 2월 17일자에는 흥미로운 사설이 실렸다. '탄소세, 도입 시점과 부과 대상 신중히 고려해야'라는 제하의 사설이 그것이다. 이 사설이 흥미로웠던 이유는 진보적인 신문으로 분류되는 한겨레신문이 탄소세 도입에 대해 신중론을 폈기 때문이다. 진보는 환경운동이나 녹색주의와 친화력이 있다. 문명의 황금광시대인 자본주의를 성찰하는 녹색의 가치가 자본주의의 모순을 극복하려는 진보의 가치가 만나는 접점이 크기 때문이다. 그래서인지 한겨레신문의 기사와 칼럼들에는 환경운동가들이 많이 등장한다. 환경운동가들의 경우도 탄소세 도입을 일찍부터 주장해 왔다. 환경운동연합에서 활동한 전문가와 활동가들이 모여서 기후변화행동연구소라는 싱크탱크를 만들었는데 이 연구소에서는 2009년에 탄소세 도입을 위한 토론회를 개최하기도 하였다.

한편 국내뿐 아니라 외국의 환경운동가들도 탄소세나 탄소배급제 도입을 주장해오고 있다. 일각에서는 선진국에게 탄소배출의 면죄부를 부여해준다는 이유를 들며 탄소배출권거래제도를 반대하며 탄소세 제도를 옹호하는 흐름도 있다. 우리나라에서도 포털사이트 다음(Daum)에서 탄소배출권거래제도를 비판하고 탄소세 도입을 요구하는 청원운동이 발의되기도 하였다.

사실 한겨레신문의 탄소세 신중론이 생뚱맞게 나온 것은 아니다. 국내에서도 탄소세 도입이 활발하게 검토되면서 이제는 환경운동가들조차 탄소세 도입을 무조건 찬성하고 있지는 않다. 민주노동당의 환경정책 워크숍에서는 국민 각 개인들에게 부담이 지워진다는 점 때문에 탄소세에 대한 우려 섞인 목소리가 나오기도 하였다.

사실 이명박 정부의 탄소세 도입 의도에 대해서도 석연치 않은 구석이 있다. 미운 며느리 하는 짓은 다 곱지 않다고 하듯이 이명박 정부가 탄소세 도입을 검토하는 이유가 잇단 감세에 따른 세수부족으로 인해 국가재정이 악화되는 것을 조금이라도 덜어보기 위함이 아닌가 하는 의심이 드는 것도 사실이다.

그러면 한겨레신문의 탄소세 도입과 관련한 사설을 살펴보자. 사설에서는 탄소세를 도입하는 것이 세계적인 추세로 우리나라도 이 제도의 도입을 검토하는 것은 지구온난화를 방지하기 위해서 긍정적이라고 전제하고 있다. 그러나 탄소세를 도입하면 국민경제에 피해를 주며 탄소연료를 많이 쓰는 개인이나 사업자의 경제적 부담이 커지게 되어 과세 대상과 세율의 형평성을 잃으면 사회적 반발도 거세질 것이라고 한겨레신문은 주장한다. 그래서 탄소세 도입은 환경과 경제의 조화를 위해서는 신중한 접근이 필요하다는 것이다.

탄소세 도입이 국민경제에 피해를 주며 탄소연료를 많이 쓰는 개인이나 사업자에게 경제적 부담을 준다는 논지는 기업계의 주장과 일맥상통한다. 우리 경제는 철강이나 자동차 등 석유와 석탄과 같은 화석에너지에 의존하는 산업이 중요한 비중을 이루고 있다. 따라서 기후변화에 대비하기 위해 새로운 경제 환경을 마련해야 하지만 기업계가 준비할 수 있는 시간을 충분히 보장해주어야 한다는 것이 기업계의 요구였다. 말인즉슨 환경만을 고려할 수 없다는 것이다.

하지만 탄소세의 도입 취지는 탄소가 함유된 화석 에너지의 절약이고 재생가능 에너지로의 전환이다. 지금은 기업이나 사회 전체의 변화를 추동해야 하는 국가정책의 역할이 필요한 시점이다. 필요하다면 산업의 개편도 대비해야 한다. 국제적으로는 탄소배출이 많은 무역상품에 징벌적 성격의 관세가 부과될 가능성도 커지고 있다. 이러한 경제질서의 개편은 화석연료에 의지하는 산업이 더 이상 경제적 이득을 많이 거둘 수 없게 됨을 예고한다. 자연스레 사양 산업이 되는 것이다. 이러한 산업은 개발권이 보장되는 개발도상국으로 이전될 가능성이 커진다. 온실가스 배출이 상대적으로 많지 않은 국가가 아니면 철강산업으로 재미를 못 보는 시대가 올 것이라는 의미이다. 참고로 우리나라는 온실가스 배출이 전 세계에서 아홉 번째로 많은 나라이다.

현재까지 지구 온난화를 방지하기 위한 기후변화협약 당사국 총회가 15차까지 열리면서 온실가스 감축을 위한 고강도의 협약이 마련될 예정이다. 비록 선진국과 개발도상국 간의 갈등이 심하고 미국과 중국, 인도의 반목이 커지면서 새로운 기후변화협약 질서를 마련해

나가는데 먹구름이 드리워져 있다. 게다가 학계와 언론계에는 지구 온난화 음모론 주창자들이 활개를 치고 있다. 그렇지만 시시각각 다가오는 기후재앙과 기상이변들은 결국 세계 각국 정상들을 지구 온난화 방지를 위한 테이블에 앉게 만들 것이다.

기업계는 탄소세 뿐만 아니라 탄소배출권 상한제 등 기후변화에 대비하는 정책수립에 어깃장을 내고 있다. 이는 구태의연할뿐 아니라 기후변화에 대한 무책임한 태도이다.

그런데 방금 살펴본 한겨레신문 사설 가운데 걸리는 대목이 있다. 바로 "과세대상과 세율의 형평성"이란 대목이다. 형평성이란 말은 부유한 계층을 위할 때 쓰는 말이 아니다. 사회적 약자나 저소득층을 고려할 때 쓰는 표현이다. 탄소세가 혹시 저소득층이나 서민에게 상대적 부담감을 주는 것은 아닌지 꼼꼼히 따져봐야 한다.

탄소세, 저소득층에게 불리할 수 있어

탄소세는 소비세의 형태로 부과된다. 그러니까 석유와 같은 유류와 석탄 등의 화석연료에 세금을 부과하는 것이다. 당연히 화석연료의 가격은 인상된다. 상대적인 가격조정을 통해 시장을 친환경적으로 변화시키기 위한 것이다. 구체적인 예를 들어보자. 현재 미국 의회에 제안된 2개의 관련 법안은 탄소세를 알아보는데 도움이 될 것이다.

먼저 스탁(Stark) 의원이 제안한 법안은 석탄, 석유 및 석유제품, 천연가스의 탄소함유량에 따라 세금을 부과하는 법안이다. 예컨대 탄소 1톤당 10달러의 세금을 부과한다. 그리고 1990년도 기준으로 이산화탄소 배출량을 20% 이상 초과하지 않는다면 세금을 매년 톤당 10달러씩 인상한다.

그리고 라르손(Larson) 의원이 제안한 법안이 있다. 이 법안은 탄소 1톤당 15달러를 과세하고 매년 톤당 10달러씩 인상한다. 다만 5년 후 미국 환경청의 감축목표량을 충족하지 못한다면 매년 15달러씩 인상하게 된다. 그리고 그 세수는 Energy Security Trust Fund(에너지 안전 신탁기금)에 활용된다.[3]

이외에도 탄소 1톤당 55달러를 소비세로 부과하는 것이 적당하다는 미국의 한 연구 보고도 있다.[4] 이럴 경우 미국민을 대상으로 하는 근로소득세 공제도 함께 병행해야 한다고 연구보고서는 제안하고 있다.

이처럼 탄소세는 소비세의 형태로 부과하는 것이기 때문에 우리나라 조세체계상 간접세에 해당한다. 간접세는 직접세와는 달리 역진세의 효과가 있다. 역진세는 누진세와는 대립되는 개념인데 과세 물건이나 금액이 많아질수록 세율이 적어진다. 역진세는 우리나라에는 존재하지 않는다. 다만 간접세의 경우 소득이 많건 적건 똑같은 세액을 부담하게 되므로 조세부담률은 저소득층일수록 커져서 역진성의 효과가 발생한다. 한겨레신문의 사설이 지적하는 것도 바로 이 부분일 것이다. 성급하게 탄소세를 도입하다가는 특히 에너지 빈곤으로 어려움을 겪는 저소득층이나 영세사업자들이 피해를 볼 수 있다. 따라서 형평성을 고려하여 과세대상과 세율을 조정하여야 한다는 주장은 시사하는 바가 크다.

이에 대해 영국의 사회학자이며 『제3의 길』의 저자로 유명한 앤서니 기든스의 의견을 참고해 볼 필요가 있다. 앤서니 기든스에 의하면 영국의 경우에도 일률적으로 탄소세를 부과하면 예상보다도 높

---

3 한국조세연구원 재정브리프, 「녹색성장을 위한 최근 외국 정책 동향」, 2009. 5. 20.
4 Edelman Trust Barometer 2008(앤서니 기든스, 『기후변화의 정치학』에서 재인용)

은 역진성이 나타나는 것으로 평가되었다고 한다. 그래서 그 대안으로 지원과 제재를 함께 묶어서 시행하는 방법을 제안하고 있다. 지원의 방법은 쉽게 생각해낼 수 있다. 각 가정들로 하여금 에너지 효율을 위한 보조금을 지급하는 것이다.(각 가정의 에너지 효율을 위한 지원은 뒤에 소개할 정책인 WAP를 참고하기 바란다) 문제는 제재인데 에너지 효율 개선을 달성하지 못한 가정을 대상으로 기후변화 추징금(climate change surcharge)을 부과하도록 하자는 것이다. 이는 일정기간 동안 재산세 납부액을 기준으로 가장 부유한 계층부터 시작하는 방안이 있다.

세금과 혜택(저소득층에 대한)을 한데 묶어서 시행하자는 것은 앤서니 기든스 외에도 폭넓게 제안되고 있다. 우리나라의 경우 한국조세연구원 김승래 연구위원의 연구내용도 주목할 만하다.[5] 그에 따르면 세수는 녹색관련 산업에 투자하고 일부는 환경취약계층을 지원한다면 녹색 일자리 창출과 환경 최종소비자의 후생이 증진될 것이라고 평가한다. 물론 탄소세의 세수로 4대강 사업 같은 위장 녹색사업에 환류되는 일은 없어야 하겠지만 말이다.

앤서니 기든스 역시 탄소세는 분명히 "다른 명목으로 포장하거나 다른 구실을 달지 말고 시민에게 투명하게 밝히고 거둬야" 한다고 강조하였다. 만약 신설되는 탄소세가 엉뚱한 삽질산업에 흘러들어간다면 거센 조세저항이 일어날 것이다.

탄소세는 환경세의 일종으로 우리나라에도 환경세가 없었던 것은 아니다. 교통에너지환경세라는 조세가 그것이다. 하지만 교통에너지환경세는 세수활용을 보면 도로 등 교통기반시설을 지원하는데 활용되었기 때문에 환경세라기 보다는 교통세에 가까웠다.

교통에너지환경세는 유류제품에 부과했는데 휘발유는 리터당 475

---

[5] 김승래, 「탄소세 도입가능성에 대비한 조세 재정정책의 방향에 관한 연구」, 한국경제학회, 2002.

원, 경유는 리터당 340원이 부과되었다.[6] 이 세수는 도로→ 철도→ 항만→ 공항 순으로 배분되었다. 그러다보니 환경오염의 저감이나 화석에너지 사용 억제에 기여하기보다는 도로 공급에 활용되면서 오히려 자동차 수요를 부추기는 효과가 발생했다. 이렇게 교통에너지환경세는 세수 운용이 경직되어 있고, 에너지에 부과하는 과세체계를 복잡하게 만든다는 문제점 때문에 개별소비세로 통합될 예정이다. 교통에너지환경세가 폐지되더라도 유류에 부과하는 세율과 세액은 달라지지 않아서 소비자가 내는 세금액의 변동은 없다.

그렇다면 에너지에 부과하는 세금제도에 탄소세를 도입하면 어떻게 될까? 이 시나리오를 가정한 연구결과가 있다. 서울대학교의 한 석사논문[7] 따르면 현재 우리나라에서 실시하고 있는 유류와 에너지원에 탄소세를 부과해보았더니 고소득층은 조세에 대한 부담강도가 줄어드는 반면 저소득층일수록 세부담에 대한 강도가 커지는 것으로 나타났다. 게다가 이산화탄소 배출량에 따라 탄소세를 도입할 경우 저소득층의 조세부담이 커지는 역진성 효과가 발생한다는 것이다. 특히 탄소세를 먼저 도입한 외국의 세율을 적용하면 이러한 역진성은 더욱 커질 것이다.

결국 에너지복지라는 견지에서 보면 탄소세는 저소득층에게 불리한 조세제도이다. 탄소세 도입에 대해 멈칫할 만한 충분한 이유가 생긴다. 기후변화에 대비하기 위해 온실가스 배출을 삭감하는 것도 중요하지만 에너지 빈곤층을 구제하는 것도 중요하다. 그런데 온실가스 배출량을 감소하기 위한 제도가 서민들과 저소득층에게 피해를 준다면 이것은 정책 부작용이자 제도의 역효과이다. 그렇다면 외국에서는 탄소세를

---

6 한국조세연구원 홈페이지(http://www.kipf.re.kr).
7 김윤희, 「탄소세 도입에 따른 난방용 에너지원의 소득재분배에 대한 영향연구」, 서울대학교 환경계획과 석사논문, 2007.

어떻게 도입하여 운영하고 있는지 살펴볼 필요가 있다.

탄소세의 외국사례 : 감세의 대체수단[8]

최근 OECD 국가들의 환경규제와 환경보전에 대한 관심이 증대되면서 환경오염 저감을 위한 환경관련 조세와 재정지원 정책을 적극 활용하고 있다.[9]

가장 먼저 탄소세를 도입한 나라가 바로 핀란드이다. 1990년 1월에 화석연료의 탄소함량에 따라 탄소세를 부과하였다. 핀란드는 국토의 약 60%가 산림이라서 삼림자원을 활용한 재생가능 에너지 이용의 선두국가이다. 게다가 환경에 대한 국민의식이 높아서 세계 최초로 탄소세를 도입하게 되었다.

핀란드는 탄소세를 도입하기에 앞서 소득세를 감면하였는데 세수 결손을 보전하기 위한 세제개편의 일환으로 탄소세를 도입하였다. 핀란드는 탄소세를 도입한 이후 8년 동안에 걸쳐 400톤의 이산화탄소 배출을 저감시켰다.

네덜란드는 핀란드보다 한 달 늦은 1990년 2월에 탄소세를 도입하였다. 탄소세 도입과 함께 네덜란드는 일반 연료세를 1.5배 인상하여 연료세 전체를 환경보전을 위한 재원으로 활용하였다. 네덜란드는 세계에서 가장 혁신적이라고 불리는 국가환경정책계획을 1989년 발표하여 2010년까지 오염물질 배출량을 70~90%까지 삭감하는 목표를 세운바 있다. 1996년에는 에너지 규제세를 신설하여 세수는 사

---

[8] 탄소세 도입 가능성에 대비한 조세·재정정책의 방향에 관한 연구(김승래, 한국조세연구원 연구위원)에서 발췌.
[9] 국회 기후변화법에 대한 공청회(2009) 『기후변화협약에 대비한 탄소세 도입에 대한 논의』(김승래 한국조세연구원 연구위원).

회보장기여금의 부담분 인하와 근로소득세 및 법인세 등을 낮추는데 사용되었다. 또한 네덜란드는 환경세위원회(Green tax commission)를 설치하여 의회, 정부, 학계, 관련단체의 대표를 구성원으로 두고 있다. 이 환경세위원회가 네덜란드의 환경친화적 세제개편을 주도하고 있다.

스웨덴은 1988년에 국회에서 기후변동 문제가 거론된 후 1991년 이산화탄소세를 도입하였다. 스웨덴도 핀란드와 마찬가지로 일찍부터 기후변화에 대비하기 위한 정책과 제도를 마련한 환경선진국이기 때문에 이른 시기에 탄소세를 도입할 수 있었다. 특히 스웨덴의 탄소세 도입은 소득세를 에너지 및 환경오염세로 전환하는 세제의 녹색화 경험과 탄소세에 대한 꾸준한 연구 결과물이었다. 스웨덴은 1991년에 탄소세, 유황세, 질소세를 도입하면서 발생한 세수를 이용하여 소득세의 한계 세율[10]을 인하하고 에너지세로 인한 세수는 소득세를 감면하는데 이용되고 있다.

덴마크는 "일단 배출된 이산화탄소는 경제적 부담 없이는 회수가 불가능하다"라는 인식하에 1992년 민생부문에, 1993년 사업부문에 이산화탄소세를 도입하였다. 특히 1993년 1월부터는 부가가치세 등록 기업에서 사용되는 에너지에 대해서 탄소 톤당 부과하는 탄소세를 도입하였다. 탄소세와 함께 모든 에너지원에 대해서 부가가치세를 부과하고 있는데 산업 및 전력발전에 사용되는 에너지원과 상업용, 수송용 경유에 부과되는 부가가치세는 환급되고 있다. 덴마크의 에너지 세제는 에너지를 효율적으로 사용하는 기업에는 환급을 해주거나 근로소득세를 감면시키는데 사용되고 있다. 또한 경쟁력의 유지를 위해 산업 및 무역부문에 사용되는 에너지에 대해서는 면세대상을 확대하거나 환급을 해주는 등의 조세지원을 제공하여 산업경쟁

---

[10] 소득의 증가분에 따라 지불하게 되는 조세 증가분의 비율로 한계 세율이 낮아지면 일을 선호하고 한계 세율이 높아지면 여가를 선호한다.

력의 약화를 방지하였다.

 영국은 기후변화세(Climate Change Levy)를 2000년 3월에 도입하였다. 기후변화세는 산업, 농업, 공공부문에서 에너지 사용을 과세대상으로 하고 있다. 가스부문 및 발전공급 등의 에너지 전환 부야는 과세대상에서 제외되며, 가정부문에는 특정 사용량 이하를 사용하면 비과세대상으로 인정된다. 기후변화세 관련 조항 중에는 국제경쟁력, 환경, 지역에 대한 영향을 배려해주는 면제·경감조치가 마련되어 있다. 특히 에너지 사용 기업이 정부와 법적 구속력이 있는 자주협정인 기후변화협정을 맺어 에너지 감축목표치를 달성할 경우 80%의 감세조치를 적용 받는다. 또한 지역적 영향을 고려한 조치로 파이프라인 계획이 진행 중인 북부 아일랜드에서의 천연가스 사용은 5년 간 비과세로 하고 있다.

 노르웨이는 1991년 소득세를 인하하고 간접세를 강화하는 세제개편을 단행하면서 탄소세를 도입하였다. 그러나 노르웨이의 탄소세는 탄소함유량에 비례하여 세율을 책정하지 않았고 지금 프랑스에서 도입하려는 탄소세처럼 여러 가지의 환급제도와 면세제도를 허용하고 있어서 탄소세의 목적에는 부합하지 않은 것으로 평가되고 있다. 이는 탄소세 도입으로 인한 산업의 경쟁력 약화를 보완하기 위한 자구책이라고 할 수 있다.

 독일은 에너지 관련 특별세로서 1994년 4월부터 환경세(Eco Tax)를 도입하여 석유류 제품에 긴급비축기금을 부과하고 있다. 독일의 사민당은 2001년 환경관련 세제를 더욱 강화하면서 기존의 소득관련세는 감면하였다. 이에 따라 법인세는 42%에서 25%, 개인소득세는 53%에서 42%로 낮아졌다.

 일본은 유럽의 탄소세 도입과는 다른 양상이라서 주목하게 된다. 소득세나 법인세 등 직접세를 인하하는 세제개편 과정에서 탄소세를 도입한 사례와는 다르게 세제개혁의 과정을 거치지 않고 별도의 조세제도를 신설하는 방식으로 탄소세를 도입하였다. 그래서 유럽의 경우 탄소세의 세율이 높은 반면 일본의 탄소세율은 유럽 북구 탄소세의 1/10 수준이다. 일본은 2004년 지구 온난화 대책을 목적으로 환경세 도입안이 제출되었다. 하지만 세제개편이 아닌 증세방식으로 도입되어 탄소세 도입이 지연되고 있다.

해외 사례를 보자면 일찍부터 탄소세를 도입한 국가는 주로 유럽 북구 나라들이다. 이 나라들의 특징은 사회복지제도가 발달되어 있고 1인당 국민소득이 4만 달러에서 8만 달러에 이르는 부유한 국가들이다. 이들 나라들은 90년대 불었던 법인세나 소득세 인하 열풍에 따라 직접세를 인하하면서 조세의 중립성 측면에서 탄소세를 도입하였다. 이는 세제의 녹색화라는 명목으로 환경세를 강화한 것이다. 환경도 보존하고 조세의 효율성도 실현하는 이중배당 효과[11]를 노렸던 것으로 보인다.

다만 영국의 기후변화세 도입은 우리에게 시사하는 바가 크다. 영국의 가정에서 에너지 사용량이 일정 수준을 넘지 않으면 비과세 대상이 되거나 특정지역도 비과세 지역이 된다. 이런 체계가 기후변화세법에 명시되어 있다는 것이다.

또한 일본의 사례도 눈여겨 볼 필요가 있다. 일본은 유럽의 북구 나라들과 달리 조세개혁 차원에서 환경세를 도입하지 않고 새로운 세금제도를 신설하였다.

우리나라는 이명박 정부가 친기업 정책을 펼친다면서 법인세와 소득세 등의 직접세를 감면하였다. 따라서 유럽 북구 나라들처럼 별도

---

[11] 세수중립적 환경세정책의 도입으로 환경의 질적 개선 및 조세효율성 제고라는 두 가지 정책목표를 동시에 달성할 수 있음을 요지로 한 이중배당가설(Double Dividend Hypothesis)은 1990년대 중반 이후 발표된 일반균형분석 연구들에 의해 부정되기도 했다.(김상겸, 「비동조적 효용함수 하에서의 환경세의 효과 : 이중배당가설에 대한 연구」, 『경제학회 경제학연구』 50집 4호)

의 세금감면 조치 등 세제개혁 차원에서 탄소세를 도입하기 보다는 일본의 사례를 참고해볼 필요가 있다.

탄소세를 넘어 한국식 에너지 복지 조세제도의 모색
―탄소 부유세, 탄소 법인세

　탄소세가 가지는 역진성은 여전히 숙제로 남아 있다. 또한 탄소세 신설에 따른 조세저항도 간과할 수 없다. 일본처럼 새로운 환경세를 도입하면 증세라고 반발하는 여론이 크게 일어날 가능성이 있다. 우리나라는 사회복지제도가 발달되어 있지 않기 때문에 "국가가 나에게 해주는 것도 없는데" 세금만 걷어가는 것에 대해 불만이 많다. 유럽의 북구 나라들처럼 세금의 고마움과 신성함을 느낄 기회가 없었기 때문이다. 더구나 이명박 정부는 국가재정을 완전히 조롱과 환멸의 대상으로 만들어버렸다. "4대강 사업비로 투입되는 22조로 무상급식, 일자리창출 등 할 수 있는 일이 얼마나 많은데"라는 인식이 팽배하게 퍼졌다. "세금은 왜 더 걷어? 그나마 있는 국가예산도 삽질하느라 낭비하고 있는데"라는 반응이 튀어나오고 있다.

　우리나라는 압축적 경제성장을 위해 에너지 가격에 대한 지원정책을 펼쳐왔기 때문에 에너지 가격이 지나치게 저렴하다. 그래서 에너지를 펑펑 쓴다. 유럽의 연료비가 얼마나 비싼지는 그곳을 다녀온 사람은 다 알 것이다. 저녁이 되면 집이든 도시든 실내외 조명은 다 꺼야 하고 집안에서도 외투를 입을 정도로 난방비를 아껴야 한다. 그 정도로 에너지 가격이 비싸다. 그래서 유럽에 다녀온 사람들은 외국보다 우리나라가 살기 편하다는 생각을 갖기도 한다.

　하지만 우리가 최근에 고유가로 몸살을 겪었던 시기를 떠올려보

자. 불과 2년 전의 고유가는 일시적인 현상이 아니었다. 출산 직전 산모의 진통 간격이 점점 짧아지듯이 폭발적인 고유가 시기는 더 자주 출몰하게 될 것이다. OPEC에 대한 외교압력과 석유메이저들의 일시적 조치들에 의해 유가를 통제하는 것은 한계에 봉착했다. 석유 생산량이 최고조에서 감소로 돌입하는 시점이 얼마 남지 않았기 때문이다. 영국의 국영 연구소인 영국에너지연구센터는 2009년 연구결과를 발표하면서 석유생산의 정점이 10년 내에 올 것이라고 예견한 바 있다. 지금부터라도 우리는 유럽 사람들처럼 겨울에는 실내에서도 외투입고 지내고, 밤이 되도록 전등불을 켜지 않고 살아가는데 익숙해져야 하며, 여름에는 에어컨 없이 지낼 수 있는 지혜를 짜내야 한다. 지금 당장 편하자고 산업화 시절의 저렴한 에너지 요금체계를 고수한다면 몇 년 안에 닥치게 될 에너지 파동의 충격에 속수무책일 것이다.

그렇다고 세금에 대한 국민들의 혐오적인 정서를 억누르고 무시할 수는 없다. 세수가 복지제도로 돌아오지 않고 먹고 살기 힘든데 세금을 더 내라고 한다면 좋아할 사람은 별로 없다. 따라서 탄소세를 도입하는 대신에 에너지 부문의 보조금 및 지원제도를 상당부분 완화시켜서 비정상적인 에너지 가격을 현실화시키는 것도 단기적인 대안이 될 수 있다. 조세저항은 줄이게 되고 에너지 요금 현실화(인상)을 통해 에너지 낭비는 억제할 수 있을 것이다.

아울러 탄소세 역진성의 문제는 반드시 해결해야 할 문제이다. 우리나라는 외국의 탄소세 부과체계와는 다른 방식을 고려해 볼 수 있고, 탄소함유량에 비례하여 세금을 부과하는 간접세 방식을 탈피해 보는 것도 생각해봐야 한다. 가령 가정에 대해서는 과세하기 보다는 탄소법인세를 도입하는 것도 검토해 볼만하다. 덴마크는 가구 부문과는 별도로 부가가치세 등록 업체를 대상으로 탄소세를 부과하는 과세체계를 두고 있다.

  이명박 정부는 최근 법인세 인하 조치를 단행하여 재정 불건전성을 초래하였다. 법인세 감면으로 인한 세수결손을 보전하기 위해서라도 탄소 법인세를 도입해 볼 수 있다. 에너지 효율화 경영에 성공한 기업은 법인세 감면 효과를 볼 것이고 그렇지 않은 기업은 세금을 더 내도록 하여 경영의 에너지 효율화를 유도할 수도 있다. 이를 통해 에너지 효율화 기술 개발이 촉진되고 녹색 관련 일자리도 창출되어서 이중배당 효과를 낳을 수 있을 것이다.

  가구부문에 대해서도 에너지 할당량을 표준 산정하고 할당량 이하의 가구의 경우 비과세 대상으로 인정하지만 할당량 이상으로 에너지를 사용한 가구에 대해서는 탄소세를 걷는 방식도 있다. 문제는 이럴 경우 과세대상과 과세체계가 지나치게 복잡해질뿐 아니라 역차별 문제가 제기될 수도 있다. 이 같은 문제를 해결하기 위한 방법으로 탄소 부유세를 도입하는 것도 검토할 필요가 있다.

  지난 시기 노무현 정부는 2006년부터 2015년까지 에너지 빈곤층 제로화를 제시한바 있다. 그러나 에너지 복지를 위한 현실적인 대책은 눈에 띄지 않았다. 온실가스 배출도 억제하면서 에너지 복지도 실현하기 위한 이중배당효과로써 녹색 조세제도가 마련되어야 한다. 탄소관련 조세는 머지않아 도입될 수밖에 없을 것이다. 문제는 탄소세의 과세대상과 과세체계가 어떠해야 서민과 사회적 약자에게 이득될 수 있을 것인가이다. 이것이 우리 앞에 놓인 연구 과제이다.

미국의 'WAP', 기후변화시대의 주택정책*

―송용한

이사를 가야 하나?

필자의 가족은 최근 전세 계약 기간이 남았는데도 이사를 가기로 결정했다. 낡은 아파트이긴 하지만 집의 구조나 집 주변 환경에 불만이 있었던 것은 아니다. 게다가 지금은 전세가 귀한데다가 전세보증금도 많이 올라서 집구하기가 쉽지 않다. 그럼에도 불구하고 불리한 여건을 감수하고 이사를 가기로 결단한 이유는 수도관 문제 때문이다.

예전 집에서 살 때는 수도 때문에 크게 걱정을 하지는 않았다. 지금 집보다는 평수가 좁긴 했지만 지은 지 얼마 되지 않은 오피스텔 건물에 입주해 살고 있었다. 하지만 오피스텔 빌딩이라는 것이 환기도 잘 되지 않는데다가 온갖 옵션 설치물 때문에 유해물질로 범벅인 경우가 많다. 그래서 아이가 생기려니까 실내공기 등의 환경을 고려해서 낡았지만 바람이 잘 통하고 도시 숲과 가까운 집을 골라서 이

---

* 이 글은 서울대학교 윤순진 교수의 「에너지 분야 사회적 일자리 창출방안 보고서」(지속가능발전위원회, 2006. 3)에 전적으로 기대었으며 박광수의 「사회적 약자에 대한 에너지 지원제도 개선방안 연구」(에너지연구원, 2006), 환경정의(오승규, 박용신)의 도움을 받았다.

사를 하게 되었다.

그런데 말썽이 생긴 것은 지금 살고 있는 낡은 아파트의 단지 내 수도관(옥내 수도관)이었다. 수도꼭지를 틀 때마다 샛노란 녹물이 흘렀던 것이다. 갓 돌이 지난 아이의 피부가 걱정되어 매달 4만 원가량 임대료를 내면서 연수기를 욕실에 달아두기도 하였다. 그런데도 아이의 피부는 가끔씩 울긋불긋하였다. 확인할 수 없지만 수돗물이 자꾸 마음에 걸렸다. 결국 더 미룰 수 없어 이사를 가기로 결심한 것이다.

수도관 때문에 이사를 가려니까 아까운 생각도 들고 이만한 집을 구할 수 있을까 걱정도 되었다. 수도관만 교체한다면 좋을텐데 집주인이 돈 들여서 수도관을 교체하지는 않을 게 분명했다. 서울시는 다른 도시에 비해 비교가 되지 않을 정도로 재정이 많으니까 시 재정을 투입하여 도시의 수도관 교체는 물론이고 단지 내 수도관이나 가옥 내 수도관도 상당 수준 교체를 해주었다고 한다. 하지만 서울보다 재정이 열악한 지방도시의 경우 언감생심이다. 수도관이라는 결점 하나 때문에 이사를 가야하다니 이래저래 손해막심이다.

부모님 집에 보일러 놔드려야겠어요

어디 이런 문제가 비단 수도관만의 문제이겠는가? 난방의 문제만 해도 그렇다. "우리 집은 다 좋은데 외풍이 심해서 이사 가야겠어"라는 말을 주변 사람들로부터 한번쯤은 들어봤을 것이다. 요즘에는 지구 온난화 때문에 한여름에 찜통이 되는 옥탑방을 질색하는 사람들도 늘어났다. 집의 구조상 더운 집도 기피대상이다. 하지만 우리나라에서 맘에 드는 집을 선택할 수 있는 사람이 얼마나 되겠는가? 사회취약계층 가운데는 하늘을 가리고 몸을 눕힐 공간이 있는 것만 해도 감지덕지할 사람이 많을 것이다. 이들은 열효율이 떨어져서 난방비가 곱절로 든다면 아예 난방을 포기하기도 한다. 열대야 때문에 잠 못 이루는 여름밤에는 문을 활짝 열어놓고 자기도 한다.

서민들이 사는 집의 형태는 어떤 것이 있을까? 많은 사람들은 소형 아파트를 떠올리겠지만 빌라형 연립주택이야말로 서민의 대표적 주거형태라고 할 수 있다. 하지만 이들 빌라형 연립주택들은 소규모 건설업체가 비용을 줄이기 위해 공기를 단축하느라 날림공사를 하거나 값싼 자재를 사용하다 보니 그럴듯한 외양에 비해 단열이 잘 되지 않는 경우가 많다. 그래서 난방비가 다른 집보다 두 배 이상 경우도 흔하다. 좀 오래된 집들은 상태가 더 심각하다. 지은 지 10년이 넘은 노후가옥들은 외풍이 심해서 아무리 난방을 해도 집안 공기가 쉽게 덥혀지지 않는 경우가 허다하다. 재건축이나 재개발 예정지라면 더 고약해진다. 주택 소유주들은 도통 돈을 들여서 창호를 교체하거나 문의 형태를 바꾼다거나 하는 단열공사를 하려들지 않기 때문이다. 그렇다고 재개발, 재건축이 되는 것도 아니다. 어떤 경우는 재개발, 재건축 결정이 나고 나서 10년 가까이 시간이 흘러도 공사가 이루어지지 않아서 마냥 기다리기만 한다. 10년 동안 그 집에 사는 사람들은 울며 겨자 먹기식으로 비싼 난방비를 감수해야 한다.

"부모님 집에 보일러를 놔드려야겠어요"라는 텔레비전 광고가 있다. 아무리 난방을 해도 추운 집이 있다. 그럴 경우 사람들은 흔히 보일러에 문제가 있다는 생각을 한다. 하지만 보일러가 거꾸로 타든, 네 번 타든 집의 단열에 문제가 있으면 아무 소용이 없다. 단열만 제대로 된다면 보일러 교체보다 더 큰 난방효과를 볼 수 있다.

2005년 통계청 도시가계연보 자료에 의하면 소득이 낮을수록 에너지 지출 비중이 높다. 저소득층에게는 단열이 안돼서 난방비를 많이 지출한다면 생계에 직접적인 타격이 될 수 있다. 미국의 경우에도 가구들의 소득에서 2.7%를 에너지 비용으로 지출하고 있는 반면 저소득층은 자기소득의 12.6%를 에너지 비용으로 쓰고 있다. 하지만 지금 소개할 미국의 열 효율화 개선사업에 참여한 저소득층 가구는 평균 31%나 에너지 비용을 줄일 수 있게 되었다. 따라서 보일러만 교체할 것이 아니라 정부가 무료로 가옥의 열 효율화 사업(단열공사)를 시행한다면 집을 따뜻하게 해줄뿐만 아니라 소득까지 증대시키는 효과를 볼 수 있다.

전 가구의 소비지출 계층별 에너지 비용 지출

	가구원수	소비지출(A)	광열비 합(B)	전기료	연료	공동주택 난방비	광열비비중(A/B)
35만원미만	2.15	266.1	28.4	15.7	12.2	0.5	10.67
50만원미만	2.28	435.2	38.0	20.0	16.7	1.3	8.73
65만원미만	2.46	579.9	45.3	22.0	21.0	2.3	7.81
80만원미만	2.72	757.8	55.0	25.3	27.0	2.7	7.25
95만원미만	2.9	901.6	62.8	28.1	32.3	2.4	6.96
110만원미만	2.5	1,026.90	64.3	27.8	33.7	2.8	6.26
125만원미만	3.1	1,177.20	67.6	29.8	34.9	2.9	5.74
140만원미만	3.25	1,325.80	75.3	31.8	40	3.5	5.67
155만원미만	3.39	1,474.40	78.8	33.8	40.8	4.2	5.34
170만원미만	3.46	1,625.80	82.5	35.1	42.5	4.9	5.07
185만원미만	3.57	1,774.00	84.1	36.3	42.5	5.3	4.74
200만원미만	3.67	1,922.80	86.7	37.1	44.0	5.6	4.51
225만원미만	3.73	2,121.10	89.9	39.9	43.0	7.0	4.23
250만원미만	3.79	2,369.60	96.0	39.9	47.8	7.3	4.05
300만원미만	3.89	2,727.00	100.5	45.2	46.2	9.1	3.68
400만원미만	3.9	3,405.50	108.0	48.6	48.0	11.4	3.17
400만원이상	3.9	6,278.50	114.3	55.8	44.8	13.7	1.82
평균	3.43	2,018.20	82.5	36.6	40.0	5.9	4.08

통계청의 자료를 윤순진, 「환경분야(에너지) 사회적 일자리 창출방안」, 2004 재구성

여름 찜통 집, 겨울 찬바람 드는 집은 기후변화에 더 고역

우리는 기후변화를 피부로 느끼고 있다. 여름은 길어지고 태풍과 홍수피해가 커지고 있다. "지구 온난화라고 하니 추위 걱정은 없겠군"이라고 농담처럼 말했던 사람들에게 지구는 이상 한파의 충격타를 가했다. 북극의 한파가 북반구에 머물러있던 온난한 대기와 만나면서 폭설이 내리고 찬 기운은 대기의 기류를 타고 이동하지 않고 한 곳에 오래 머물면서 혹한이 지속되었다. 이상 한파 역시 지구 온난화가 원인이다.

기후변화에 민감한 계층은 서민이며 가장 피해를 보는 계층은 사회적 취약계층이다. 여름에는 에어컨을 세게 틀고 겨울에는 실내에서 반팔을 입을 정도로 따뜻하게 난방을 하고 사는 사람들은 기후변화에 민감할 수 없다. 아무리 덥거나 춥더라도 냉난방이 잘된 고급 승용차로 이동하면 그만이니 무슨 걱정이겠는가? 꼬부랑 할머니가 누비옷을 입고서 빙판길을 살살 걸으며 버스정류장으로 향하는 일은 생각해보지도 않았을 사람들에게 지구 온난화는 고난이 아니다. 하지만 겨울이면 추위걱정, 여름이면 찜통더위에 기력이 저하되는 서민이나 사회적 취약계층은 기후변화에 직접적 영향을 받는 기후 약자들이다.

기후변화에 대비하는 정책은 온실가스를 감축하는 정책과 함께 기후 약자를 지원하는 정책이 동시에 수립되어야 한다. 그런데 우리나라는 떠들썩하게 '저탄소 녹색성장'이라는 국정과제를 내건 것과는 상반되게 사회적 약자이자 기후 약자에 대한 지원정책은 찾아보기 힘들다.

물론 그린홈정책이 있기는 하다. 원래 정책의 취지는 기존 주택 100만 호를 에너지 효율이 높은 주택으로 개보수하고 신재생에너지 설비를 설치하는가 하면 새로 건설하는 보금자리주택 등 공동주택을 그린홈으로 짓겠다는 것이다. 하지만 올해 국회 예산정책처에서도 사업평가를 하였듯이 지금 추진하고 있는 그린홈정책이라는 것이 태양광 설비를 설치하는 데에만 급급하는 형편이다.[1]

신재생에너지 설비가 설치되고 에너지 효율성이 높은 친환경 기기로 무장한 아파트를 공급해봤자 사회취약계층에게는 그림의 떡이다. 아파트에서 살 생각을 접은 서민이 대다수이다. 집 없는 서민이 많은데도 도시의 주택보급률은 100%가 넘는다. 새집을 만들어주는 정책보다는 지금 사는 집에서 내쫓지나 말고 오래오래 살게만 해달라는 것이 서민의 심정이다.

아니면 지금 사는 낡은 집, 집이 낡아서 추운 집, 추운 집이라서 난방비가 곱절로 드는 집을 따뜻한 집으로 고쳐주는 정책이 나오면 서민에게는 정말 반가운 일일 것이다. 미국에서는 사회 취약계층의 집을 무료로 고쳐주는 프로그램을 30년 넘게 실시해오고 있다. WAP(Weatherization Assistance Program · 내후화 지원 프로그램)라는 정책이 그것이다. 최근에는 지구온난화 문제가 심각해지면서 더위를 차단하기 위한 가옥개량도 서비스에 포함시키기 시작했다고 한다.

WAP란?[2]

역사와 배경

WAP는 기후의 피해를 방지하기 위한 지원 프로그램이다. 우리나

---

[1] 국회예산정책처의 「신재생에너지 보급사업평가」(2010. 2)에 따르면 그린홈 공급 실적은 2008년 1만 호에서 2009년 19,224호로 대폭 늘었지만 실제 설비량은 가구당 2008년 1.15KW에서 2009년 0.91KW로 줄어들었다.
[2] 「환경분야 사회적 일자리 창출방안 연구보고서」 중 '3절 에너지 분야'(집필진 윤순진 서울대 환경대학원 교수)에서 주요 내용 발췌(2006. 3. 7).

라에서는 내후화 지원 프로그램으로 소개되었다. (2006. 윤순진) 1973년 석유파동이 발생하자 70년대 고유가 시대에 저소득층과 고령자들을 보호하기 위한 프로그램이었다. 처음 시작은 메인 주에서 주의 행정관료와 시민단체들이 주택소유주와 임차인들이 협력하여 단열을 위한 주택개량 조치를 취하였다. 이 조치를 통해 난방비를 절감하였을 뿐만 아니라 국가 전체적으로 석유소비를 줄일 수 있게 되자 미 에너지부는 WAP라는 국가 프로그램을 만들게 되었다.

　WAP의 시행 초기에는 창문과 문의 틈새를 막고 창문을 비닐로 덧씌우는 것처럼 저비용의 임시적이고 비상사태에 대응하는 방안이 중심이었다. 하지만 프로그램을 시행하면서 경험과 연구가 축적되었고 80년대 초반부터는 보다 영구적이고 비용효과적인 방안들을 마련하였다. 이를테면 덧문, 다락방 단열, 덧창문 같은 방법이 포함된 것이다. 그리고 1984년부터는 각 주들이 기존의 난방과 온수시스템을 보다 에너지 효율적인 방향으로 교체할 수 있도록 에너지부가 지원하게 되었고 1985년부터는 난로와 보일러를 교체할 수 있도록 했다. 90년대에는 보다 진전된 주택 에너지 진단방안을 도입하게 되었는데 서비스 공급자가 개별 가정에 대한 고객분석을 함으로써 가장 비용효과적인 처치를 공급하게 되었다.

　바로 이 시점에서 WAP는 질적으로 전환하게 된다. 일방적인 시혜 프로그램에서 저소득 가구별로 맞춤형 행정서비스를 공급하게 된 것이다. 이 대목은 지방자치단체의 행정 서비스 정책을 고민하는 그룹들에게 창조적 자극을 준다. 기업이 판매하는 서비스와 정부의 행정서비스가 질적으로 같을 수야 없겠지만 WAP의 사례로 알 수 있듯이 다가가는 행정서비스, 맞춤형 행정서비스가 불가능한 것만은 아니다. WAP는 주택 에너지 진단서비스를 가동하여 가구별로 적합한 주택 에너지 효율화 서비스 방안을 찾아냄으로써 행정서비스의 질을 높이게 되었다. 이는 우리 정부의 빈곤층을 상대로 한 복지정책이 헬기에서 빵바구니를 떨어뜨리는 수준에서 벗어나지 못하고 있는 형편을 돌아보게 만든다.

WAP는 1994년부터는 에어컨디션 교체와 통풍장비, 가림막, 햇빛 차단 가리개 등 추위 뿐만 아니라 더위를 막기 위한 주택개량사업도 프로그램에 포함되기 시작하였다. 지구 온난화가 심각해지면서 폭염으로 인한 사상자도 늘어나고 있는 실정이다. 특히 기후변화에 취약한 고령자와 장애인, 영유아들과 냉방시설을 구비하기 힘든 저소득층 가구에게 집을 보다 시원하게 개량해주는 서비스는 단비와 같이 여겨졌을 것이다.

70년대 고유가 시대를 맞이하면서 비상수단으로 수립된 이 프로그램은 80년대 들어서면서 비용효과적인 보일러나 난로 교체와 온수 개선 서비스까지 포함시켰다. 그리고 주택 에너지 진단 서비스를 개발하면서 서비스는 맞춤형으로 발전하게 되었고 90년대 중반부터는 냉방수단까지 서비스에 포함되었다. 그리고 2001년 현재 5백만 가구가 이 서비스에 적용을 받고 있다.

서비스

WAP 서비스는 저소득층 가정 뿐만 아니라 일반 가정의 주택에 대한 에너지 효율화 개선 서비스를 말한다. 이 서비스에는 건물 외피와 냉난방 시스템, 전력 시스템, 전자기기 등에 대해 다양한 에너지 효율 향상 서비스를 공급하며 아파트와 단독주택 모두가 대상이다.

WAP 서비스의 또 하나의 특징은 전면적인 안전 확인이다. 대상이 되는 대부분의 건물은 노후해서 수리할 필요가 있는 상태이며 서비스 공급자는 거주자의 안전을 확인하기 위해 주요 에너지 시스템을 점검하고 있다.

추진체

WAP는 미 에너지부(Department of Energy : DOE), 각 주정부들과 콜롬비아지구(District), 인디언원주민 정부와 함께 시행하고 있다. 이 기구들은 각 지역에 있는 약 1,000개의 지방정부 및 비영리기구와 계약을 맺고 WAP 서비스를 공급하고 있다. 실제 DOE는 개인들에게 직접 서비스를 제공하지는 않는다. DOE와 계약을 맺은 지역의 기구들이 저소득 가구들에게 모든 서비스를 제공하고 고객을 만난다.

시민이 DOE에 WAP 서비스를 신청하면 DOE는 신청자가 속한 지역의 WAP 기구와 연결시켜 준다. 결국 DOE는 지역의 정부기구와 비영리 서비스 공급자들과 대규모 파트너십을 이루게 된다. DOE는 주들에게 기금을 제공하고 자격규정에 대한 국가적 지침을 수립하며 에너지 효율방안들의 기술적 장점들에 대한 문건을 작성하고 에너지 절약결과를 문서로 정리하며 WAP 서비스 공급자들에게 기술적인 훈련과 지원을 제공하는 역할을 한다. WAP에서 주들은 주별로 규정을 만들고 주가 속한 비영리 서비스 기구와 계약을 맺고 이 기구들을 감독한다.

WAP의 이와 같은 서비스는 우리에게 시사 하는 점이 많다. 제한된 행정력으로 저소득층에게 맞는 서비스를 제공하기는 힘들다. 하지만 비영리 민간단체와 환경단체, 복지기관과 파트너십을 맺고 계약을 체결하여 행정서비스를 공급한다면 이야기는 달라진다. 중앙행정기관은 심장 역할을 하고 지방정부기구와 각 영역의 민간단체 및 사회적 기업이 핏줄 역할을 한다면 제한된 행정력의 빈 공간과 틈새를 채울 수 있을 것이다.

미국의 WAP의 각 기구들도 전국적인 네트워크를 형성하면서 서비스를 공급하고 있다. 지역에 산재해 있는 WAP 기구들은 다음과 같은 역할을 수행한다.

- WAP 서비스를 저소득 가구들에게 제공
- WAP 서비스 신청서 접수
- 신청한 가구 중 지원이 절실한 가구를 결정
- 각 가정에 에너지 진단 서비스 제공
- 각 가정 혹은 거주자들에게 가장 비용효과적인 내후화 방안 결정
- 에너지 효율화 서비스 제공(평균 2,677달러 상당)
- 모든 작업들을 정밀하게 조사
- 에너지 효율 향상을 점검하기 위해 가족 구성원들과 면담

연도별 WAP 지원 목표 및 실적

	2001	2002	2003	2004	2005
목표가구	-	-	93,750	94,450	92,500
실적가구	77,697	104,675	100,202	99,756	-

박광수, 「사회적 약자에 대한 에너지 지원제도 개선방안 연구」, 2006.

무슨 돈으로?[3]

각 가구에 에너지 효율 설비를 설치하는 비용은 가구 평균 약 2,672달러 수준이다. 이 비용을 충당하기 위해 우선 국가예산을 투입하는데 DOE는 주 정부에 예산을 지원하고 있다. 1978년부터 2006년까지 지원액은 60억 달러로 추정된다. DOE는 WAP 총 예산의 40%를 담당하고 있고 2004년에는 2억2800만 달러를 지원하였다.

[3] 박광수, 「사회적 약자에 대한 에너지 지원제도 개선방안 연구」, 2006.

다음으로 저소득 가정에너지 지원프로그램도 주요 예산 출처이다. 이 프로그램은 WAP 예산에서 25%의 예산을 담당하고 있다.

그리고 전력 및 가스 등 공공사업체도 기금 형성에 참여하고 있다. 또한 벌금 및 민간자금원으로 1980년부터 시작된 석유관련 위반 공탁금 펀드가 있다. 이 펀드는 석유회사의 가격조절에 대한 벌금으로 조성된다. 이외에 다수의 소규모 기부금이나 현물지원도 포함된다.

지역경제 상승효과

필자가 WAP에 관심을 갖기 시작한 이유도 노후가옥의 열효율 개선사업을 통해서 복지적 혜택만 있는 것이 아니라 지역의 일자리 창출과 지역경제 활성화에 기여한다는 점 때문이다. 우리나라에서 처음으로 미국의 WAP를 모델로 서울과 원주지역 등에서 저소득층 가옥의 내후화 프로그램을 실시하고 있는 환경단체인 환경정의도 일자리 창출효과를 크게 염두하고 있다. 실제로 WAP를 소개한 윤순진 교수의 논문도 지난 노무현 정부의 지속가능발전위원회에서 수행한 「환경분야 사회적 일자리 창출방안 연구보고서」에 수록된 것이다. 이 논문에서는 특별히 'WAP에 따른 저소득 지역사회 경제 향상'이라는 절을 따로 구성하여 소개하고 있다.

이 논문에서 소개하고 있는 WAP가 지역경제에 기여하는 원리는 다음과 같다.

1) WAP의 혜택을 받은 저소득 가구들의 에너지 비용을 영구적으로 감소시킨다.
2) 다른 재화와 용역에 대한 구매력을 높인다.
3) WAP가 주택개량사업이기 때문에 이 분야에 대한 일자리를 창출한다.

일견 단순해 보이지만 에너지 관련 대기업들 수익의 극히 일부로 보일러를 교체하는 프로그램보다는 지역경제 선순환에 더 효과적이라는 것이 분명하다.

특히 저소득층 뿐만 아니라 일반 국민들의 에너지 구입비용은 해당 지역경제에 투입되지 않는다. 에너지 공급 업체들은 대기업들이기 때문에 에너지 사업이 지역경제로 환원되지는 않는다. 윤순진 교수의 논문에 따르면 미국의 상황도 마찬가지였다. 미국의 저소득층 가구는 소득의 평균 14%에서 20%가량을 에너지 구입에 지출하고 있다. "경제학자들에 따르면 에너지 구입비용으로 지출한 금액의 80%는 그 지역사회 밖으로 빠져 나가기 때문에 저소득 지역사회 내에서 그 돈이 더 이상 순환되지 못함으로써 어떠한 추가적인 경제활동을 생산해내지는 못한다."

한국은 특별히 슬럼가나 저소득 지역사회가 명확하게 형성되어 있지 않다. 잘사는 동네와 못사는 동네라고 부르기는 하지만 외국에 비해서 그 구분이 확연하지 않다. 수도권이라는 대규모 지역에 온갖 계층이 집중해서 살고 있기 때문이다. 그래서 저소득 지역사회라는 하는 개념이 낯설기는 하다.

하지만 소득과 일자리수가 적은 지역이나 군소도시에서는 이러한 사업이 효과를 발생할 수 있다. 또는 저소득 가구의 에너지 열효율 주택개량사업은 에너지 구입비가 대기업 수익으로 곧장 빠져나가는 대신 이 사업에 동원되는 노동자의 인건비로 지출되기 때문에 저소득층의 소득향상에 더 도움이 된다. 물론 국가적인 프로그램이거나 지자체 차원의 전격적인 프로그램일 때 그런 효과는 나타날 것이다.

서울과 같은 대도시의 경우도 저소득층에 대한 에너지 열효율 주택개량사업의 비용이 대기업으로 지출되지 않고 저소득층의 노동자에게 지출되면서 계층 내에서 비용이 순환될 것이다. 결국 이 프로그램의 혜택을 받은 저소득 가구는 에너지 구입비용이 줄어들고, 일자리가 창출된 덕분에 소득향상의 효과를 거둘 수 있을 것이다.

> "DOE는 WAP에 의한 투자가 보수적으로 따져도 3배가량의 상승효과를 보고 있으며 이는 저소득층 사회의 효과적인 경제개발 수단이 된다고 보고 있다."(윤순진, 에너지분야 일자리창출 방안, 2006)

논문에서 소개한 미국의 일자리 창출효과는 지역사회에서 8,000개의 일자리를 만들었고 DOE의 백만 달러 투자 당 52개의 일자리를 만들어냈다고 한다. 환경정의가 국내에 적용하여 연구한 바로는 연 100억 원의 예산을 투입하면 연간 500개 상당의 일자리가 창출된다고 한다. 1억 원 당 5.2개에서 5.6개의 일자리가 발생하는 셈이다.

22조를 투입하는 4대강 사업과 비교해 봐도 일자리 창출효과가 3배를 넘는다. 이런 효과는 WAP를 시행한 미국이 너무나도 잘 알고 있기 때문에 오바마 정부는 건물 에너지 효율화사업에 역점을 두고 있다.

오바마 정부에게 가장 영향력 있는 미국 싱크탱크인 진보센터의 수석연구원인 반 존스가 집필한 『그린칼라 이코노미』에서도 건축에너지 효율화사업의 투자수익률이 10~20%에 이른다는 사실을 지적하고 있다. 반 존스는 지방정부에게 공공자금을 통한 직접 보조금, 회전대출기금의 저리 또는 무이자 융자를 통해 건축에너지 효율화사업을 실시하라고 제안하고 있다.

이 책에서 소개한 '밀워키 에너지 효율계획'이라는 것이 있다. 조엘 로저스가 이끄는 위스콘신

> **미국 진보센터(CAP)**
> 2003년 클린턴 전 대통령 비서실장이었던 포데스타가 진보판(版) 헤리티지재단을 표방하며 만들었다. 설립 이후 5년 만에 125명의 상근직원과 1년 예산이 200만 달러, 미국 내 영향력 10위에 드는 싱크탱크로 성장했다. 진보센터는 오바마의 참모 역할을 하면서 그의 집권에 정책적으로 기여하였다. 미국 진보센터가 발표한 "미국을 위한 변화"는 오바마 정부의 청사진이라고 평가받았으며 센터 소장인 포데스타는 정권인수위원장을 맡기도 하였다.

전략센터는 어떻게 하면 황폐한 산업 중심지 노동자들을 청정에너지 경제의 중심으로 이동시킬 수 있는지 방법을 연구하였다. 그 연구결과 에너지 비용을 절감하고 많은 일자리를 창출하기 위해 도시 내 모든 건물을 대상으로 에너지 합리화사업을 벌인다는 계획을 마련하였다.

위스콘신전략센터와 플로리다대학은 건물 에너지 효율화사업에 백만 달러를 투자할 경우 설치건설 분야에서 13년, 연관 제조분야에서 4년의 직업수요가 생겨날 것이라고 예측하였다. 또한 주거용 단독주택을 건설할 때 생성되는 직업분포는 감독관에 0.5년, 숙련 노동자에 2.5년, 반숙련 노동자에 4.7년, 미숙련 노동자에 5.0년이 될 것으로 조사되었다고 한다.

미국이 건축에너지 효율화사업의 경제효과에 특별히 주목한 이유는 아마도 WAP의 성공 경험과 노하우가 있었기 때문일 것이다.

한 가지 더 눈여겨 볼 부분이 있다. 윤순진 교수의 논문에서는 이 프로그램이 국가적 자산가치를 높여준다고 소개하고 있다. 바로 이 프로그램에 참여한 가옥들이 살기에 적절한 집으로 만듦으로써 "전국적으로도 살만한 가치가 있는 주택보유고를 늘리는 효과"를 가져온다는 것이다.

이는 건설경기 부양을 위해 멀쩡한 집도 부수고 아파트를 만드는 요즘 사태와는 거리가 있지만 상식적으로는 합당한 말이다.

WAP 프로그램은 내용이 발전하면서 열효율뿐만 아니라 에너지 효율 향상 차원에서 절수 샤워기와 환풍기 등을 제공하는 것까지 포함시키고 있다. 이를 통해 수도 요금과 하수도 요금이 감소

> **위스콘신전략센터**(COWS)
> 위스콘신전략센터(Center On Wisconsin Strategy)는 위스콘신대학 부설 연구기관이자 여러 이해관계자들에게 자문구실을 하는 곳이다. 가령 좋은 일자리와 기업경쟁력 확보를 위해 지역 내 경제주체들이 상호협력 하는 친 노동적 경영전략방식으로의 전환을 제의하였고 이를 지역 내 노동단체인 AFL-CIO(미국노총) Wisconsin지부와 기업들이 수용하면서 마침내 1992년 위스콘신 노사정 직업훈련 파트너십(WRTP : Wisconsin Regional Training Partnership)을 출범시키기도 하는 등 주로 이해관계자간의 상생협력을 통한 위스콘신 내 혁신과 성장 전략을 제시해왔다.

되었으며 주택의 자산가치까지 증가하였다고 한다.

또한 앞서 말했던 것처럼 지역사회에서 8,000여 개의 일자리가 만들어지면서 지역의 세수가 증가하였고 실업수당 부담이 줄었다고 한다. 게다가 가옥의 열효율 개선으로 화석에너지 소비가 줄어들면서 대기 오염 물질의 배출이 감소시킨 것도 저소득 지역사회의 환경적 삶의 질을 높여주었다고 할 수 있을 것이다.

주택정책의 발상 전환

흔히 우리는 주택정책이라 하면 공급 정책을 떠올린다. 하지만 이미 주택보급률이 100%가 넘으면서도 기존 노후 가옥을 부수고 아파트만 지으려고 한다. 그나마 살던 집에서도 쫓겨나는 사회적 취약계층에 대해 정부는 수수방관하고 있다. 아니 삶의 터전을 빼앗고 벼랑 끝으로 내몰고 있는 것이 우리나라 주택정책이다.

예전에 텔레비전에서 '러브 하우스'라는 프로그램을 방영한 적이 있다. 인기가 높았던 프로그램이었는데 노후하고 열악한 주거환경을 훌륭한 집으로 바꿔주었기 때문이었다. 많은 사람들이 그 프로그램을 보면서 "우리 집도 저렇게 바꿔주었으면"하고 생각해 봤을 것이다.

하지만 그 프로그램은 마음을 허탈하게 만들기도 했다. 왜냐하면 일주일에 한 가구만 그 기적의 혜택을 받을 수 있기 때문이다. 그리고 텔레비전 프로그램이란 것이 식상해지면 관두는 법이다. 프로그램이 종영될 때까지 운이 좋은 극소수의 몇몇 가구만이 행운을 잡을 수 있었다.

사실 생각해보면 미국이 WAP라는 것이 '러브 하우스'의 내용과 별반 차이가 없다. 취약계층 가구를 선정해서 진단하고 업체와 인력을 동원하여 그 집에 살고 있는 가구의 특성과 주변 환경에 맞게 수리해주는 것이 WAP이다. 국가나 지방자치단체가 영구적인 정책으로 노후 가옥을 보수하고 수리해주는 정책을 적극적으로 펼친다면 저소득층의 주거의 질에 크나큰 도움이 될 것이다. 게다가 기후변화가 현실의 고통으로 다가오고 있는 상황에서 가옥의 에너지 열효율 사업이나 주거공간을 시원하게 만들어주는 프로그램을 시행한다면 정부의 주택정책 패러다임이 바뀌는 것이다.

주거공간을 확보하려면 전월세로 살든 매입을 하든 높은 비용을 지불해야만 한다. 그런데 필자가 겪었던 옥내 수도관의 문제, 그리고 단열이나 에너지 효율화의 문제는 망치와 드릴로 몇 군데 손본다고 해서 해결될 문제가 아니다. "많은 비용을 들여서 집을 수리하느니 차라리 다른 집으로 이사 가고 말지"하는 생각을 가질 법도 하다. 특히 임차인의 신분이면 더더욱 그런 생각이 들 수밖에 없다. 이럴 경우 지자체가 체계적으로 집 수리 지원 시스템을 마련한다면 취약계층에게는 실효성 있는 지원이 될 것이다. 그린벨트를 풀고 녹지위에 그린홈을 짓는 이율배반을 저지르는 것보다는 훨씬 훌륭한 일이다. 지금은 미분양 아파트 사태가 이어지고 부동산 버블이 언제 터질까 조마조마해하고 있는 시점에서 기존의 주택을 기후변화에 적응할 수 있는 집으로 수리해 주는 프로그램은 전격적으로 수용해야 할 주택정책이다.

세상을 바꿀 뻔한 정책들
: 글로벌 경제위기 시대에
되돌아보는 의미 있는 실패

123
456

스웨덴의 '임노동자기금',
사회화에 대한 진지한 시도

— 이승환

16

사회화 그게 뭔데?

앞으로 두 개의 장에서는 사회화^{社會化} 정책을 다뤄 볼 것이다. 그런데 앞서 소개된 많은 정책과는 달리 이제 소개할 사회화 정책은 성공한 정책으로 보기 어려우며^(사실 실패한 것이 맞다) 세상을 바꿔보지도 못했다.

그렇다면 굳이 왜 실패한 정책을 꺼내어 놓는 것일까? 우선 공산당 등 급진정치세력도 아니고, 스웨덴 사민당과 영국 노동당이라는 서구 사민주의 운동의 한 집권당이 진지하게 사회화 정책을 추구했다는 것이 호기심을 끌기 때문이다. 하지만 무엇보다 사회화라는 것이 여전히 세상을 바꾸는 핵심적인 과제로 탈자본주의화에 있어 필수적인 요소이기 때문이다.

사회화란 무엇인가? 사회화를 영어로 풀어 써보면 socialization이다. 말 그대로 사회의 것으로 한다는 이야기이다. 그렇다면 무엇을 사회의 것으로 하는가? 생각을 해보자. 자본주의 사회에서 전형적인 생산은 자본가가 노동자를 고용하고, 고용된 노동자는 기계 등 생산도구를 이용하여 원재료를 다른 상품으로 만들어 낸다. 예를 들자면 자동차 공장에 고용된 노동자는 컨베이어 벨트에서 철강 자재들을

6장 세상을 바꿀 뻔한 정책들 215

각종 도구를 이용하여 자동차를 만들어 내는 것이다. 이 생산 과정에서 기계나 원료와 같은 것들을 우리는 생산수단이라고 한다. 사회화라고 하는 것은 바로 이 생산수단을 자본가의 소유에서 노동자를 비롯한 일하는 사람 전체의 소유로 바꾸는 것을 의미한다.

그러면 왜 사회화를 해야 하는가? 사실 자본주의는 점진적으로 사회화를 추진한다. 산업발전이 가속화될수록 노동자들 사이의 상호의존성도 커지게 된다. 가령 자동차를 생산한다는 것은 철강노동자들의 노동, 고무를 생산하는 노동자들의 노동, 기계를 생산하는 노동자들의 노동이 모두 협력해야 한다. 즉, '노동의 객관적 사회화'가 없다면 불가능한 일이다. 그런데 노동과 생산이 이렇게 객관적으로 사회화함에도 여전히 생산물은 자본가들의 배타적인 소유가 된다. 이는 생산수단이 자본가에게 독점적으로 소유되어 있기 때문이다.

이 모순의 결과는 파괴적이다. 자본주의는 주기적 과잉생산을 경험하며 공황과 같은 경제적 파국을 가져오기도 한다. 개별 자본가가 자신의 기업에서 최적의 균형을 실현하기 위해 합리적인 생산을 시도하지만, 사회 전체로 보면 그 결과는 과잉생산이나 공황과 같은 비합리적 모습을 띠게 된다.

사회화의 필요성은 바로 이런 점에서 나온다. 자본주의에서 반복적으로 경험하는 생산의 파국을 막기 위해서는 생산을 사회 전체의 계획 하에 두고 생산물을 그것이 필요한 곳으로 할당할 수 있어야 한다. 이것이 가능한 조건은 바로 생산을 사적 이윤의 지배에서 해방시키는 것이다. 따라서 생산수단이 사회 전체의 소유로 되는 사회화의 필요성이 제기된다.

스웨덴 사민주의 모델

사회화는 탈자본주의적 대안사회를 꿈꾸는 급진적 노동운동과 사회주의 운동의 강령에 속해 있었다. 지금은 삭제되었으나 사민주의 운동에서 가장 오른쪽에 있다는 영국 노동당조차 최근까지 자신의 강령에 생산수단의 국유화를 포함하고 있었다.

서구 사회주의 운동의 다수파인 사회민주당 계열의 정당들에게 사회화는 이론적, 강령적으로 존재해도 실천적으로는 존재하지 않았다. 이는 전후 자본주의의 사정과도 연관되어 있다. 2차 대전 후 각국의 사민주의 정당들은 자본가들과 타협하는 조합주의 국가를 형성, 사회갈등 해결에 노동의 참여를 보장하는 한편, 사회화와 같은 급진적인 요구를 포기하는 대신 적극적인 조세정책 등을 통한 소득 재분배에 만족해 왔다. 특히 이들 사민주의 정당들에게 사회화는 소련의 국영기업 체제에서 보여지듯 일종의 관료적 명령경제와 동의어였고 이는 시장경제의 효율성을 완전히 배제하는 또 다른 비효율의 상징으로 여겨졌다.

스웨덴 사민당도 이러한 서구 사민주의의 흐름에서 자유롭지 않았다. 오히려 스웨덴 사민당은 서구 사민주의 운동의 어떤 결정판이라고 할 수 있다. 즉, 스웨덴 사민당은 이미 1920년대 최초의 집권 이후 생산수단의 사회화 강령을 사실상 포기하는 한편, 닐스 칼레비 등 이론가들로 하여금 개혁 사회주의 이념을 정리해 나갔다. 이들에 따르면 8시간 노동법, 산업재해 보험법 등 생산수단의 사용에 대한 의사결정권을 부르주아에게서 노동자에게 이전시키는 조치는 넓은 의미의 사회화이며 온건 개혁 사회주의의 필요성이 강조되었다.

또한 노사관계에서 있어서도 스웨덴은 1938년에 LO(전국조직의 약자. 주로 생산직 분야의 노총)와 SAF(사용자연합. 한국으로 치면 전경련. 경총 등이다.) 간에 체결된 살츠바덴협약을 체결한 이후 고도의 중앙집권 교섭모델을 실현해 작업장 차원에서의 노동쟁의를 방지하는 산업평화정책을 추진한바 있다.

이러한 중앙단체 교섭이 형식이라면, 연대임금은 그 내용이라 할 수 있다. LO는 살츠바덴협약 이후 연대임금 정책을 통해 노동계급 내부의 평등화를 강력하게 추진해 나갔다. 연대임금은 쉽게 말해 '동일노동 동일임금'의 무조건적 적용이다. 즉, 기업의 수익성과 무관하게 임금은 오직 노동의 난이도, 특성에 따라 결정되어야 한다는 것이다. 이는 겨울이 길고 공사기간이 제한되어 임금교섭력이 높았던 건설부문과 국제시장의 가격경쟁 압박에 의해 임금이 억제되었던 금속부문 사이의 임금격차와 그에 따른 노동자들의 불만에 기인한 것이기도 했다.

특히 연대임금 정책은 50년대 이후 LO의 경제학자인 렌과 마이드너의 제안에 의해 산업정책 수준으로 격상되어 렌-마이드너 모델로 성립된다. 이는 노동계급 내의 임금격차의 해소를 통해 임금상승을 억제하는 한편, 산업의 구조조정을 자연스럽게 실시한다는 것이다. 이 모델은 임금지불능력이 낮은 저수익 부문 기업의 경우 연대임금 정책으로 높은 임금을 지불하게 되어 경쟁력이 낮아지는 반면 고수익부문 기업은 상대적으로 임금비용이 감소하여 자연스러운 산업 합리화를 유도하는 방안이다.

한마디로 스웨덴 모델은 자본의 경영권을 침해하지 않는 한에서 자본과 협조하는 조합주의였고, 연대임금 정책에서 보여지듯 고수익의 수출대기업 위주의 성장모델이었다. 이런 강력한 성장추구

살츠바덴협약
1938년 스웨덴의 LO(주로 생산직 분야의 노동자가 가입한 전국적인 노총)와 SAF(사용자연합, 한국으로 치면 전경련, 경총 등) 간에 체결된 협약이다. 살츠바덴협약의 핵심 내용은 노동조합의 최고 대표와 사용자 연합의 최고 대표가 노사 간 쟁점사안에 대해 교섭을 하고, 산하 단위노조가 이를 따르는 고도의 중앙집권적인 교섭 모델이다.

렌-마이드너 모델
LO의 소속 경제학자였던 외스타 렌과 루돌프 마이드너가 구상한 스웨덴의 발전 모델이다. '동일노동 동일임금' 원칙에 따른 '연대임금정책'을 통해 노동계급 내부의 평등화를 강력히 추진하는 한편, 저수익 부분 산업은 상대적 고임금으로 자연스럽게 구조조정이 되는 것을 노렸다. 렌과 마이드너는 연대임금 정책을 통해 구조 조정된 저수익 부분 노동자들이 '적극적 노동시장정책'을 통해 고수익 산업부문으로 흡수될 수 있도록 했다.

정책에서 얻어진 수익을 누진적 소득세를 통해 사후적으로 분배하고, 교육과 의료 등을 사회화 한 보편적 복지모델이었다.

임금노동자기금 논쟁의 배경

스웨덴 사민주의 한 축이었던 LO는 기업의 이윤을 노동자 소유의 주식으로 전환시켜 25년 안에 전체 기업을 노동자 소유로 만든다는 사회화 방안을 1975년 내놓는다. 왜 LO는 임금노동자기금과 같은 사회화를 추진했던 것 일까?

여기에는 배경이 있다. 우선 60년대 말부터 렌-마이드너 모델에 대한 아래로부터의 거부가 발생하기 시작했다. 산업 합리화를 위해 잦은 전직이 강요되고, 합리적 생산을 위해 노동강도가 강화되는 한편, 고도의 중앙집권적인 노사관계로 인해 아래로부터의 노동자의 요구 수용이 거부되는 상황에 노동자들이 불만을 품었던 것이다. 그래서 1969년 키루나 국영광산에서는 장기간의 살쾡이파업(wildcat strike, 노동조합의 쟁의결정 없이 벌어지는 파업)이 벌어지기도 했다.

노동자들의 불만은 고수익의 수출대기업이 많았던 금속부문에서 집중적으로 표출되었다. 연대임금의 성격상 고수익 대기업 노동자들은 상대적인 임금 하방압력을 받는 한편, 임금 하방압력으로 인한 차액은 고스란히 수출대기업의 자본가들 몫이 되었다. 더불어 연대임금 정책에서 추진된 산업 합리화가 자연스럽게 자본의 독점화를 가속하여 소수 금융가문에게 사회적 부가 집중된다는 지적이 일기 시작했다. 스웨덴 금속노동자들은 연대임금 실행 과정에서 발생한 이러한 이윤을 초과이윤이

> **살쾡이파업**(wild cat strike)
> 노동조합의 허가를 받지 않은 파업을 지칭한다. 렌-마이드너 모델에 따라 스웨덴 자본주의가 합리화를 강력하게 추진함에 따라, 작은 이직률 그리고 노동강도의 강화 등으로 노동자들의 불만이 누적되었고, 키루나 국영광산의 살쾡이 파업 등으로 이러한 불만이 표출되었다.

라고 부르며 여기에 대한 시정을 LO에게 강력하게 요구했던 것이다.

임금노동자기금의 경과

렌-마이드너 모델을 제출했던 LO의 경제통 루돌프 마이드너는 노동자들의 요구를 접수한 후, 연대임금 정책이 초래하는 초과이윤 문제 해결을 위해 연구 작업에 착수한다. 그리고 1976년 LO 총회 보고서 제출을 위한 시안 「임금노동자기금」을 1975년 세상에 내 놓는다. 그 내용은 다음과 같다.

매년 각 기업은 이윤으로부터 갹출하여 기금을 만든다. 이윤이 많은 기업일수록 많은 금액을 기금으로 낸다. 이 갹출금은 현금이 아니라 기업의 신규발행 주식형태로 낸다. 이 신규발행 주식은 주식시장에서 매매되지 않으며 해당 기업의 임노동자기금으로 동결된다. 이 주식은 노동자 개인에게 배당되지 않으며 따라서 이익 배당금도 없고 집단적으로 관리한다. 기금을 관리하는 주체는 개별기업이 아니며 상위의 조직이다. 이 상위 기금조직은 산업별로 구성될 수도 있고, 지역별로 구성될 수도 있으나 산업별로 구성할 것을 제안한다. 매년 신규발행 주식의 형태로 적립되는 기금은 임노동자 개인에게 배당 등의 형태로 분배되지 않고, 그 전체가 해당 기업 내에 동결되기 때문에 머지않아 기금은 해당 기업에서 주요 주주로 등장하게 될 것이고, 이에 따라 임노동자 집단이 기업의 의사결정에서 큰 영향력을 형성하게 될 것이다. 이러한 제도를 도입하게 되면 경제 성장을 위한 투자자본이 끊임없이 기업으로 유입되어 사적 주주들에 의한 재산 집중을 낳는 것이 아니라, 임노동자 소유 자본의 증대로 귀결되는 효과를 얻게 된다.[4]

---

[4] 신정완, 『임금노동자기금과 스웨덴 사회민주주의』, 여강, 2000, 224~225쪽.

마이드너의 이러한 계획에 따르면 매년 매매되지 않고 동결된 기금은 대략 25년 이후에 각 기업의 최대주주가 되어 기업에 지배력을 행사하는 걸로 예상되었다.

이는 스웨덴 사민주의는 물론 서구 사민주의 운동에서 좀처럼 볼 수 없는 독특한 사회화 시도였다. 당시 세계 좌파 지식인들은 스웨덴 사민주의가 사민주의를 넘어 민주적 사회주의로 진화하는 시도로 임금노동자기금을 평가했다.

하지만 집권당인 스웨덴 사민당은 LO의 이러한 과격한 제안에 놀라는 분위기였다. LO의 기금안을 최대한 언급하지 않고 치러진 1976년 총선에서 사민당은 원자력발전소 정책 실패로 44년만에 집권에 실패한다. 당시까지 임금노동자기금에 적극적이었던 LO는 기금안이 사민당의 선거 패배에 일정정도 영향을 미쳤다고 판단, 기금을 재논의할 공동연구그룹을 사민당에 제안했으며 우파 사민주의자들이 참여한 공동연구그룹은 1978년 「임노동자기금과 자본형성」이라는 또 다른 보고서를 제출한다. 이 보고서의 특징은 1975년 마이드너안이 노동자 소유에 초점을 맞춘 것이라면 노동자들의 집단적 자산을 이용해 투자자본 조달에 활용한다는데 방점이 찍힌 것으로 사회주의로의 이행보다는 경제 성장이 더욱 주목하였다.

그럼에도 사회민주당은 1979년 총선에서 보수정당들의 기금안에 대한 맹공격을 견디지 못하고 또 다시 집권에 실패한다. 이렇게 되자 LO와 사민당은 다시 공동연구그룹을 결성해 1981년 기금안의 또 다른 수정안인 「노동운동과 임노동자기금」을 제출한다. 다시 제출된 수정안은 이제 기업의 총이윤이 아니라 평균이윤을 상회하는 이윤에 대해 갹출금을 내도록 하는 것으로 갹출금은 신규발행 주식이 아니라 현금형태로 내게 하는 등 1975년의 마이드너 원안과는 다른 것이었다.

그리고 1982년 총선에서 마침내 사민당이 재집권한 후 1983년 의회에 제출한 임노동자기금 입법안은 원안의 흔적도 찾기 힘든 것으로 변해 있었다. 최종안의 내용을 소개하면 다음과 같다.

> 기금의 재원은 ATP[5] 갹출금 0.2% 인상과 기업들에게 이윤분배세를 부과하여 조달한다. 이윤분배세의 세율은 각종 공제가 이뤄지고 난 후에 사정된 이윤의 20달러로 한다. 이윤분배세를 납부해야 하는 기업의 범위에는 모든 주식회사, 협동조합기업, 저축은행, 상호손해보험기관이 포괄된다. 일정 규모 이하의 소액의 이윤에 대해서는 이윤분배세를 면제해 준다. 그리고 이러한 기금 재원의 적립은 1984년 초부터 1990년 말까지 7년으로 한정한다. 기금 재원이 그 최대치에 도달할 경우 스웨덴 상장기업들의 주식 총액의 5~10% 규모가 될 것으로 예상된다. 이렇게 해서 조달되는 기금재원은 다섯 개의 상호 독립적인 임금노동자기금 이사회에 의해 관리된다. (중략) 하나의 기금이 한 기업에 대해 소유할 수 있는 주식의 최고한도는 주주총회에서의 표결권의 8%로 한정한다. 따라서 다섯 개의 기금들이 모두 특정기업의 주식을 최대한도로 구입한다 하더라도, 기금들이 그 기업에 대해 보유하는 표결권은 40%로 한정된다. 이를 통해 기금들이 특정 기업들을 지배하게 되는 사태를 방지할 수 있다는 것이다.[6]

결국 기금안은 기업에 대한 노동자 소유를 실현하는 것이 아니라 노동조합이 명목적으로 소유하는 주식투자기금[7]이 하나 생기는 것으로 변질되었다. 1984년부터 1990년 말까지 7년 동안 운영된 기금안은 흔히 말하는 펀드와 같이 수익성을 중심으로 둔 투자 활동을 했으며, 이 마저도 1991년 우파 연립정부가 집권하게 되자 사라지게 되었다.

---

5 스웨덴의 연금제도 가운데 하나이다.
6 신정완, 앞의 책, 271쪽.
7 장석준, 「보다 건설적인 사회화 방안 논의를 위하여」, 『사회화와 이행의 경제 전략』, 이후, 2000, 93쪽.

기금안의 실패는 무엇을 의미하는가

사실 기금안이 제출되었던 70년대 말은 세계 자본주의의 구조적 위기 속에서 사회화라는 좌파적 대안과 신자유주의라는 우파적 대안이 정면 대결하던 시기였다. 바로 이 시기에 영국 노동당의 토니 벤 등 좌파 정치인들이 산업국유화와 국가민주화를 핵심으로 하는 대안경제전략(AES)를 추진했다. 프랑스에서는 사회당과 공산당이 선거연합을 통해 사회화를 공동강령으로 제출했다. 하지만 그 결과는 예외없이 좌파의 패배로 귀결되었고, 세계 자본주의는 신자유주의로 재편되어 갔다.

스웨덴 사민주의가 시도한 임금노동자기금의 실패 또한 70년대 말 자본주의의 구조적 위기 속에서 좌파들의 무력함을 보여주는 한 사례였다.

하지만 임금노동자기금의 실패는 장기 집권한 사회민주주의 세력의 패배를 의미하는 것으로 그에 대한 자세한 분석이 필요하다. 이에 대해 장석준은 요한 폰투손을 인용해 스웨덴 사민주의 운동의 근본적 문제를 지적한다.[8] 즉, 스웨덴 사민주의 진영은 기존의 **코포라티즘**적 의사결정 및 전달구조에 안주해 사민당이라는 원내정당을 통한 입법과 타협에 모든 것을 건 반면, 부르주아 진영은 기금안을 반대하고 그것의 부정적인 이미지를 퍼뜨리면서 기금안을 지지하는 금속노동조합 중심의 제조업 노동운동과 사무직 노동운동, 노동계급과 중간계층 사이를 이간시키기 위해 갖은 언론 플레이와 정치 캠페인을 구사했다. 결국

> **코포라티즘**(coporatism)
> 일반적으로는 노사 협조주의를 지칭하기도 하지만, 정치적 차원에서는 정당간의 경쟁체제를 통해 사회갈등이 조절되는 자유민주주의 정치체제 대신, 노조와 사용자단체 등 이해관계가 다른 집단이 직접적으로 정치에 참여 사회갈등을 조절하는 체제를 지칭하기도 한다.

---

[8] 장석준, 위의 글, 102쪽.

기존 조합주의적 교섭과 원내정치에만 안주하는 태도로 사회화를 실현하는데 필수적인 대중동원이 불가능했고 이러한 한계가 시민들의 세력의 패배로 귀결되었다는 것이다.

LO와 사민당의 소극성 이외에 또 다른 실패 요인은 수출 대기업을 중심으로 강력한 성장주의를 지향한 스웨덴 모델 때문이다. 낮은 법인세와 재산세 그리고 수출대기업에 대한 각종 특혜는 스웨덴식 발전모델의 특징이었다. 하지만 이는 발렌베리를 비롯한 금융자본의 비대화를 가져왔고, 이들의 막대한 힘은 임노동자기금을 저지하는 가장 큰 힘으로 작용했던 것이다. 또한 장기간 계속된 계급타협으로 독점자본의 성장이 곧 국가의 성장이라는 인식이 확립되는 등 자본측의 헤게모니가 우위인 상황이었다. 이러한 이데올로기적 우위 속에서 임노동자기금의 실패는 당연한 것인지도 모른다.

마지막으로 노동자 소유의 기금을 통한 사회화 방안 자체의 문제점도 분명 지적해야 한다. 임금노동자기금 논쟁 당시 사민당보다 더 왼쪽의 정당인 좌익당의 당수 헤르만손은 임금노동자기금의 도입이 임노동자들의 임금 인상 요구를 억제하는 당근으로 이용될 위험성과 노동조합 역할의 이중화 문제를 지적한바 있다. 노동조합 역할의 이중화(노동조합 소유의 임노동자기금이 생길 경우)는 노동조합이 한편으로는 임노동자의 이익을 대변하는 전통적 역할을 담당하면서도, 다른 한편으로는 기금의 소유주로서 자본가의 역할까지 담당하여 노동조합 내에 갈등을 야기할 것이라는 견해였다.[9] 이러한 이중정체성은 기금을 통한 사회화가 초래할 근본적인 딜레마 즉, '우리는 노동자가 아니라 주주'라는 정체성 혼란을 의미하는 것이었다.

---

9 신정완, 앞의 책, 313쪽.

임노동자기금의 교훈은 무엇이었나

임노동자기금은 서구 사민주의 내의 해프닝에 불과하며 앞으로 사회화 논의에서 어떤 교훈도 주지 못하는 것일까? 물론 아니다. 기금은 무엇보다 국유화 등 전통적인 사회화 논의를 극복하려는 시도였다. 특히 임노동자기금은 자본주의 발전과정에서 탄생한 주식회사제도를 역이용해 사회화의 발판으로 삼겠다는 역발상의 시도였다.

또한 기금안은 주식을 이용한 사회화라는 방식으로 탈자본주의사회로의 평화적 이행을 구상한 것이다. 이는 여전히 사회화를 기업의 국유화 혹은 몰수와 동일시 하는 전통적 진보진영에게 가능한 평화적 수단으로 어떻게 노동자의 소유를 이뤄낼 수 있는가라는 질문을 던진 것이다.

마지막으로 임노동자기금안이 시사하는 교훈은 각종 연기금과 관련한 것이다. 현대 자본주의가 발전하면서 자연스럽게 증가한 각종의 연기금은 이미 천문학적인 액수가 되었고, 이 연기금은 절대 다수 국민의 납입으로 형성된 것이다. 한국만 해도 2009년 현재 국민연금을 비롯한 연기금의 수는 63개이며 신규 운영 규모가 422조원에 달한다.[10] 전체 기금 금액에서 중앙정부 총지출로 계산되는 사업지출비는 정부 예산 301.8조원의 1/3에 가까운 91.5조원이다.[11]

이렇게 막대하게 쌓인 연기금은 실제 연금급여에 지출되는 돈을 제외한 나머지는 채권이나 주식, 부동산 등 자산시장에서 운용된다. 가령 국민연금의 경우 자산시장에 투자해 얻게 된 운용수익률이 10.39% 정도[12]이며, 세계 4대 규모로 커진 국민연금은 이미 국제 사

---

10 오건호, 「422조원 기금을 민주화하라」, 『국가재정 들여다보기 3』, 레디앙, 2009년 8월 31일 기사.
11 오건호, 위의 글.
12 송병기, 「지난해 국민연금 운용수익률 10.39%」, 경제투데이, 2010년 2월 26일자.

모펀드 CEO들이 투자유치를 위해 방문을 하고 있는 상황이다.[13]

바로 여기서부터는 상상력이 필요하다. 현재 국민연금을 비롯한 연기금은 자산시장에서 수익률을 위주로 행동하는 펀드에 불가하다. 하지만 국민연금은 절대 다수 국민의 납입금에 의해 형성되었으며, 그 운용에 있어 정부 예산에 비해 지배구조상 장점을 지니고 있다. 예를 들어 현재 국민연금기금, 고용보험기금 등 사회보험기금을 운용하는 의사결정에는 제한적이나마 가입자 대표들이 참여하고 있다.[14]

우리가 이 부분에서 상상력을 발휘하여 현재 각종 연기금의 운영을 노동자를 비롯한 민중의 참여를 대폭 확대하는 것으로 민주화하고, 기금운영의 목적을 국민경제의 안정적 발전과 경제 민주화를 실현시키는 것으로 변모시킨다면 이는 임노동자기금의 구상과 동일한 것이 될 것이다.

---

[13] 김기홍, 「국제 금융 거물들 '국민연금 모셔라'」, 조선일보, 2010년 3월 16일자.
[14] 오건호, 앞의 글.

영국의 '대안경제전략', 민주적인 국유화의 시도

― 이승환

17

토니 벤

미국의 의료제도를 통렬하게 비판한 마이클 무어 감독의 '식코(Sicko)'라는 영화가 있다. 민간 의료보험이 만연한 미국의 참담한 의료현실을 고발하는 이 영화는 중간에 한 영국 신사와의 인터뷰를 내보낸다. 바로 이 사람이 영국 노동당 내 좌파의 상징적 인물인 토니 벤(Tony Benn)이다. 그는 영국의 국영보건서비스인 NHS(National Health System)의 도입과정을 소개하면서 민주주의의 혁명적 성격을 강조한다.

> "민주주의야 말로 가장 혁명적인 것입니다. 사회주의자들의 혁명이나 그 누구의 생각보다 말입니다. 주권이 있으면 그것을 공동체의 필요를 위해 쓸 수 있는 것입니다."

식코(Sicko)
2008년 개봉된 마이클 무어 감독의 영화. 세계에서 가장 부유한 나라라는 미국의 가장 후진적인 의료보험체계를 통렬히 비판한 영화이다. 9·11사태 당시 구조작업을 펼친 구조원이 돈이 없어 결국 무상의료를 실시하는 쿠바에서 치료받는 등 충격적인 내용을 담고 있다.

토니 벤(Tony Benn, 1925-)
영국노동당의 좌파의 기수. 하원의원직을 유지하기 위해 작위를 포기한 일화는 유명하다. 70년대 이후 노동당의 급진화 운동을 이끌어 소련체제와는 다른 '민주적 사회주의'를 주장했으며 영국군의 북아일랜드에서 철수, 북대서양조약기구(NATO) 및 유럽경제공동체(ECC)에서 탈퇴를 주장하기도 했다. 최근까지도 이라크전쟁 반대 시위에 나서 블레어 노동당 정부의 이라크전쟁을 비판하는 앞장섰다.

물론 현실의 민주주의는 이렇게 역동적이지 않을 수도 있다. 적어도 한국의 민주주의가 공동체의 필요를 위해 권력을 사용한다는 것은 먼 미래의 일이거나 낭만적인 생각일 수 있다. 하지만 70년대 토니 벤과 그의 친구들은 민주주의의 이러한 급진적 성격을 믿었다.

바로 영국 노동당 사상 가장 좌익적이라는 대안경제전략(AES, Alternative Economy Strategy)을 통해 토니 벤과 노동당 신좌파들은 민주주의라는 수단을 통해 자본주의를 바꾸고자 하였다.

물론 불행히도 앞서 소개한 스웨덴의 임금노동자기금처럼 AES 또한 세상을 바꾸는데 실패했다. 그럼에도 AES는 임금노동자기금과는 또 다른 방식으로 사회화에 대한 진지한 물음을 던지는 시도였다. 그럼 영국 노동당 좌파들의 사회화 시도인 AES에 대해 알아보도록 하자.

영국 노동당의 성격

영국 노동당이 자본주의 자체를 바꾸는 제안을 했다는 사실은 쉽게 믿기지 않는다. 물론 지금의 시각으로 보자면 그렇다. 토니 블레어의 영국노동당은 전 세계에서 거의 유일하게 미국의 이라크 전쟁에 찬성한 진보정당(?)이었다. 아니 찬성 정도가 아니라 아예 미군 다음으로 많은 병력을 보내 연합군의 일원으로 전쟁을 주도했다.

전쟁만 문제가 된 것이 아니다. 토니 블레어가 야심차게 추진한 '제3의 길'을 놓고 많은 비판자들이 공통으로 지적하는 것은, 노동당은 이제 노동계급과 피억압 대중을 대변하기 보다는 신자유주의를 관리하는 세력으로 전락했다. 그런 점에서 영국 노동당을 더 이상 진보정당이라고 부르는 것은 민망할 일이다.

하지만 영국 노동당의 본래 모습은 그렇지 않았다. 1918년 노동당이 채택한 당헌 4조에는 "생산수단·분배·교환의 소유, 민중적 경영과 산업·서비스의 통제체계"를 명시해 사회주의적 정당임을 분명했다. (이 당헌은 1995년 당대회를 통해 삭제됐다)

외형상으로도 노동당은 분명한 노동계급의 정당이었다. 노동당은 구성과 재정이라는 측면에서 영국의 노총격인 노동조합회의(TUC, Trade Union Contress) 소속 조합원이 전체 당원의 90%, 당 재정의 80% 이상을 담당했다. 뿐만 아니라 노동조합에 조직된 영국 전체 노동인구 45% 중 90% 이상이 TUC 조합원이고, TUC 조합원 중 80% 이상이 노동당에 가입되어 있었다. 이를 보자면 노동당은 영국의 조직된 노동계급 전체를 대표하는 정당이라고 보아도 무방했다.

노동당은 당원제도가 없는 대신 당을 지지하는 노동조합의 조합원이 통째로 당원으로 인정되는 형태였다. 물론 개별 입당한 당원들이 없는 것은 아니었지만 노동당에 개별 입당한 당원이 최대 60만 명인 상황에서 집단 가입한 조합원의 수는 600만 명을 넘어서는 수준이었다. 이러한 노동당의 독특한 당원제도는 집단가입제도라고 불렸다.

또한 1년마다 열리는 노동당 최고 의사결정기구인 당대회에서 노조측 대의원들의 표는 1인 1표로 계산되는 것이 아니라, 자신이 대표하는 조합원 수에 따라 수십만, 수백만 표로 환산되었다. 노동조합 블록투표제라는 이 특이한 제도에 따라 거대노조의 지도부는 노동당 내에서 가장 큰 발언력을 유지할 수 있었다.

노동당의 상시집행기관인 전국집행위원회(NEC)도 노동조합에 대한 지분이 보장되었다. NEC 총 27개의 집행위원 중 12개가 노동조합 측에 할당되었으며, 5인 여성명부의 선출권 또한 노동조합에게 있었다. 즉, 노동당 상시집행기관은 과반이 넘는 17명을 노동조합에게 할당했던 것이다.

하지만 '노동계급성을 유지'하는 이 모든 제도들과는 무관하게 노동당은 철저한 원내정당이었다. 일상시기 노동당의 운영은 의회 의원단의 절대적인 영향력 아래에 있었으며, 당대표라 할 수 있는 당수는 전체 당원의 직접투표나 대의원의 투표를 통해서가 아니라 의원단의 간접 선거로 선출되었다. 집권시기에는 수상과 내각이, 야당시기에는 그림자 내각(shadow cabinet)이 당의 일상적인 운영을 결정했다.

노동당은 구성상 노동조합이 압도적으로 참여하지만, 운영은 의원단에게 일임되는 일종의 이원적 구조를 지닌 정당이었다. 고세훈은 이를 임의주의(voluntarism) 전통으로 설명하는데, 그의 설명에 따르면 임의주의적 전통은 노동조합을 기능적으로 노동당 정치로 분리시킨다.[1] 즉, 영국 노동조합이 가지고 있는 임의주의적 전통은 일체의 정치적 활동이나 이념적 원칙을 조합원의 실용적이고 보다 단기적인 이해에 대한 부차적인 것으로 취급[2]해 왔다는 것이다. 사실 노동당의 탄생 자체가 임의주의로 설명이 된다. 바로 1900년 2월 출범한 노동당의 전신인 노동자대표위원회(LRC)는 사회주의 변혁 같은 목표보다는 파업으로 인한 손배소 무효와 같은 노동조합 활동의 법적 보장을 위해 탄생[3]했던 것이다.

---

1 고세훈, 「영국노동당의 선거전략과 국유화」, 『경제와 사회』 13호, 1992, 90쪽.
2 고세훈, 「영국 사회주의의 이념적 한계」, 『한국정치학회보』 제23집 1호, 1989, 229~230쪽.
3 1900년 당시 보어전쟁으로 인한 석탄 특수로 인해 최대의 호황을 구가해 오던 철도회사의 태프-베일의 노동자들의 장기파업을 일으켰다. 파업에 대해 법원이 회사측의 손을 들어주어 노조가 손해배상 청구소송을 책임을 지게 되었다. 이는 1870년대 노조법 개혁 이후 사반세기 동안 영국 조조운동이 당연한 것으로 간주해 오던 권리가 일거에 박탈되었음을 의미했다. 보다 현실적인 배상은 노조기금의 위기 혹은 파업권의 사실상의 소멸을 의미했으며 이는 다시 노조운동 자체의 위기와 진배없었다. 이러한 위기 상황에서 영국의 노조운동이 선택한 것은 의회영역에서 자신들을 대변하는 정당을 강화하는 것이었다. 이에 따라 노동당의 전신인 노동대표위원회(LRC)에 가입하는 노조원의 수는 태프-베일 사건 이후 두 배로 증가해 85만 명에 이르렀으며, 가입 노조 또한 165개로 급증했다.(고세훈, 『영국노동당사』, 나남, 1997, 101~102쪽)

AES가 등장하기까지

　노동당 당대회와 전국집행위원회의 의사결정은 노조 최고지도자들에 의해 영향을 받을 수 있는 구조임이 분명했다. 따라서 노조지도부의 성향에 따라 노동당 전체가 좌익화 혹은 우익화될 가능성도 있었다. AES 등 급진적 전략이 당론으로 채택될 수 있었던 것도 이러한 구조 때문이었다.

　1964~70년 시기 집권했던 1차 윌슨(Harold Wilson) 노동당 정부는 노동조합의 임금 상승 요구를 압박해 새로운 노사관계법안을 추진하다가 노동조합의 격렬한 반발을 사게 되는 한편 노동운동의 급진·과격화를 가져온다. 윌슨 정부의 실각 이후 들어 선 보수당의 히드 행정부에 의해 노동운동에 대한 탄압이 강화되자 노동조합 운동은 보수당 정부의 반동적 노동정책에 반대하는 한편, 전임 노동당 정부의 실책을 비판하며 더욱 급진화하였다.

　이러한 가운데 TUC 산하의 거대노조인 TGWU(운수일반노조) 사무총장에 스페인 내전 당시 시민군으로 참전하기도 한 좌파 활동가 잭 존스(Jack Jones)가 당선되는 등 노조 지도부 또한 급진화하기 시작했다.

　노동조합의 불만이 고조되자 노동당은 TUC와의 정책협의를 강화하는 목적으로 당내에 국내정책위원회라는 정책연구 단위를 신설하게 되는데, 바로 이 국내정책연구위원회에 스튜어트 홀란드(Stuart Holland)와 같은 좌파 경제학자가 참여하게 된다. 국내정책위원회에 참여한 이 스튜어트 홀란드가 이전 노동당 정부의 산업정책과는 판이하게 다른 산업정책을 내놓았는데 그것이 바로 국민기업위원회안(NEB, National Enterprise Board)이다.

　NEB는 사기업의 주식을 매매해 간접적으로 그 기업을 국유화 하거나 아니면 사기업 주식의 상당 지분을 보유하는 일종의 국가지주

회사다. 또한 주요 대기업에 대해서는 계획 협약(Planning agreement)을 맺고 정부의 경제 정책과 산업정책을 행사할 수 있었다. 즉, 당헌 4조에 있던 사회화를 국가지주회사를 설립해 본격적으로 추진하겠다는 것이었다.

하지만 NEB는 이미 전후 노동당 정부가 추진한바 있는 국유화와는 다른 측면을 가지고 있었다. NEB는 분명 소유권 측면에서는 전통적인 공공부문의 일부이지만 그 운영의 측면에서는 이제까지의 공기업과는 다른 것이었다. NEB의 이사진의 구성은 노사정이라는 시민사회적 구성에 의해 논의와 협상을 거쳐 이루어지고, 일단 결정된 내용의 집행은 공적인 권위를 갖게 되었다. 이는 NEB의 국유화가 종래의 관료적인 계획과는 구분되는 국유화이며, 민주화된 공공부문[4]을 통한 사회화라는 것을 의미한다.

홀란드가 이렇게 과격한 정책을 제출한 이유는 간단했다. 그는 다국적 기업의 성장으로 자본의 국제적 이동성이 증가하면서 종래의 케인스적 수요관리 정책이 실효성을 잃었으며, 다국적 기업은 영국 경제의 지배적 위치를 점하고 있다고 판단했다. 따라서 보다 적극적인 경제정책, 산업정책이 필요하고 이는 다국적 기업의 경제력을 제압하기 위한 공공의 경제력 확보를 통해서만 사회화가 가능하다[5]고 홀란드는 보았다.

---

4 장석준, 「최근의 사회화 정책 논의와 한국 사회에서의 그 적실성」, 연세대학교 석사학위 논문, 2001, 34쪽.
5 장석준, 위의 글, 33쪽.

AES의 경과

영국노동당 사상 가장 급진적인 제안이라할 수 있는 홀란드의 NEB안은 1974년 총선거를 준비하는 선거 강령에 즉시 수용되었다. 1973년 선거강령으로 제출된 AES 즉, 대안경제전략[6]은 25개 주요 대기업의 소유권을 장악한다는 구체적 계획인 포함된 NEB안에 무역정책과 경기재팽창 정책 등이 더해진 급진적인 경제정책을 지칭하는 것이었다.

하지만 노동당 내 우파는 당내 지도부와 무관하게 통과된 이 급진적인 제안을 가만 두지 않았다. 1974년 2월 총선에서 노동당은 재집권에 성공하게 되고 AES의 열성 지지자인 토니 벤이 산업부 장관에 임명되었지만, 이때부터 그는 '노동당의 레닌'이라는 비아냥을 보수 언론과 보수당으로부터 들어야 했으며, 노동당내 우파와 수상인 윌슨 또한 그를 압박하기 시작했다. 특히 AES를 실현하기 위해 사전보고서 격으로 제출된 산업부 백서 「영국 산업의 재건」이 1973년 선거강령의 내용을 재확인하자, 윌슨은 아예 수상실 직속으로 특별위원회를 구성, 새로운 백서의 작성을 지시했다.

결국 새로운 특별위원회가 작성한 안이 산업법(Industrial Act)의 원안이 되었는데, 이것은 AES의 원래 구상과는 한참이나 다른 것이었다. 즉,

---

[6] a. NEB를 강화시키는 과정과 함께 은행, 보험회사, 다수의 거대 제조업체를 포함하는 공공부문의 철저한 확대.
b. 공공부문 및 민간부문에 성장 및 투자 프로그램의 기초를 제공하는 경제 계획을 발전시키고, 이를 계호기협정과 비협조적 기업에 대한 제재 조치를 통해 강화.
c. 생활 수준의 즉각적인 개선 및 공공부문 긴축의 중단. 이는 투자를 증대시키고 실업을 줄일 것.
d. 군비 지출의 대폭 삭감.
e. 엄격한 물가 통제.
f. 무역수지 균형을 위한 수입 통제정책의 부과 및 외채 상환을 위한 해외 자산 매각.
g. 노동조합 및 기타 민중조직들이 계획 과정의 모든 단계마다 참여함으로써, 그리고 산업민주주의를 통해, 경제 생활의 전반적인 민주화할 것.
London CSE Group, 정상준 옮김, 「위기 노동운동 그리고 대안경제전략」, 김성구 편, 『사회화와 이행의 경제전략』, 이후, 2000, 44쪽에서 인용.

100개 대기업과의 계획 협약은 삭제되고, 협약 당사자 또한 노사정이 아니라 정부와 기업의 협약으로 바뀌었다. 25개 주요 대기업의 국유화 또한 삭제되었으며, 수익성 있는 대기업의 인수를 위해서는 대기업 경영진의 동의를 구하도록 했다. 결국 산업법의 통과와 함께 출범한 NEB는 더 이상 사회화 기관으로서의 의미를 가지지 못하고, 산업 투자를 촉진하기 위한 일종의 정부투자기금일뿐이었다.[7]

벤은 AES의 훼손에 강력하게 반발했지만 당 지도부는 당의 단결을 이유로 그를 산업자원부 장관에서 해임했다. 결국 영국발 사회화 시도인 AES 또한 스웨덴의 임금노동자기금과 마찬가지로 '세상을 바꿔보지도 못하고' 종말을 맞게 되었다.

런던의 실험, GLEB

벤 좌파(Benn Left)
70년대 토니 벤이 산업자원부 장관에서 물러난 후 토니 벤과 함께 노동당의 개혁과 좌익화 작업에 나섰던 노동당민주화운동(CLPD), 노동당조정위원회(LCC) 등의 정파를 지칭한다. 이들은 급진노동운동은 물론 흑인해방운동, 여성운동, 생태운동 등과 관계를 맺고 '신좌파'적 경향으로 나아갔다. 하지만 아쉽게도 노동당 주류를 차지했던 것은 이들 벤 좌파가 아니었고, 노동당 주류는 토니 블레어류의 제3의 길로 전락했다.

하지만 토니 벤이 아주 운이 없지는 않았다. 토니 벤은 산업부 장관 시절 적극적으로 AES를 추진하게 됨에 따라, 노동당 내 신좌파 그룹의 대표주자가 되었다. 노동당 내에서 그를 따르는 좌파들은 '벤 좌파(Benn left)'라고 불리며 당내 좌익그룹을 형성하여 노동당의 민주화운동에 나서기도 했다.

그리고 NEB는 몇 년 뒤 다른 형태로 부활했다. 1981년 GLC(Greater London Council, 런던광역시의회) 선거에 벤을 지지하는 노동당 좌파의 시정부가 수립[8]되었는데

---

[7] 장석준, 앞의 글, 36쪽.
[8] 런던 시정부 또한 의원내각제 원리에 따라 다수당의 당수가 시정부 수반이 되었는데, 이때 선출된 시정부 수반으로 선출 된 이가 그 유명한 켄 리빙스턴(Ken Livingstone) 즉, 빨갱이 켄(Red Ken)이다.

이들은 선거 공약에서 NEB의 사회화 계획을 런던 차원에서 실현하겠다는 런던광역시기업위원회(GLEB, Greater London Enterprise Board)를 내 놓는다.

이 기획은 NEB와 마찬가지로 출자나 주식매입을 통해 사기업을 지방공기업으로 만들거나 일정한 지배력을 행사하고, 이러한 소유를 통해 기업 계획을 추진할 목표를 세운 것으로 NEB 최초안의 런던판이라할 만 했다.

물론 광역시의 시의회 차원에서 사회화를 시도했던 만큼 GLEB는 초기부터 어려움이 컸다. 우선 시의회 수준의 예산은 분명 제한적인 것이어서, 목표했던 거대기업을 지방공기업으로 만들 수 없었다. 가령 GLEB가 소유한 기업 중 종업원 200명이 넘는 기업은 매우 극소수로 대부분 영세한 기업들만을 소유해 본격적인 사회화라는 의도를 무색하게 했다. 하지만 무엇보다 큰 장애물은 다른데 있었다. 1981~86년 노동당 좌파가 GLC를 장악했던 시기가 대처 행정부 시기라는 점이었다. 사사건건 GLC의 급진적 정책에 반대하던 대처 행정부는 지자체 정부 교부금을 삭감하는 식으로 GLC를 압박하더니, 1986년에는 아예 런던 광역시의회 자체를 해산하고 구 지자체만을 남겨버렸다.

하지만 GLEB의 실험의 성과가 없었던 것은 아니다. GLEB에는 노동당 좌파활동가는 물론이고, 노동조합 활동가를 비롯해 좌파 경제학자와 여성주의 활동가, 유색인종 공동체 지도자 등 다양한 사회세력이 참여하였다. 이는 소수 경제 관료가 독점화한 경제 정책에 사회운동이 개입할 수 있음을 보여주는 사례였다. 뿐만 아니라 GLEB 산하의 민중계획국은 개발 계획 등에 있어 런던 시민의 의견을 경청하는 것은 물론, 이를 정책에 반영하려는 노력을 주도했다. 이들은 파편적이고 산만하게 존재하는 민중들의 상식을 공적 담론의 영역으로 끌어올릴 경우 기업이나 관료기구의 전문적 지식보다 훨씬 창조

적이고 상상력이 훨씬 풍부한 지식체계로 발전할 수 있다는 것을 깨달았다.[9]

국유화와 민주적 조절

이 실패한 실험이 우리에게 주는 시사점은 무엇인가? AES가 눈길을 끄는 이유는 우선, 사회화의 실현 수단으로 국유화를 천명했다는 점이다. 이는 물론 현실 사회주의의 문제와 관련된다. 많은 서구 좌파들이 소련식 사회주의 체제에 대해 근본적으로 가졌던 실망은 마르크스가 예견했던 사회주의와는 다른 식으로 경제가 운영되었다는 점이다. 노동자 민주주의가 실종되고, 국영기업과 공산당의 소수 경제관료들만의 지시로 운영되는 소련식 계획경제는 지령경제(command economy)로 폄하되었다. 따라서 그런 지령경제의 근간을 이루는 국영기업 체제는, 서구좌파에게 반복해서는 안 될 오류로 비춰졌다. 즉, 서구좌파들에게 생산수단의 국유화는 일종의 금기였던 셈인데 AES가 경제 민주주의의 수단으로 다시금 국유화를 주장했으니 이는 당연히 신선할 수밖에 없었다.

하지만 AES를 추진했던 세력이 마냥 과거의 강령을 반복했던 것은 아니다. 그들의 국유화 제안은 앞서 GLEB의 민중계획국이나 GLEB의 이사회 구성이 보여주듯 다수 민중의 참여 속에 '국가 자체를 민주화'한다는 것이었다. 특히 GLEB의 경험이 보여주듯 이러한 다수 민중의 참여는 막연한 것이 아니었다. 그들은 지역적 단위에서 '분권적으로 민주화된 국가'를 통해 민중의 실질적인 참여가 가능할

---

[9] 장석준, 앞의 글, 45쪽.

수 있음을 보여주고자 했다.

이것이 혁신적인 이유는 두 측면 때문이다. 우선 신자유주의 기본적 교리에 도전한다는 것이다. 국가 개입을 절대악으로 간주하는 신자유주의는 근본적으로 '무엇이 얼마나 필요한가'라는 경제적 정보의 전반을 파악하는 것이 불가능하다는 전제를 깔고 있다. 따라서 그 정보는 오직 시장의 가격조절기구를 통해 사후적으로 확인되며, 국가적 개입도 불필요하다는 것이다.

하지만 자본주의의 현실은 신자유주의의 이런 신념과 무관하다. 멀리 갈 것도 없이 최근 금융공황을 비롯해 주기적 공황이 이것을 고통스럽게 확인시켜 준다. 따라서 '누가 무엇을 언제 얼마나 필요로 하는가'에 대한 사전적인 조사와 그에 따른 계획만이 시장의 반복적 실패를 극복할 수 있다.

그런데 그 정보를 가장 잘 알고 있는 사람들은 바로 먹고 살아가는 민중이다. 즉, 시장의 파괴성을 극복하기 위해서는 신자유주의의 신조와는 달리 '경제적 지식'을 가진 민중의 협력과 참여가 필요하다는 점이다.

그리고 바로 이 점이 과거 소련식의 국유화와 AES가 구분되는 두 번째로 중요한 지점이기도 하다. 사실상 과거 소련식 국영기업은 대중이 필요로 하는 것을 확인하고, 이를 생산했다기보다는 공산당 등 집권당의 'XX개년 경제개발 계획' 등의 목표에 따라 대중의 필요를 고정하는 체계였다. 또한 아무리 뛰어난 경제 관료집단이라도 모든 경제적 정보를 파악하는 것은 불가능하다. 따라서 일하는 사람의 필요에 따른 생산이라는 사회화의 근본 목적에 부합하기 위해서라도 반드시 민중의 실질적인 참여가 중요하다.

하지만 국민 모두가 기업의 생산목표를 매번 투표로 결정하는 것은 불가능하므로 분권적 수준에서 참여가 필요하다. 지역자치제도

수준에서 GLEB의 경험은 그 실패에도 불구하고, 사회화에 대중이 실질적으로 참여하는 문제에 있어 중대한 시사점을 남긴다.[10]

남는 문제, 어떻게 할 것인가

이상의 시사점에도 과연 AES와 같은 발상이 한국사회에서 실현될 수 있을 것인가라는 문제는 남는다. 특히 공공부문에 대한 대중의 불신(철밥통 등)이 남아 있고, 이를 이명박 정부 등 우파진영이 역이용하여 이른바 공공기관 선진화식의 공세가 거세진 상황에서 경제 위기 극복책으로 재국유화를 주장하는 것은 쉽지만은 않다.

하지만 한국은 IMF 경제위기 당시 금융기관을 비롯해, 각종 사기업에 160조 원대의 공적자금이 투입되어 기업을 회생한 경험이 있다. 기본적으로 이러한 구제금융은 국가재정을 투입하는 것이므로 기업은 국민에 대해 책임(특히 고용 등)을 져야 한다.

하지만 그간의 공적 자금 투입은 자본의 위기를 사회 전체로 분산시키는 위험의 사회화는 되었을지 몰라도, 이러한 사회적 책임을 완수 했다고 보기 힘들다. 오히려 구제금융을 지원받은 기업들은 정리해고 등 강도 높은 구조조정으로 주가 올리기에만 여념하여 구제금융 이후 성장의 과실을 국민이 아니라 주주들에게 넘겨주었다.

바로 이 지점에서 진보운동이 개입할 여지와 논리가 발생한다. 즉, 기존의 구제금융 방식 대신 정부가 출자한 국가지주회사를 설치해

---

10 이와 비슷한 구상은 독일의 대표적인 국가독점자본주의론자인 외르크 후프슈미트에게도 확인된다. 후프슈미트는 생산수단의 국가소유를 일종의 악으로 보는 좌파일각의 시각을 비판하며, 국유화와 노동자 대중의 참여로 국가를 민주화하는 것이 사회와의 기본적 방법임을 주장한다. 이에 대해서는 외르크 슈프후미트 저, 박종완 역, 「국가 소유와 민주적 국가」, 김성구 편, 『사회화와 공공부문의 정치경제학』, 문화과학사, 2003 참조.

경영 위기에 있는 기업의 주식을 매수하여 기업이 경영의 책임성을 제고하도록 하는 것이다.

책임성을 높이기 위해서는 최대 주주인 국가지주회사가 그 운영위에 참여하여 중앙은 물론 지역차원에서도 노사정과 함께 시민사회의 참가를 보장하도록해야 할 것이다. 특히 제조업 등 기업이 지역에 기반을 두고 있는 경우 이 기업은 지역사회에 대한 책임수행 여부를 보고해야 할 것이다. 여기에는 지역의 고용을 증대시키거나, 남성과 여성의 평등한 고용을 실현하는 문제, 기업이 있는 지역의 생태 환경 문제 등이 포함될 수 있다.

또한 이 기업은 수익이 발생하는 경우 이를 배당금이나 사내유보금 등으로 하기 보다는 유관 중소기업과 이윤을 공유하거나, 투자를 확대해 고용을 늘리는 등 주주자본주의 하의 기업과는 다른 행동 양태를 갖게 될 것이다.

마지막으로

이상으로 '세상을 바꿀 뻔한' 두 가지 사회화 정책들을 검토해 보았다. 비록 실패한 정책이지만 임노동자기금과 AES의 시사점은 이 두 가지의 시도가 자본주의의 전환기 국면에서 진보세력의 급진적 대응이었다는 점에 있다.

AES와 임노동자기금은 70년대 말 세계 자본주의가 신자유주의로의 전환하는 시점에 제출된 서구사민주 좌파의 공세였던 것이다. 이 정책을 내 놓은 이들은 스웨덴 사민당과 영국 노동당이라는 서구 사민주의 집권당 내부의 좌파였다. 이들은 70년대 말 변화의 시기에 종래의 케인스주의적 수요관리 정책이나 코포라티즘적 노선으로는 위기를 극복하지도, 자본가 계급의 공세에 효과적으로 저항할 수 없다고 판단했다. 따라서 예전 사민주의 노선과의 단절하고 생산수단의 사회화라는 급진적 전략으로 위기를 돌파하고자 한 것이다.

신자유주의의 퇴조라는 세계 자본주의의 또 다른 전환기에 선 지금은 급진적 상상력이 필요한 때이다. 분명 2008년 위기 이후 이제 금융자본 주도의 신자유주의는 우파조차도 대놓고 지지하기는 어렵게 되었다. 하지만 우파에게 신자유주의의 문제점은 여전히 CEO들의 고액 연봉과 같은 도덕적 문제로 한정되고 있다. 현재의 위기는 너무 탐욕스러운 몇몇 자본가들의 일탈적 행위가 문제이지, 신자유주의 시스템 자체가 문제는 아니라는 것이다.

이것은 분명 단절에 대한 두려움일 것인데, 불행히도 단절에 대한 두려움은 좌파에게도 나타난다. 가령 경제 위기상황에서 포디즘 시기의 노동과 자본과의 협력을 낭만적으로 회고하거나, 케인스주의적 수요관리 정책의 유효성을 다시 주장하는 태도가 그것이다. 하지만 자본주의의 고도성장기(이른바 벨 이포크, belle-epoch)라는 특정한 정세에 가능했던 방법으로 다시 회귀하는 것은 불가능한 일이다. 또한 지금에 와서 경제적 확장과 성장률 제고에 집착하는 것은 생태문제 등 현대 자본주의가 안고 있는 새로운 과제를 해결하는데 어려움을 조성한다.

결론적으로 말해 세상을 바꿀 뻔한 두 가지의 사회화 정책을 살펴본 이유는 이것을 반복하자는 것이 아니다. 이 두 가지의 정책을 통해 우리가 배워야 할 것은 당시 전환의 시대에 고통스럽게 자신들의 과거 노선을 극복하고, 대안을 만들기 위해 노력했던 그들의 자세일 것이다.

참고문헌

1. 싱가포르 '공공주택정책', 국민의 90%가 자기 집을 가지고 있는 나라

박신영 외, 「주요국의 임대주택제도 개관」, 대한주택공사 주택연구소, 1994.
진미윤, 「싱가포르의 공공주택정책」, 국회입법지식DB, 2007.

2. 프랑스 '대학평준화정책', 일류대와 삼류대가 없는 나라

김진환, 「이원화된 프랑스의 대학체제」, 원광대학교인문학연구소, 2004.
신선미, 「꼭 알아야 할 프랑스 교육에 대한 한국인의 오해 3가지」, 한국교육개발원, 2004.
정진상, 『국립대통합네트워크』, 책세상, 2004.
홍은광 외, 「국공립대 통합네트워크 및 대학평준화 방안의 적합성과 실현경로 탐색」, 진보정치연구소, 2007.

3. '핀란드식 교육', 평등과 효율성의 두 마리 토끼를 잡은 세계최고의 교육

강영혜, 「핀란드 공교육 개혁과 종합학교 운영실제」, 한국교육개발원, 2007.
일까 따이팔레, 『핀란드 경쟁력 100』, 비아북, 2010.
전순동, 「핀란드의 교육과 국가경쟁력」, 청화대학교육개발원, 2005.
후쿠다 세이지, 『핀란드 교실혁명』, 비아북, 2009.

4. 영국의 'NHS 무상의료정책', 국민건강보험을 넘어 전 국민에게 무상의료를

김주영, 「영미권 3국의 의료제도 비교」, 국제노동브리프, 2007.
문성웅 외, 「2008년도 외국의 보건의료체계와 의료보장제도 연구」, 국민건강보험공단, 2008.
이태수, 「보편적 복지, '불온한 상상'을 '엄연한 현실'로」, 프레시안, 2010.4.1.
전창배, 「영국의 NHS, 어떻게 볼 것인가?」, 건강보험포럼, 2004.

5. 벨기에의 '로제타 플랜', 청년실업 100만 명 시대 해법은 없나?

김성희, 「청년실업 바로알기와 3가지 해결방안」, 진보평론, 2007년 가을호.
노동부, 「유럽의 청년고용대책」, 2007.
노동부청년고령자고용과, 「OECD 선진국의 청년실업정책」, 2004.

6. 방글라데시의 '그라민은행', 가난한자들의 은행

데이비드 본스타인, 『그라민은행 이야기 – 착한 자본주의를 실현하다』, 갈라파고스, 2009.
무하마드 유누스, 『가난한 사람들을 위한 은행가』, 세상사람들의책, 2002.
이민규, 「마이크로크레디트(microcredit)의 의의와 국내외 현황」, 한국은행, 2006.
쿨머니 컨퍼런스, 『신용 양극화 시대, 금융의 사회책임과 마이크로크레디트의 역할』, 머니투데이, 2006.

7. 베네수엘라의 '엘 시스테마', 아이들에게 총 대신 음악을

김현우, 『지식채널e』, EBS, 2009.
다큐멘터리 '엘 시스테마'.

8. 쿠바의 '무상의료', 맨발의 환자를 향한 맨발의 의사들

김민자, 『모두가 행복한 미래를 꿈꾸는 나라 : 신자유주의 뛰어넘을 대안 찾아 떠난 쿠바여행』, 도서출판 알, 2008.
SBS스페셜, '맨발의 의사들', 2007. 8. 26. 방영
http://wizard2.sbs.co.kr/vobos/wizard2/resource/template/contents/07_review

_detail.jsp?vProgId=1000126&vVodId=V0000311936&vMenuId=1002036
&rpage=4&cpage=28&vVodCnt1=00097&vVodCnt2=00

9. '토빈세', 고삐 풀린 투기자본을 통제하라!

김영철, 「97년체제 극복과 투기자본의 문제: 토빈세를 중심으로」, 계명대학교 경제학과.
신장섭, 『금융전쟁』, 청림출판, 2009.
여경훈, 「오바마의 금융위기책임세」, 새로운사회를여는연구원, 2010.1.20.
푸그, 「글래스-스티걸법」, 푸그닷컴(foog.com), 2008.11.16.
한국금융연구원, 「유럽연합(EU), 토빈세 도입논쟁 확산」.
한국조세연구원, 「토빈세에 관한 최근의 국제적 논의와 시사점」, 2009.12.15.

10. '외화가변예치금제도와 환율바스켓제도', 외환위기의 공포로부터 벗어나기 위해

신장섭, 『금융전쟁』, 청림출판, 2009.
이정환, 「키코(KIKO) 손익 구조 분석」, 이정환닷컴(leejeonghwan.com), 2008.5.
한국금융연구소, 「주요국의 자본통제 현황 및 시사점」, 2009.12.19.
한국은행, 「환율제도의 종류와 국가별 차이점」, 2005.5.20.
Carlos Massad, 「금융위기 再發, 어떻게 막나: 칠레의 경험을 중심으로」.

11. '독일연방제', 자치・분권・통합의 정치체제

강명구・박재창・젤리거, 『분권과 개혁』, 오름, 2005.
김성환, 『진보의 미래를 위한 대한민국 국가전략』, 자루기획, 2010.
배영수, 『서양사강의』, 한울아카데미, 2009.
선학태, 프레시안 '정치 개혁강좌' 9~15회(2009년 9월 11일~10월 23일)
손선홍, 『분단과 통일의 독일현대사』, 소나무, 2005.
안성호, 『신 정치학원론』, 교육과학사, 2005.
이원종, 『국민참여시대의 한국정당』, 나남, 2006.
제러미 리프킨, 『유러피언 드림』, 민음사, 2005.
최병선・김선혁, 『분권헌법』, 동아시아연구원, 2007.

12. 브라질의 '참여예산제', 민주주의를 근본적으로 민주화하라!

김웅, 「참여예산제와 예산참여 운동」, 『시민과 세계』 창간호, 참여연대, 2002.

마리옹 그레·이브 생또메 공저, 김택현 역, 『뽀르뚜알레그리, 새로운 민주주의의 희망』, 박종철출판사, 2005.

전주상, 「예산과정상의 주민참여제도에 관한 연구」, 『한국정당학회보』 제7권제2호, 한국정당학회, 2008.

켄 실버스타인·에미르 사데르 저, 최규엽 역, 『다른 세계는 가능하다』, 책갈피, 2002.

13. 독일의 '노사공동결정제도', 노동현장에도 민주주의를!

오건호, 「한국의 사회임금은 얼마일까?」, 사회공공연구소, 2009.

조우현 편, 『세계의 노동자 참가제도』, 창작과비평사, 1995.

한국은행, 「독일의 노사 공동결정제도 개혁논란」, 『해외경제 포커스』 제2004-47호, 2004.

14. '탄소세', 기후변화시대, 녹색조세제도를 준비하자!

국립기상연구소, 「기후변화 이해하기」, 2009.

김상겸, 「비동조적 효용함수 하에서의 환경세의 효과 : 이중배당가설에 대한 연구」, 한국경제연구원, 2005.

김승래, 「탄소세 도입가능성에 대비한 조세 재정정책의 방향에 관한 연구」, 한국경제학회, 2002.

_____, 「기후변화협약에 대비한 탄소세 도입에 대한 논의」, 한국조세연구원, 2009.

김윤희, 「탄소세 도입에 따른 난방용 에너지원의 소득재분배에 대한 영향연구」, 서울대학교 환경대학원 석사논문, 2009.

반 존스, 『그린칼라 이코노미』, 페이퍼로드, 2009.

안준관, 「개인탄소할당제 가능한가」, 기후변화행동연구소, 2009.

앤서니 기든스, 『기후변화의 정치학』, 에코리브르, 2009.

이유진, 「에너지와 기후변화」, 『녹색평론』 2009년 5·6월호.

한국조세연구원 재정브리프, 「녹색성장을 위한 최근 외국 정책 동향」, 2009. 5. 20.
한국조세연구원 홈페이지 http://www.kipf.re.kr/
환경부, 『환경용어 해설 - 내부용』, 2009.

15. 미국의 'WAP', 기후변화시대의 주택 정책

국회예산정책처, 「신재생에너지 보급사업 평가」, 2010. 2.
박광수, 「사회적 약자에 대한 에너지 지원제도 개선방안 연구」, 에너지연구원, 2006.
반 존스, 『그린칼라 이코노미』, 페이퍼로드, 2009.
오성규, 「에너지복지정책, 환경·고용·복지문제를 통합적으로 해소할 수 있어야 한다」, 환경정의, 2007.
지속가능발전위원회, 「환경분야 사회적 일자리 창출방안 연구보고서」, 2006. 3.
환경정의, 「에너지복지강의(교육용 파일)」, 2007.

16. 스웨덴의 '임노동자기금', 사회화에 대한 진지한 시도

김기홍, 「국제 금융 거물들 '국민연금 모셔라'」, 조선일보, 2010년 3월 16일자.
김성구 편저, 『사회화와 이행의 경제 전략』, 이후, 2000.
송병기, 「지난해 국민연금 운용수익률 10.39%」, 경제투데이, 2010년 2월 26일자.
신정완, 「1980년대 스웨덴 모델의 변모 : 정책영역별 변모양상과 모델 전환과정 상의 특징」, 한국스칸디나비아학회, 2000.
＿＿＿, 『임금노동자기금과 스웨덴 사회민주주의』, 여강, 2000.
＿＿＿, 「스웨덴 사회민주주의 운동의 경험이 한국 사회민주주의 운동에 주는 함의」, 2004.
안재홍, 「스웨덴모델의 형성과 노동의 정치경제」, 『한국정치학회보』 29집 3호, 한국정치학회, 1995.
오건호, 「422조원 기금을 민주화하라」, 『국가재정 들여다보기 3』, 레디앙, 2009년 8월 31일 기사.

이재영, 「스웨덴, 노동계급이 만든 최선의 자본주의 나라」, 『이론과 실천』, 민주노동당, 2002년 3월호.
한국사회민주주의 연구회, 『한국 사회민주주의 선언』, 사회와 연대, 2001.

17. 영국의 '대안경제전략': 민주적인 국유화의 시도

고세훈, 「영국 사회주의의 이념적 한계」, 『한국정치학회보』 제23집 1호, 1989.
_____, 「영국노동당의 선거전략과 국유화」, 『경제와 사회』 13호, 한울, 1992.
_____, 『영국노동당사』, 나남, 1997.
김성구 편, 『사회화와 이행의 경제전략』, 이후, 2000.
김성구, 『사회화와 공공부문의 정치경제학』, 문화과학사, 2003.
장석준, 「최근의 사회화 정책 논의와 한국 사회에서의 그 적실성」, 연세대학교 석사학위 논문, 2001.
_____, 「패배로 끝난 신자유와의 일회전 - 영국 노동당 신좌파운동」, 『이론과 실천』, 민주노동당, 2003년 6월호.

필자소개

조성주
커피와 담배를 좋아하고 늙어 죽기 전에 꼭 진보적인 스포츠 신문기자가 되는 게 꿈이다. 민주노동당 최순영 의원실에서 대학교육문제를 잠시 담당했었고, 지금은 같은 당의 홍희덕 의원실에서 청년실업 문제를 다루고 있다. 주로 교육문제, 청년실업문제가 관심사였으나 최근에는 국제문제에 더 많은 관심을 갖고 활동하고 있다. 저서로는 『대한민국 20대, 절망의 트라이앵글을 넘어』가 있다.

송용한
한국사회가 하루빨리 토건개발의 관성에서 벗어나야 안전사회가 될 수 있다고 강조하는 환경문제 전문가이다. 환경약자와 사회약자들을 위한 정책개발에 관심이 많으며 대전환경운동연합의 지속가능도시팀장과 금강운하백지화국민행동의 정책실장을 지냈다. 지금은 민주노동당 홍희덕 의원실에서 환경정책 보좌관으로 일하면서 민주노동당 환경위원과 생명의 강살리기 녹색구출특별위원회 상황실장을 맡고 있다.

양홍관
생명살림운동과 함께 공동체 활동에 깊은 관심을 갖고 실천하는 생명·협동·평화 활동가이다. 90년대 후반부터 최근까지 약 10년 동안 경기도 팔당에서 생명살림운동을 전개하였고 지금은 민주노동당 환경위원장으로 일하고 있다. 생명살림연구소를 설립하여 운영 중이며, 출판공동체 '열다섯의 공감' 공동대표이기도 하다. 지은 책으로는 『생명, 꽃 피어나는 소식』이 있다.

오세혁
정의로운 천하극단 '걸판'에서 작가와 배우로 활동하고 있다. 극작·연출·연기·글쓰기 등 다방면에 관심이 있지만 능력이 딸려서 밤을 새며 고생하는 젊은 예술일꾼이다. 채플린과 신불출의 코미디를 계승 발전시켜 '걸판'에서 구현해 내는 것이 예술일꾼으로서 최종 목표이기도 하다. 공연활동 말고도 '민중의 소리'와 '삶이 보이는 창'에 정기적으로 기고를 하고 있으며, 『미국과 맞짱뜬 나쁜 나라들』의 공동필자로도 참여하였다.

이대원
세상은 재능 있는 사람을 알아주지만 재능보다는 열정이 중요하다는 믿음을 갖고 있다. 이런 믿음이 있기에 열정의 결과가 실패로 끝난다 하더라도 상관하지 않는다. 20대의 대부분을 학생운동에 몸담은 그는 경제와 미디어에 대한 이해를 통해 새로운 사회를 열어가는 것에 관심이 많다. 공인받지는 못했지만 영화애호가이기도 한 그의 현재의 직업은 새로운사회를여는연구원(http://saesayon.org)의 미디어센터 연구원이다.

이승환
90년대 말에 대학에 들어가 학생운동과 진보정당 활동을 했다. 말하자면 진보정당운동의 1세대인 셈이다. 이런 이력 때문에 그는 권력만으로 세상이 바뀌지는 않지만 권력 없이는 세상을 바꿀 수 없다는 믿음을 갖게 되었다. 그래서 진보정당의 진화進化와 발전이 세상을 바꾸는 가장 빠른 길이라는 사실을 깨닫게 되었다. 현재 그의 활동 공간은 민주노동당 대변인실이며, 직책은 언론부장이다.

기획 : 열다섯의 공감
'대안으로 말하자!'를 모토로 2010년 1월 결성된 열다섯의 공감(http://cafe.daum.net/15gonggam)은 대안·소통·연대를 통해 새로운 사회를 꿈꾸는 출판공동체이다.